高等职业教育**连锁经营与管理专业**
在线开放课程新形态一体化教材

连锁门店
店长实务

李春杰 高 霞 主编
朱 晗 柳 娜 姚 玲 副主编

清华大学出版社
北京

内 容 简 介

本书为首批入驻国家高等教育智慧教育平台优质课程"连锁门店店长实务"配套教材,为黑龙江省高等学校课程思政示范课程配套教材,为黑龙江省职业教育精品在线开放课程配套教材。本书精选其中优质资源做成二维码在书中进行了关联标注。

本书以连锁门店店长真实工作内容为主线,以对应的工作岗位为目标,采用企业真实的工作流程、工作案例和真实数据,从"人""货""场""财"四个维度,设计了初识店长岗位、门店团队管理、门店商品管理、门店客户管理、门店财务管理、门店防损及安全管理六个项目,系统地介绍了连锁门店店长的主要工作内容。本书结构清晰,案例新颖,实用性强,偏重专业技能教育,注重学生综合素质的培养。

本书既可作为应用型本科、高职、中职院校连锁经营与管理、市场营销、电子商务、工商企业管理等相关专业的教材,又可作为连锁门店店长的培训教材,还可供门店运营管理岗位的相关从业者和社会人士参考使用。

本书封面贴有清华大学出版社防伪标签,无标签者不得销售。
版权所有,侵权必究。举报: 010-62782989,beiqinquan@tup.tsinghua.edu.cn。

图书在版编目(CIP)数据

连锁门店店长实务/李春杰,高霞主编. —北京: 清华大学出版社,2022.11
高等职业教育连锁经营与管理专业在线开放课程新形态一体化教材
ISBN 978-7-302-59888-6

Ⅰ. ①连… Ⅱ. ①李… ②高… Ⅲ. ①连锁店—经营管理—高等职业教育—教材 Ⅳ. ①F717.6

中国版本图书馆 CIP 数据核字(2022)第 010626 号

责任编辑: 左卫霞
封面设计: 杨昆荣
责任校对: 李 梅
责任印制: 刘海龙

出版发行: 清华大学出版社
网　　址: http://www.tup.com.cn, http://www.wqbook.com
地　　址: 北京清华大学学研大厦 A 座　　邮　编: 100084
社 总 机: 010-83470000　　邮　购: 010-62786544
投稿与读者服务: 010-62776969, c-service@tup.tsinghua.edu.cn
质量反馈: 010-62772015, zhiliang@tup.tsinghua.edu.cn
课件下载: http://www.tup.com.cn, 010-83470410

印 装 者: 天津安泰印刷有限公司
经　　销: 全国新华书店
开　　本: 185mm×260mm　　印　张: 13.25　　字　数: 321 千字
版　　次: 2022 年 12 月第 1 版　　印　次: 2022 年 12 月第 1 次印刷
定　　价: 48.00 元

产品编号: 091574-01

前言 FOREWORD

本书结合教育部连锁经营与管理专业标准和人力资源和社会保障部新颁布的连锁经营管理师职业技能标准,从初识店长岗位、门店团队管理、门店商品管理、门店客户管理、门店财务管理、门店防损及安全管理六个方面,模拟连锁企业门店店长的工作情境,设置具体工作案例,案例真、数据新、内容全,紧扣企业和高职院校教学需求。

本书主要特点如下:

(1) 本书为首批入驻国家高等教育智慧教育平台优质课程"连锁门店店长实务"配套教材,为黑龙江省高等学校课程思政示范课程配套教材,为黑龙江省职业教育精品在线开放课程配套教材,开课平台为智慧树,扫描下页下方二维码即可在线学习该课程,内含微课、动画、图片、视频、测试等丰富的数字教学资源,授课教师可以此为基础开展个性化线上教学。此外,本书精选其中优质资源做成二维码在书中进行了关联标注。

(2) 本书采用OBE+行动领域课程开发模式进行课程结构设计,以连锁门店店长真实工作内容为主线,以对应的工作岗位为目标,采用企业真实的工作流程、工作案例和真实数据进行编写,有针对性地提升学生的知识技能和问题解决能力。

(3) 本书制作了精美的知识体系导图,同时配备了微课、案例库、习题库、知识拓展、PPT等资源,满足碎片化学习的需要。

本书由李春杰、高霞担任主编,朱晗、柳娜、姚玲担任副主编。具体编写分工如下:黑龙江职业学院李春杰设计体例、统稿并编写项目四和项目六,黑龙江职业学院高霞统稿并编写项目五,黑龙江职业学院朱晗编写项目一和项目二,黑龙江职业学院柳娜编写项目三,长沙职业学院姚玲参与编写项目四,北京财贸职业学院洪旭参与编写项目六,黑龙江商业职业学院贾若愚参与编写项目一,天虹数科商业股份有限公司人力资源经理李慧为本书提供了大量的企业真实运营案例和数据。本书由黑龙江职业学院张凤英教授审稿。

本书既可作为高职连锁经营与管理、市场营销、工商企业管理等商贸类专业的教材,又可作为智慧零售企业店长培训的教材。建议学习课时为48~64学时。

由于时间仓促，加上编者水平有限，书中难免有不足之处，敬请专家和读者批评指正。

编　者

2022 年 7 月

国家高等教育智慧教育平台
连锁门店店长实务

连锁门店店长实务
在线开放课程

目 录

项目一　初识店长岗位 ··· 1
　　任务一　认识店长角色 ·· 2
　　任务二　理解店长职责 ·· 6
　　任务三　了解店长工作 ·· 10

项目二　门店团队管理 ··· 18
　　任务一　门店人力资源招聘与配置 ·· 19
　　任务二　门店人力资源培训 ··· 25
　　任务三　门店团队激励与沟通 ·· 30

项目三　门店商品管理 ··· 38
　　任务一　商品分类与结构 ··· 39
　　任务二　商品采购管理 ·· 47
　　任务三　商品陈列 ·· 60
　　任务四　存货、补货和盘点管理 ··· 76

项目四　门店客户管理 ··· 93
　　任务一　客户识别 ·· 94
　　任务二　顾客管理 ·· 106
　　任务三　客户投诉管理 ·· 114
　　任务四　供应商管理 ··· 124

项目五　门店财务管理 ··· 137
　　任务一　认知财务报表 ·· 138
　　任务二　分析资产负债表 ··· 155
　　任务三　分析利润表 ··· 163
　　任务四　分析现金流量表 ··· 171

项目六　门店防损及安全管理 ……………………………………………………… 178

　　任务一　门店防损管理 ………………………………………………………… 179

　　任务二　门店安全管理 ………………………………………………………… 187

　　任务三　食品安全管理 ………………………………………………………… 195

参考文献 ………………………………………………………………………………… 206

项 目 一

初识店长岗位

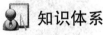知识体系

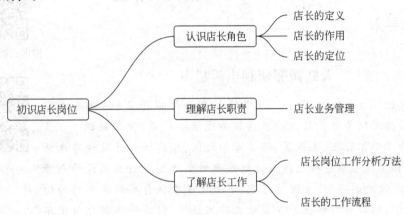

知识目标

1. 了解店长角色的内涵
(1) 能够从连锁总部角度理解店长角色的内涵。
(2) 能够从连锁门店角度理解店长角色的内涵。
2. 理解店长的岗位职责
(1) 能够从连锁门店日常管理角度理解店长的岗位职责。
(2) 能够从连锁门店经营发展角度理解店长的岗位职责。
(3) 能够从总部角度理解店长的岗位职责。
3. 了解店长日常工作内容
(1) 了解门店店长每日常规工作内容。
(2) 了解门店店长特殊管理工作内容。
(3) 了解门店店长总部管理工作内容。
(4) 总结店长的能力要求。

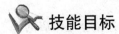技能目标

(1) 能够利用工作分析方法,理解店长岗位。
(2) 能够综合利用工作分析方法总结连锁门店店长的角色、职责和日常工作内容。

(3) 能够综合利用工作分析方法总结连锁门店店长门店的角色、职责和日常工作内容。

(4) 能够综合利用工作分析方法总结店长的工作能力要求。

(5) 能够综合利用工作分析方法进行自我剖析,明确职业规划。

课程思政

(1) 培养学生在零售企业的服务意识,吃苦耐劳、爱岗敬业的精神以及与消费者和供应商良好沟通、解决问题的能力。

(2) 培养学生在零售企业利用工作分析方法,承担店长角色、职责及日常工作内容的执行能力。

任务一　认识店长角色

案例导入

微课:初识店长角色

天虹微喔便利生活超市

2016年10月,天虹旗下首家微喔便利生活超市开业(扫码查看彩图)。这个目标定位为社区居民的社区服务生活小超市,营业面积400多平方米,包含营养体验区、生鲜区、微管家体验区、预购体验区及城市生活新概念——租生活等多个功能区域。微喔便利生活超市门店的设计来源于新鲜、有机、便捷的理念,采用草绿色、小麦色等象征自然的色彩作为门店的主体色调,门口采用鲜花专柜景观式陈列设计,门店墙体部分采用年轻人喜爱的涂鸦形式,并结合符合生活购物行为的动线规划,以及精心划分的生鲜内容空间,突出"生、鲜、便捷"的设计主题,为消费者打造体验式生活购物场所。微喔便利生活超市商品品类以果蔬、肉菜、奶制品、粮油副食品为主,共3 000多个SKU(库存进出计量的单位,可以是件、盒、托盘等),生鲜面积占比近50%,精选国内外高品质、健康商品,商品选择更加精准,摒弃了冗杂的品类,选取高频、刚需商品,并根据顾客的购物习惯设计动线,精心布置生鲜区,不仅要给社区居民日常生活提供所需的丰富商品,还要给顾客以便捷购物的体验感。

天虹微喔便利生活超市

(资料来源:https://www.sohu.com/a/127074494_464103)

一、店长的定义

连锁企业门店店长是门店的最高负责人,是门店经营管理的核心力量,担负着公司各项指标达成及门店运营管理的职责,起着领导、协调、组织及落实的作用。无论是面对上级的考核还是下级的期待,店长都必须对门店的运营管理质量负责。总的来说,店长是门店销售、管理、提升盈利的总指挥官。

店长日常管理质量的好坏将直接影响整个门店的营运效率。店长对连锁企业门店的管理是依据连锁企业总部制定的营业手册来进行的,既要与总部保持良好的配合,又要协调与激励全体员工做好门店的日常工作,从而不断提高门店的经营业绩。

就店长而言，处于众多关系之间，应顺应当时的时间、场合、状况，有效利用总部给予的资源，控制成本，维护设备，热情接待顾客，发挥全体员工的能力。

二、店长的作用

作为店长，首先要清楚店长是什么，知道自己应该扮演什么样的角色。只有对角色有了清晰的认识，才会在工作中化认识为行动，切实承担起每一份应尽的责任。

1. 做门店的代表者

店长是门店的代表者。就企业而言，店长代表了企业的整体形象，是代表企业与社会有关部门建立公共关系的代言人。从成为店长的一刻起，你就不再是一名普通员工，而是公司的代表，一言一行都要强化顾客、加盟商对品牌的印象。店长是代表门店的最高责任者，门店的整体经营绩效及店铺形象都必须由店长负起全责。就店员而言，店长是店员利益的代表者，是门店员工心声的代言人。对公司营销部门而言，店长是顾客的代表。因为门店处在销售前线，店长知悉顾客对门店及公司产品的反馈意见。

2. 做公司政策的执行者

店长是公司政策的执行者。公司的人事制度、营销计划、价格政策，以及对门店日常工作的基本要求，都必须通过店长分配、执行和检查。店长要参与销售工作，了解和掌握门店的销售情况；负责组织早会、晚会等门店会务和拓展活动，及时作出合理的工作部署；检查各项工作进度和完成情况，认真协调、修正员工在工作中出现的偏差；善于整合现有资源，并使之作用最大化，以满足顾客的需求，实现门店的经营目标。

3. 做门店运作的控制者

为保证门店的运作与总部的规范标准、营运计划步调一致，店长必须对门店日常营运与管理业务进行全面的、细致的、切实有力的掌控，尤其是对人员管理、客户管理、服务管理、商品管理、收银管理、成本控制、店内固定资产及日常管理等进行重点的把握，店长要统筹好员工之间的分工协作，组织员工执行总部下达的门店营运计划，带领员工齐心协力运用适当的销售技巧，将商品在卖场各处以最佳的面貌展现出来，以刺激顾客的购买欲望，提升销售业绩，更好地实现门店的销售目标。

4. 做门店现场的指挥者

店长必须担负起门店总指挥的责任，安排好各班次人员的工作。创造并维护良好的购物环境，使顾客有一个轻松愉快的好心情，激发顾客的购买力，及时解决商品、卫生通道、整个布局存在的各种问题。在任何连锁门店，店长必须承担销售任务，是业绩的责任者。店长必须根据门店现场销售工作情况，及时调整销售策略，做好门店的动态销售管理工作。

员工工作欲望的高低是一件不可忽视的事情，这将直接影响员工工作的质量，而门店每天的工作大部分都是重复的，一般而言，一个人如果每天做重复的工作就会倦怠，店长应该善于调节门店现场工作气氛，时时激励全店员工保持高昂的工作热情，形成良好的工作态度，让全店员工都具有强烈的使命感、责任心和进取心。

5. 做情报资料的收集者和分析者

店长不仅要对本门店各项经营指标等信息了如指掌，还需要通过传统媒体和网络媒体，及时了解和掌握本行业的发展变化；更为重要的是，要及时了解和掌握本店所处的商圈商业布局、竞争对手动态、关联行业等信息资料，对门店所处商圈的市场竞争态势、宏观经济环境、风土人情、风俗习惯、区域消费习惯、交通状况、气象状况等都要做深入的研究。这将有利于店长总体把握影响门店经营的各项因素，因地、因时、因事采取应对策略，确保门店的良性运转，并及时为总部和分部提供有效信息。

6. 做门店工作的示范者和带头人

我国自古以来就有"强将手下无弱兵"之说，店长在店员的心目中就是榜样。店长要身先士卒、以身作则，为店员做好表率，更有效地鼓舞其他店员。店长自身要具备过硬的业务能力，对店长各方面素质的要求都要比店员更加严格，技能要纯熟、判断要准确，为店员做好示范作用，帮助团队顺利达成目标，完成任务。

7. 做门店业务的辅导者

员工业务水平的高低与否，关系到门店经营的好坏。所以店长不仅要积累自己的实践经验并提高相关技能，还要重视和加强对门店员工的培训，特别是进行常规性的销售能力、销售技巧、销售话术、服务礼仪等业务技能的培训，以促进门店员工整体业务水平的提高。门店员工或基层管理的培训，最好就在现场进行，做到随时、随地有效指导。同时，店长还应适当授权，培养下属独立工作的能力，并在工作过程中及时、耐心地予以指导、指正与帮助。店长也要将自己长期的经验进行总结提炼，这是店长自我提升的一种方式。同时，由店长培养人才，是建立职场关系的一个好方法。总之，不会培训员工的店长不是好店长。

8. 做上传下达的协调者

店长应具有处理各种矛盾和问题的耐心与技巧，如与顾客沟通、与员工沟通、与总部沟通等方面，这是店长万万不能忽视的。店长在上情下达、下情上传、内外沟通过程中，应注意方式、方法，以协调好各种关系。正确全面传达公司的文件及会议精神和政策导向，及时将员工的建议归纳汇总，上报上级部门。协调员工内部因工作或私人关系引发的矛盾，店长要注重心理学知识的学习，能够因人而异，根据下属的性格特点和办事风格，有针对性地采取正确的沟通方式。

知识拓展：我的店长我的店　　好店长就要这样当

三、店长的定位

目前一些店长对自己的定位并不十分准确，以下是几种比较常见的错误认知。

1. 管家

有些店长把自己定位为管家，认为店里从销售到团队，事无巨细都要亲力亲为，他们每天从早到晚都忙碌于各种琐碎的小事，因此感觉非常疲惫。

2. 保姆

有些店长把自己定位为保姆,除管理销售、团队和店铺中的事务之外,还要为不够成熟的销售人员承担工作,甚至进行生活上的辅导和引导。为了避免他们因为生活上的琐事而导致情绪波动,店长要哄他们高兴,因此沟通时的措辞拿捏得非常小心。

3. 掌柜

有些店长把自己定位为掌柜,即老板不在时,店长要负责管理整个店面,使店员各司其职。

4. 其他

除以上相对传统的自我定位之外,还有些店长认为自己是"超人",大事小事忙里忙外,自己很累,却常常里外不是人;有的店长忙得像个陀螺,凡事都要亲力亲为;有些店长觉得自己是个"碎催",店里的一切事务都要自己盯着、催促着,否则就会出问题。

以上几类错误定位的店长往往非常苦恼,他们既要考虑销售业绩,又要注意团队士气和精神状态,还要解决店内各种复杂的事项;既要向上级领导进行汇报,又要应付难缠的顾客,兼顾店面结账、统计甚至处理物流送货等问题,因此店长的工作状态就是"忙"→"茫"→"盲"。从开店到闭店都很忙,但由于没有明确的目标,往往会非常痛苦和辛苦,出了问题还会感到茫然,不知道问题出在哪里。

 思政园地

新店长上任,该从哪里下手才能成长为优秀店长

店长作为门店最高层的管理者,不仅要对门店的经营承担经济管理责任,还要对店内的员工负责。门店店长工作的好坏直接影响企业连锁经营发展。一名新任店长需要经过哪些历练才能成长为一名优秀店长呢?

1. 基本素质修炼

(1) 高尚的职业道德。

(2) 良好的个人信誉。

(3) 积极的实干精神。

(4) 执着的学习精神。

2. 意识修炼

(1) 危机意识。

(2) 教练意识。

(3) 超前意识。

3. 管理技能修炼

(1) 因地制宜。

(2) 因人制宜。

(3) 因时制宜。

店长应学会树立阶段性目标,确定工作重点,把有限的精力和时间集中起来进行重点突破。把工作重点分成三个阶段:①聚人气;②商品陈列;③适销对路。

4. 领导艺术修炼

(1) 指挥艺术。

(2) 协调艺术。
　　(3) 服务艺术。

(资料来源：http://www.lingshouw.com/article-13340-1.html)

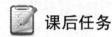
课后任务

认识店长角色定位

任务描述

　　为尽快进入店长角色，你向多位同事请教和询问店长的主要职责，以及如何才能做好该职位的工作。你首先向店长请教，他说："作为一店之长，店长是门店中最重要的灵魂，对上是总部目标的落实者和具体任务的执行者；对下是门店的最高负责人，起着领导、协调、组织及落实的作用。"但是店长也有一些小抱怨，他说："店长看起来挺风光的，但责任重大，实际上事无巨细，什么都得管，总部对各门店各类考核也压得店长喘不过气来。"最后，你又咨询门店的同事对于店长的期待(略)。

任务分析

　　(1) 应该从哪些途径获得关于店长工作的信息？
　　(2) 应该提出哪几个方面的问题获得关于店长的信息？
　　(3) 从连锁经营企业总部角度分析，门店店长的定位是什么？
　　(4) 从连锁经营门店角度分析，门店店长的定位是什么？

任务操作

　　(1) 申请参加店长培训，咨询有经验的店长或区域经理，咨询同事、下属，咨询客户。
　　(2) 从企业总部角度、连锁门店角度进行提问。
　　(3) 明确连锁企业的精神与使命，从店长角度拥护企业精神与使命。
　　(4) 明确店长在连锁门店日常管理及门店发展中的责任。

任务二　理解店长职责

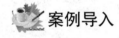
案例导入

微课：错误的店长定位

大润发店长刘正诚：我最关心的是来客数

　　刘正诚刚进入大润发时，他负责的工作是采购，在与某知名相机品牌生产商洽谈时，他发现对方递给他的彩页上画满了红叉。意思就是说：那些标记的产品，是给知名商超预留的，大润发不能选择。对方的这一举动深深地刺痛了他。"那时，我就在想，我不能沮丧，要加倍努力，大润发总会拥有选择权的那一天！"跟记者谈起这个时，现在的刘正诚已经波澜不惊。

　　他是出了名的"铁手腕"。他规定大润发的员工，除了做好自己的工作外，卖场所有工作人员必须熟练掌握每一类商品陈列的区域位置，当顾客找不到需要购买的商品时，员工要在最短时间内把顾客带到准确的位置；他要求服务台的每一位工作人员都要熟记大润发免费班车途经的所有线路,在顾客询问时,及时报出班车的正确班次;他告诉生鲜区的工作人员,每个人身上都要配喷壶和抹布,他们同时要承担起维护环境整洁的任务……

"店长在工作中对我们要求很严,我做的面条曾因一点不达标准,被他全部倒掉过。"谈到刘正诚,现在已经是面点"功夫大师"的22岁女孩脸上满是佩服与尊重,"他对我们严格,对自己更严。每天早晨五六点钟生鲜收货,店长都要亲自把关。每天开店前,他就已经把卖场巡查一遍,比大家来得都早。"

"努力"与"坚持"也许是这家台湾企业骨子里的创业文化。大润发逐渐在强手林立的零售行业中占据一席之地。据业内权威人士评估,如果大润发和沃尔玛、家乐福在相同区域开店,沃尔玛和家乐福大约只能达到大润发60%的销售业绩。一天,刘正诚接到了那个曾经给他画满红叉货单的相机生产商的电话,问能不能把他们厂的最新款相机放到大润发的货架上。在那一刻,刘正诚意识到,这家名不见经传的超市,现在终于成长为零售行业中的佼佼者,大润发在零售行业中的话语权也将出现实质性的变更。

"我最关心的是来客数。让消费者知道大润发、了解大润发、接受大润发,是我最重要的工作。要想被认可,唯一的秘籍就是服务!"对于每一名店长都日思夜想的销售业绩,刘正诚并不十分担心,"做好商品和服务,是否受欢迎,那只是水到渠成的事情。"

(资料来源:http://www.lingshouw.com/article-6811-1.html)

作为店长,应该知道要做什么,对自己的工作职责进行了解和熟悉,只有按部就班地做好每一天的每一项工作,才能保证门店的正常运转。一名销售型店长的岗位职责主要有以下四点。

1. 门店日常管理

门店的日常管理主要包括店面、货品、人和制度四个方面。

(1)店面包括对店面卫生、灯光、销售道具、各种硬件设施的管理,维护好店铺环境,确保店铺卫生达到公司要求,为顾客提供洁净的购物环境。预防及应对门店灾害,如随时检查店内有无安全隐患,对水、火、电等系统要定期检查维护。

(2)货品即对门店货品的价格、订货、库存等进行管理。

(3)人是指对考勤、纪律、行为、心态、状态、销售任务的管理。组织好店铺例会,如每日营业及交接班前后要召开店铺例会,保持与员工的良好沟通,领导和激励全店员工,建设积极上进的团队。

(4)制度包括对工作流程、绩效考核、规章制度等一系列的管理。如贯彻执行公司各项制度及标准,计划并实施对下属的目标管理,评估、考核下属。

2. 销售管理

店员的主要任务就是销售,而店长的主要任务就是如何领导和发挥团队的力量促进销售,进行商品销售管理。

(1)执行总部下达的销售计划。店长首先要知道门店的盈亏平衡点,要知道每月销售的门槛值是多少。然后结合本店的实际情况,根据公司下达的任务指标,制订本门店年度销售计划、月销售计划、周目标、日目标、班次目标、时段目标。

(2)合理分配销售任务,督促员工及时跟进,达成各项销售指标。

(3)执行总部下达的促销计划和促销活动,制订本店的促销方案,并组织实施。

(4) 分析总结本店销售情况，向总部提出引进新品、淘汰滞销品的合理建议。

(5) 负责门店库存，在合理范围内，满足销售和高效周转的要求。

(6) 计划和管理竞争对手市场调查和消费者调查，并及时做出反应，对商品配置价格调整等向公司提出建议，以确保门店的竞争优势。

(7) 负责门店商品销售的质量控制、退货商品管控、促销赠品管控及不良商品管控。

(8) 通过POP(卖点广告)、海报等各种促销标识、道具，为顾客营造新鲜、有吸引力的购物氛围，最大限度地激发顾客的购买热情。

3. 顾客管理

顾客是门店销量的来源，每一位顾客不仅自己会关注和决定购买某一品牌，还会影响其他人的选择与购买。在服务关注度越来越高的今天，如何提升顾客的满意度，如何使更多的消费者选择自己的品牌，如何使已购买顾客心甘情愿地介绍更多的客户，是门店顾客管理的重点。

(1) 售前要做好充分的宣传，使顾客在进店之前就了解门店品牌和服务，并提前建立客户档案。

(2) 售中给予顾客最好的服务，并针对顾客进行细分，不同类别的顾客给予不同的管理和服务，提高顾客的满意度。

(3) 售后及时做好回访与跟进，在顾客生日或其他节日发送各种问候及促销信息，维护顾客对品牌的忠诚度，从而提高顾客到店次数，增加到店人数。

(4) 定期做顾客消费记录查询及分析，分析顾客的忠诚度、购买产品情况、到店情况等，针对不同顾客做有针对性的促销活动。

知识拓展：永辉超市店长日常工作流程

4. 门店陈列管理

视觉打动顾客所带来的效果是非常显著的，商品陈列是顾客对门店的首要印象，生动的陈列对顾客的消费有一定的诱导作用，能够刺激顾客消费。

(1) 依据商品陈列原则监督货架陈列计划的实施，合理安排商品排面、陈列方式，保持规范清晰的价签系统，给顾客以良好的视觉感受，实现商品最大化销售。

(2) 能诊断门店商品陈列中的问题，优化商品陈列，提高销售业绩。

(3) 能维护门店的商品陈列。

思政园地

弘扬张秉贵精神

2017年9月18日上午，王府井集团举行隆重的"张秉贵日"活动，纪念这位新中国历史上最著名的商业劳动模范。"张秉贵日"的设立源于1987年9月18日，张秉贵同志因病去世,距2017年9月18日整整30年。其后,由其开创的"一团火"精神,成为王府井集团的企业精神。张秉贵以及"一团火"精神也成为全国商业服务业的一面旗帜,影响至今。为在新时代继续发扬"一团火"精神,王府井集团首次将9月18日设立为"张秉贵日"。时任集团总裁发表讲话:张秉贵师傅与很多行业和领域都曾出现过的技艺精湛的大师一样,具有一颗精益求精的"匠人之心"。工匠精神曾经给我们这个世界贡献了无数美妙的艺术精品,美化、装点着人们的生活。工匠精神同时也是每一个社会工作岗位、每一个社会工作从业人员对岗位负责、对社会负责的集中体现。做好自己的本职工作,精益求精,不断把工作质量提高到一个崭新的水平,既是对社会最好的回报,也是对自己负责、对职业负责、实现自身价值的内在诉求。张秉贵师傅以扎根柜台服务数十年的行动,向全社会展现了什么是"工匠精神",什么是"全心全意为人民服务"的崇高思想境界。

面对今天新一代的王府井人,他无限感慨地说:抚今追昔,我们无比地怀念以张秉贵同志为代表的一代又一代王府井"英雄",是你们的无私奉献,为我们今天的发展奠定了雄厚的基础;是你们的志存高远,为我们树立了追求远大目标的志向;是你们的埋头苦干,让我们继承了勇于实践的强大基因;是你们视工作如生命的激情,让我们懂得了投身商业服务的价值。王府井集团因你们而无比骄傲!

在王府井集团最为熟悉"你是一团火,我是一团火"的歌声中,一团火火炬传递仪式到来了。火炬在王府井集团经营涉及的时尚百货、购物中心、奥特莱斯、生活超市四大业态公司代表,以及北京地区门店的员工手中依次传递。

据主办方人员介绍,"张秉贵日"传递的一团火火炬,将一直保留在今年新开业的王府井梦工厂店内,成为王府井集团传承一团火精神的组成部分,供光临百货大楼的顾客朋友们参观。

(资料来源:https://www.wfj.com.cn/culture/detail?id=4&type=1)

 ## 课后任务

理解店长职责

任务描述

小张同学由于在店员岗位上表现出色,通过店长岗位培训和考核之后,正式成为一名门店店长。他曾经是一位工作非常刻苦、认真并且一丝不苟的员工。如今面对新的岗位,他觉得压力倍增,因为承担的责任更大了。

任务分析

(1) 从与连锁经营企业总部交流的方面分析,门店店长的工作职责是什么?

(2) 从连锁经营门店角度分析,门店店长的主要工作职责有哪些?

任务操作

(1) 上传下达。传达并落实总部指令、规定、信息等,反馈门店信息和需求,发挥桥梁和纽带作用;坚决执行公司相关规范与要求,并跟踪门店相关柜组及人员的执行状况;负责员工日常工作安排,指导、激励、评估员工工作,协调矛盾以及对员工进行培训。

(2) 门店店长的主要工作职责包括目标管理、商场管理、人员管理、资产管理、客户管理、保密管理、财务管理等方面。

任务三　了解店长工作

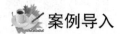案例导入

微课：了解店长工作

店长 A 与店长 B 的对比

店长 A 与店长 B 是同一家连锁企业同一个商圈的店长，他们所率领的两家门店只相隔一条街。得益于核心商圈的地理位置，两家店的客流量在所有店铺之中均处于中上水平。

店长 A 曾是该连锁企业的王牌导购员，销售业绩突出。因此，遵循着"学而优则仕"的传统晋升法则，店长 A 顺理成章地接下了门店 A，成为该连锁企业最年轻的店长之一。

店长 B 性格开朗外向，在同事和客户之间都有着不错的人缘。因此，虽然销售业绩不如店长 A 那么突出，但在上一任店长离职后，人缘良好的他也就自然而然地被推选为新一任店长。

日常 1：首当其冲。

鉴于店长 A 曾是企业的王牌导购，所以门店 A 的战斗氛围很浓烈，每一个店员在店长 A 的带领下，每天都像打鸡血一般地冲业绩。在企业月初的门店销量排名榜上，门店 A 自然勇夺榜首，并与其他门店拉开了一定的距离。相比之下，门店 B 的工作开展显得不温不火。店长 B 日常除安排任务，定期与导购分享销售技巧之外，更多地把时间放在门店的运营管理之上。

很快，该连锁企业就迎来了第一个销售旺季，客流量的上升在为每个门店带来可观的销售额的同时，也带来了运营上的挑战。销售战斗力爆表的门店 A 首先遭遇了问题——库存不足。这就让店长 A 不得不向店长 B 求助，被迫将客流引向与其一条街之隔的门店 B，将到嘴的"肉"拱手让人。

日常 2：未雨绸缪。

那么为何门店 B 在正常消化自身客源的同时，还能保证货源的充足，顺便吞并门店 A 的部分客源呢？原来，在旺季到来之前，店长 B 就已经做好了规划，并提前与企业的仓管部、物流部等相关部门进行了沟通，为这场即将到来的战役做好了充足的准备。

而昔日的王牌店长 A 虽然也多次在每年的旺季战役中打赢漂亮的销量攻坚战，但却因为过于关注销量本身的提升，而没有提前顾及其他问题，再加上稍微有点儿心高气傲，使他没能听进去其他人员的意见和建议，没有花时间提前与相关部门沟通，最终导致货物供应链出现缺口，影响了销售业绩。

日常 3：细节决定成败。

虽然在店长 B 的沟通协调下，门店 A 很快恢复了供货，继续投入旺季销量冲刺的战役之中。但很快门店 A 在销量榜的排名就被门店 B 赶超了。通过日销量分析，店长 A 发现虽然自己曾经给店员传授过一些销售技巧，但门店 A 的销量冠军仍然是自己，这让店长 A 在感到自豪的同时，又隐隐约约觉得有些不安。

于是店长 A 在某一天客流量最大的时段偷偷跑到门店 B 考察，发现门店 B 只有 2/3 的店员负责导购，而另外的店员一直在整理货架，保持店面整洁。店长 B 更是出人意料，即便

是顾客过多,导购人员应接不暇的时候,他也只是流转于顾客之间,与客户攀谈,但最终的销售引导都会交给导购人员来完成。即便这样,门店 B 的到店转化率和成交量依然可观,这让店长 A 再度陷入了沉思……

(资料来源:https://www.sohu.com/a/113993054_466752)

一、店长岗位工作分析方法

在了解店长的工作职责之前,首先要对店长岗位运用的科学方法进行具体分析。岗位分析又称职位分析或职务分析,是指对工作岗位进行整体分析,以便确定每一项工作的 6W1H,即由谁做(who)、做什么(what)、何时(when)、在哪里做(where)、如何做(how)、为什么做(why)、为谁做(whom)。岗位分析的方法主要有访谈法、问卷调查法、观察法、工作日志法、资料分析法、关键事件法及工作实践法。

1. 访谈法

访谈法又称面谈法,是一种应用最广泛的职务分析方法,是指工作分析人员就某一职务或职位面对面地询问任职者、主管、专家等对工作的意见和看法。一般情况下,应用访谈法时可以标准化访谈格式记录,目的是便于控制访谈内容及对同一职务不同任职者的回答进行相互比较。

2. 问卷调查法

问卷调查法是工作分析中最常用的一种方法,具体来说,由有关人员事先设计出一套职务分析问卷,再由工作现场员工填写问卷,也可由工作分析人员填写,最后将问卷加以归纳分析,做好详细记录,并据此写出工作职务描述。

3. 观察法

观察法是一种传统的职务分析方法,是指分析人员直接到工作现场,针对特定对象(一个或多个任职者)的作业活动进行观察,收集、记录有关工作内容、工作间的相互关系、人与工作的关系及工作环境、条件等信息,并用文字或图表形式记录下来,然后进行分析与归纳总结。

4. 工作日志法

工作日志法又称工作写实法,是指任职者按时间顺序详细记录自己的工作内容与工作过程,然后经过归纳、分析,达到工作分析目的的一种方法。

5. 资料分析法

为降低工作分析的成本,应当尽量利用原有资料,例如,责任制文本等人事文件,以对每项工作的任务、责任、权利、工作负荷、任职资格等有一个大致了解,为进一步调查、分析奠定基础。

6. 关键事件法

关键事件法要求分析人员、管理人员、本岗位员工,将工作过程中的"关键事件"详细加以记录,在收集大量信息后,对岗位的特征要求进行分析、研究。关键事件是使工作成功或失败的行为特征或事件,如成功与失败、盈利与亏损、高效与低产等。缺点是收集、归纳事例并加以分类要耗费大量时间。另外,根据定义,事例描述的是特别有效或特别无效的行为,所以很难对日常的工作行为形成总的概念,这样可能会遗漏一些不显著的工作行为,难以非常完整的把握。

7. 工作实践法

工作实践法是分析人员亲自从事所要分析的工作,并根据掌握的一手资料进行分析的方法。

工作实践法的优点如下。

(1) 比面谈询问、书面调查等方法,能获得更真实可靠的数据资料。

(2) 用于短期内可以掌握的工作。

工作实践法的缺点如下。

(1) 由于工作分析人员本身知识与技能的局限,使工作实践法运用范围很窄。

(2) 不适用于在现代化大生产条件下,对操作的技术难度、工作频率、质量等要求较高及有危险性的工作。

二、店长的工作流程

店长是门店至关重要的一员,很大程度上决定着业绩的好坏,一个优秀的店长对任何一家门店都非常重要。那么,一个优秀的店长每天该做些什么呢?

(一) 营业前

在店面管理中,营业前是店长一天工作的开始,正所谓"磨刀不误砍柴工",营业前的准备工作非常重要,店长要以身作则,提前30分钟到达门店,营业前的工作主要有早会、整理和检查。

1. 早会

检查员工的出勤、休假情况;检查员工的仪容仪表及精神状况;对前一日的营业额进行分析,如具体的销售数据、目标达成率,分析原因,寻找提高营业额的方法;传达上级的通知精神与要求;宣布当天的营业目标,分解到个人,让每位员工做当日达标承诺;鼓励表扬优秀员工。

2. 整理

指挥清理门店,保证店内清洁、卫生达标;检查相关设施设备是否正常运行;布置门店环境,营造氛围,如音乐、灯光、POP等;调动全员参与,做好商品陈列整理,注意细节。待一切准备完毕后,再开门迎接顾客。

3. 检查

收银员检查收银系统软硬件是否正常、是否备齐零钞;货品确认,如存货的复核、新货的盘点,做好收货准备。

(二) 营业中

营业是销售实现的关键,工作内容比较多,店长应注意工作的沟通与配合。营业中的主要工作内容包括销售管理、巡检、顾客投诉处理、现场掌控、员工教育、订货、退货、换货。

1. 销售管理

销售管理包括当日工作重点的确认,当日营业额要做多少,当日全力促销哪些产品,分析比较各产品品类的销售量/额;店员在进行销售时,尽量不去干涉,要观察店员的销售技巧及业务知识是否存在问题,在店员销售失败时,及时补充说服顾客,顾客走后,要及时指出店员存在的问题;竞争店的调查。

2. 巡检

巡检项目一定要仔细认真,巡检的基本内容如下:店员的仪容仪表与工作状态,门店卫生,产品的陈列及标价是否正确,门口宣传物品的放置等。店长要注重走动式管理,多走动、多观察,才能及时发现问题、解决问题。

3. 顾客投诉处理

当有顾客投诉时,先由店员接待,店长随时留意处理情况。当发现店员不能处理时,店长应立刻上前进行处理。处理顾客投诉问题时,要把握"大事化小,小事化了"的原则,切记不可在店面发生争吵。

4. 现场掌控

营业中,店长要注意观察、了解店员的思想状态,及时与店员沟通,帮助店员解决一些能够解决的问题。对销售成交的店员要及时表扬,没成交的要及时鼓励。营业中,不忙的时候要合理安排店员吃饭、休息,让店员调整好精神状态,保证工作时达到最佳状态。

5. 员工教育

营业中,对店员的教育,重点是及时性教育,如员工的服务礼仪、销售技巧,发现不符合要求的地方,要及时给予纠正。

6. 订货、退货、换货

要及时做好订货、退货、换货等管理工作,保证店内有充足的货源,维持合理的库存。

知识拓展:优衣库如何打造"超级店长"将权力下放给一线

(三) 营业后

当天营业结束后,店长应做好当天的总结工作,包括商品的日盘、清洁卫生、核定目标、完成各种报表、召开晚会(或店员培训)、末巡。

1. 商品的日盘

建立日盘制度,一般在下班前半小时,当店内没有顾客或顾客稀少时,店长应组织各负责人对店内所摆放商品进行盘点。如数量不符,应再仔细清点,直到核对一致。当天小票、收发货票据应分类整理。

2. 清洁卫生

每天营业结束前,安排店员做好门店的清洁卫生工作。

3. 核定目标

核定当天的营业目标达成情况,做好分析。

4. 完成各种报表

需要完成的报表包括制作日报表、考勤表、员工绩效考核表等。

5. 召开晚会

在晚会上可以总结当天存在的问题与不足,并做好第二天的工作安排;对营业目标的完成情况进行总结与分析;对一些表现不好的员工进行批评。

6. 末巡

在锁门前,店长应进行一天中最后一次巡场。核实贵重商品及销售款是否妥善安排;检查空调、计算机、灯等电气设备是否关闭;门口的物品是否已经全部收回店内,垃圾是否全部清除;检查电、水、火等是否存在安全隐患,严防意外事故发生;当巡场结束后,将灯全部关闭;锁好门店的玻璃门、拉闸、卷闸,全体员工下班。

思政园地

世纪联华江城店店长:管理门店的九大经验

"如果她不在卖场,就一定在去卖场的路上!"这是杭州联华华商集团店长郦国维留给员工最深的印象。郦国维的工作秘诀很简单,就是沉到工作中,边干边学、边实践边思考、在实际运用中找问题,在日新月异的信息时代快速接受新的思维理念,抓住稍纵即逝的零售商机,成为一名思路开阔、意念领先、锐意革新的管理者。

(1) 卖场调整,引进新品,提升服务品质。为了给顾客提供一个更合理的购物环境,营造更整洁明亮的氛围,她在江城店时对整个二楼进行了3个月的不停业改造。改造后的卖场,工程装饰上首次采用点状的光源配置,充分衬托出商品的高级感,并考虑消费者的需求,全面更新商品结构,大量引进进口及国内外名品,商品布局上区域性更强。商品更丰富,商品的价格带更趋完整、合理。提升了卖场品位,扩大了商圈,提升了客单率,真正确立了城南首个精品百货+超市大卖场的市场地位。

(2) 强化服务意识,创新服务模式,提升服务技能。

① 倡导"用心服务、回报顾客"的服务理念,建立商场式的服务标准,提升门店服务水平,增强消费者对门店的认知度、依赖性。

② 抓好门店二级培训工作,实行新员工及老员工不定期培训制,有效保证员工队伍的有序成长。

③ 以"星级员工"评定、门店服务明星评选为依托,充分发挥职工技能带头人作用,以点带面提升门店员工的专业技能及服务质量。

④ 定期组织员工到兄弟门店、新开门店、外资企业学习先进经验,开阔视野,提高水平。

(3) 优化品类结构,有效提升门店销售。

① 实行数据化管理,加大对管理人员的考核力度,明确工作责任。
② 强化考核机制,更新奖金分配方案,充分发挥干部的工作积极性。
③ 提供学习平台,提升综合素质。
(4) 创新营销模式,强化商品演绎,努力为提升"品质生活"作贡献。
① 创新营销模式,充分演绎商品,强化店内教育,引导消费。
② 充分演绎人性化的购物体验,创造最佳的服务环境。
③ 充分发挥企划人员的创新及现场运作能力,有效推动营销模式的创新。做好商品情景演绎,倡导消费卖点、磁点、亮点,不断形成新的消费热点,形成不同区域的消费特点。
(5) 落实各类台账制度,规范门店内控管理工作,确保门店利润有效增长。
(6) 重视安全问题,查找门店各项工作漏洞,确保门店安全运行。

(资料来源:http://www.lingshouw.com/article-8425-1.html)

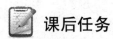

课后任务

了解店长工作

任务描述

员工小蓉一直以来严格要求自己,积极、努力、上进,学习门店各岗位的专业技能,终于在总部店长岗位培训和考核之后,成为一名门店店长。新的岗位面临着更多的挑战和要求,小蓉希望自己能够不负众望,成为一名受员工爱戴和总部肯定的好店长。

任务分析

(1) 从岗位角度分析,店长的工作包含哪些方面?
(2) 从门店经营角度分析,店长的主要日常工作有哪些?

任务操作

(1) 运用工作分析的具体方法总结店长工作的基本内容。
(2) 具体列出门店营业前、营业中、营业后三个时间段店长的工作项目。

 课后练习

一、单项选择题

1. 视觉打动顾客所带来的效果是非常显著的,商品陈列是(　　)对门店的首要印象,生动的陈列对(　　)的消费有一定的诱导作用,能够刺激顾客消费。
   A. 顾客、总部　　B. 店长、总部　　C. 顾客、顾客　　D. 店主、总部

2. (　　)可以总结今天存在的问题与不足,并做好第二天的工作安排;对营业目标的完成情况进行总结与分析。
   A. 早会　　B. 员工教育　　C. 工作总结会　　D. 晚会

3. 要及时做好(　　)等管理工作,保证店内有充足的货源,维持一个合理的库存。
   A. 订货、退货、换货　B. 员工　　C. 商品　　D. 基层

4. 营业前的工作主要有(　　)。
   A. 早会　　B. 整理　　C. 检查　　D. 以上全部都是

5. (　　)是分析人员亲自从事所要分析的工作,并根据掌握的一手资料进行分析的

方法。

　　A. 问卷法　　　　B. 访谈法　　　　C. 关键事件法　　　D. 工作实践法

二、多项选择题

1. 店长应该善于调节门店现场的工作气氛，时时激励全店员工保持高昂的工作热情，形成良好的工作态度，让全店员工都具有（　　）。

　　A. 强烈的使命感　　　　　　　　　B. 强烈的自信心
　　C. 责任心和进取心　　　　　　　　D. 自尊心和自信心

2. 对门店所处商圈的市场竞争态势、宏观（　　）等都要做深入研究。

　　A. 经济环境和风土人情　　　　　　B. 风俗习惯
　　C. 区域消费习惯　　　　　　　　　D. 交通状况和气象状况

3. 巡检项目一定要仔细认真，巡检的基本内容包括（　　）。

　　A. 店员的仪容仪表与工作状态
　　B. 门店卫生检查和产品的陈列及标价是否正确
　　C. 门口宣传物品的放置等
　　D. 多走动、多观察，才能及时发现问题、解决问题

4. 店长岗位工作分析的主要方法有（　　）。

　　A. 访谈法　　　　B. 问卷法　　　　C. 关键事件法　　　D. 分析法

5. 当天营业结束后，店长应做好当天的总结工作，包括（　　）。

　　A. 商品的日盘　　B. 清洁卫生　　　C. 核定目标　　　　D. 完成各种报表

三、判断题

1. 店长既要与总部保持良好的配合，又要协调与激励全体员工做好门店的日常工作，从而不断提高门店的经营业绩。所以就店长而言，他是一家门店的核心，也是一家门店的大家长，更是一家门店的总指挥。（　　）

2. 店长不需要对本门店各项经营指标等信息了如指掌，更不需要通过传统媒体和网络媒体，及时了解和掌握本行业的发展变化。（　　）

3. 收银员检查收银系统软硬件是否正常、是否备齐零钞等；货品确认，如存货的复核、新货的盘点等，做好收货等准备。（　　）

4. 店长要注重心理学知识的学习，能够因人而异，根据下属的性格特点和办事风格，有针对性地采取正确的沟通方式。（　　）

5. 一般在下班时间前半小时，当店内没有顾客或顾客稀少时，店长应组织各负责人对店内所摆放商品进行盘点。如数量不相符，应再仔细清点，直到核对一致。当天小票、收发货票据要分类整理。（　　）

四、案例分析题

　　王创新是海南万宁南国超市贸易有限公司的店长，自 2006 年该超市在万宁开业以来，他一直在最平凡的岗位上辛勤工作。"超市没小事，不能落一件"这句话常常挂在王创新口中，正是因为严把商品质量关、热心服务消费者，他用自己的诚实守信经营，让超市在万宁深受好评。十几年来，王创新除落实进货渠道、摆放商品等要求外，他还亲自去做。

　　超市在每天上午 7 点半开门，王创新就会和同事对全超市万余种商品进行清点，看看有没有商品的保质期快到了、商品有没有破损、哪些商品可能不足……如果商品保质期快到

了,王创新就会马上安排对商品进行处理;如果商品有破损,则立即更换;如果有商品不足,王创新就立即安排人员添加。超市每天晚上10点半关门后,王创新还监督员工,把当天没有卖完的蔬菜、熟食、糕点等进行处理,绝不继续存放。同时,王创新还严把进货渠道,实行台账管理,对每一种商品都进行入库登记,同时对进货商品三证备案。坚持每周对蔬菜水果进行农药残留检验检测,不合格的商品坚决下柜。"质量就是超市的生命,一定要保证商品的质量,这是重中之重,一点都不能马虎。"王创新说。正是因为有王创新的带领,超市先后获得"食品放心示范超市""诚信经营企业""食品卫生B级单位"等荣誉称号。保证商品质量,王创新还牢记"视顾客为朋友"的服务理念。"超市是服务行业,我们必须时时想着顾客,听取顾客的意见和建议,老顾客才会继续选择,新顾客才会来,超市才能进步。"王创新执行无条件退换货制度,打消了顾客对商品和服务的顾虑。建立顾客投诉点,对每一起顾客投诉都进行登记,解决投诉后全部进行电话回访或登门拜访。在前几天,有位"候鸟老人"在超市购买了白酒,但是没过一会儿,老人又拿着白酒回到超市,希望换货。王创新和老人沟通后得知,原来老人要买52度白酒,但由于拿酒时没有注意度数,拿成了其他度数的白酒。王创新对老人买的白酒进行了检查,很快就给老人更换了白酒。

在日常工作中,王创新经常在超市内"闲逛",以消费者的身份和顾客聊天,从而了解顾客的需求或是超市有哪些需要改进的地方。正是因为千方百计地为顾客考虑,无论是在万宁市民还是外地游客中超市都深受好评。

请思考:一名优秀的店长应该具备哪些素质?

五、讨论题

讨论店长在门店中扮演的角色。

项目二

门店团队管理

 知识体系

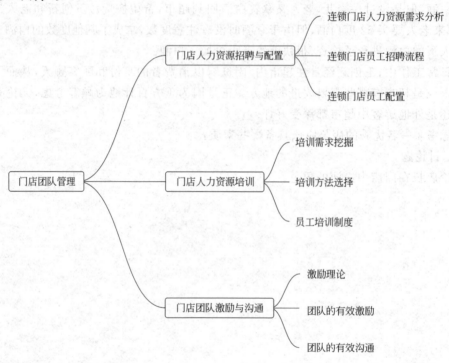

 知识目标

1. 掌握连锁门店人力资源招聘与配置的方法
（1）能够从连锁门店的角度出发理解人力资源招聘与配置所包含的内容。
（2）了解连锁门店招聘的主要流程。
（3）了解连锁门店招聘的主要方法。
（4）了解人力资源配置的内容、原则和主要原理。
2. 了解连锁门店人力资源培训的需求与方法
（1）掌握培训需求分析的方法。
（2）了解人力资源培训的不同方法。
（3）掌握员工培训制度的基本内容。

3. 理解连锁门店团队建设的内容
(1) 掌握沟通的方法与技巧。
(2) 了解门店氛围营造的重要性。

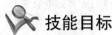
技能目标

(1) 能够从人力资源管理专业的角度对连锁门店员工进行合理的人力资源规划。
(2) 能够对不同岗位提出人员素质要求。
(3) 能够制订门店员工的培训计划。
(4) 能够掌握打造高效团队的技巧。

课程思政

(1) 培养学生在零售企业具有明礼诚信、团结友爱、勤俭自强、敬业奉献、较强自我的管理意识。
(2) 培养学生在零售企业利用人力资源管理六大模块内容对门店人员招聘、配置、培训等工作进行合理的安排。

任务一　门店人力资源招聘与配置

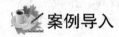
案例导入

现代人力资源管理

有一次,商场老板向通用公司老板杰克·韦尔奇讨教企业成功的秘诀。韦尔奇问:"你的商场有多少员工?"老板回答:"有100人"。韦尔奇告诉老板:"每年裁掉10个人,你的店就会变得像通用公司一样强大。"按理说通用公司的人才流失非常厉害,美国500强中有173家企业的老板都有在通用公司工作的经历,但是通用公司并没有受到影响,证明了有效的人力资源管理可以保证企业良性的发展。通用公司有一套严格的规范制度:时时刻刻都把员工分成20%的优秀、70%的普通和10%的淘汰。事实证明只有引进裁员机制,企业才能流水不腐、户枢不蠹。

(资料来源:https://www.sohu.com/a/453870572_272598)

一、连锁门店人力资源需求分析

近年来,我国零售连锁业进入了前所未有的高速发展期,连锁企业(集团)逐年增加,门店数量及销售量快速增长。同时,连锁业态分布广泛,几乎涵盖了所有商贸流通业和服务业,连锁经营已经成为一种有效的商业模式,支撑着企业的规模化发展,更成为拉动国民经济、推动区域经济发展的重要力量,所以准确地把握区域零售连锁业的发展趋势,以及专业人才的需求情况,如岗位设置情况、岗位需求情况、职业能力要求等,成为连锁企业门店店长的必备技能。

微课:连锁门店人力资源需求分析

（一）人力资源需求的定义

人力资源需求是指为了实现企业的发展规划，而需要雇用的员工数量和质量。人力资源需求预测是指根据组织的发展前景、组织能力及岗位要求，综合考虑各种因素，对未来所需员工的类型（含数量和质量）进行估计的活动。门店对人力资源的需求产生于门店发展的需要，为门店或连锁企业的目标、战略服务。

作为店长，在预测门店人力资源需求时需要考虑以下四项内容。

（1）预测要在内部条件和外部环境的基础上做出，必须符合实际情况。

（2）预测是为门店的发展规划服务，这是预测的目的。

（3）应该选择恰当的预测技术，预测要考虑科学性、经济性和可行性，综合各方面做出选择。

（4）预测的内容是未来人力资源的数量、质量和结构，应该在预测结果中体现。

（二）人力资源需求预测分析影响因素

作为一名店长，在为门店预测人力资源需求时，需要考虑以下影响因素。

（1）宏观层面：即连锁企业或者所在的门店外部环境的影响因素。主要有经济环境，社会、政治和法律环境，劳动力市场，技术进步，外部竞争者这几项。在这些主要的影响因素里，除经济环境的可预测性差异之外，其余几项影响因素的可预测性都较高。作为一名店长，目光不能局限于门店内部，而要了解更多的关于社会、政治和法律环境等相关的知识，才能更好地做好门店的管理工作，为门店服务。

（2）微观层面：也就是门店或连锁企业内部的影响因素。首先，企业或门店的战略对人力资源需求的预测起到了决定性的影响；其次，门店的经营状况（产品、产量、效率等），门店的管理水平和组织结构，现有人员的素质和流动情况也对人力资源需求预测产生了重要的影响。

（三）工作分析

要做到对门店的人力资源需求有一个准确的分析，还要了解一个重要的概念，也就是进行人力资源需求预测的基础，即工作分析。工作分析是通过确定工作的义务、任务或活动来收集信息的过程。工作分析主要包括以下两项内容。

1. 工作描述

工作描述用于具体说明某一项工作的内容、特点及工作环境等，主要包括工作名称、工作内容、工作环境、工作报酬的描述，以及工作的人际关系、社会文化和习俗等内容。

2. 工作说明书

工作说明书是根据工作描述的内容，指出从事一种工作的人员必须具备的各项要求，包括知识要求、能力要求、技能要求等。作为店长，只有对门店的所有工作的内容都清楚地了解之后，才能顺利地进行门店的人力资源需求预测，所以说工作分析是人力资源需求分析预测的基础。

（四）人力资源需求预测的方法

了解人力资源需求预测分析与工作分析的基本内容之后，店长还需要掌握预测的方法，也就是利用哪些工具进行预测分析。这里主要介绍以下四种方法。

（1）零基础预测法。零基础预测法是以现有员工数量为基础来预测未来对员工的需求，需要了解门店当前的人员情况，并掌握任何新增的职位变化，门店当前的人资需求和条件是开始进行人员配置需求分析的逻辑起点。

（2）自上而下预测法。自上而下预测法是指上级人员先制订预测计划，然后逐级传达给下级进行预测。经过每一级别的预测之后，上级听取并集中意见后修改总的预测计划。

（3）德尔菲法。德尔菲法是采用背对背的通信方式征询专家小组成员的预测意见，经过几轮征询，使专家小组的预测意见趋于集中，最后作出符合市场未来发展趋势的预测结论。

（4）驱动因素预测法。有些与企业门店本质特性相关的因素主导着门店活动，从而决定门店的业务量，进而决定人员的需求量。驱动因素预测法就是要找出这些驱动因素，并根据这些因素预测人力资源需求。

二、连锁门店员工招聘

（一）什么是招聘

微课：招聘流程

招聘是指根据组织发展的需要，通过各种途径吸引大批应聘者，从中挑选适合本组织需要的人员的过程，是组织补充人员的主要途径。

（二）招聘的作用

首先，补充人员，保证组织正常经营；其次，招聘的作用是吸引人才，提高组织经营业绩。员工素质的好坏，直接关系到门店的业绩，招聘到优秀的人才是确保员工队伍良好素质的基础；最后，宣传组织，展现组织形象。在招聘中向全社会展示组织风采，比单纯做广告的效果要好得多，而且成本低。

（三）招聘的原则

作为店长，要招聘到合适的优秀人才，需要遵循以下的招聘原则。

（1）公平、公开的原则。一方面能给予社会上的人才以公平竞争的机会，达到广招人才的目的；另一方面能使招聘工作置于社会公开监督之下，防止不正之风，使组织得以不拘一格地选拔、录用各方面优秀的人才。

（2）双向选择原则。这一原则使组织不断增强自身吸引力，重视自己在招聘中的自主权，保障了员工队伍的优化，也能调动求职者个人的积极性。

（3）全面、竞争原则。招聘要通过笔试、面试等环节，以此鉴别，确定人员的优劣。

（4）低成本、高效率的择优原则。实现每个岗位上都有最适合的人员，使组织整体效益最大化。

(四)招聘的流程

招聘的程序没有一个绝对的标准,为了做好一次成功的招聘工作,不同的企业所属的门店有不同的招聘过程,通常招聘的基本程序主要分为以下七个步骤。

(1)制订招聘计划。作为一名店长,需要根据门店的人力资源计划,在掌握各类人员的需求信息,明确有哪些岗位空缺后,制订招聘计划。招聘计划通常包括招聘人数、招聘标准、招聘对象、招聘时间、招聘预算等内容。

(2)拟定招聘策略。招聘策略主要包含两方面的内容:招聘地点的选择和招聘时间的选择。一般而言,作为一名店长,为了降低招聘成本,首先,应将招聘的地理位置限制在最能产生效果的劳动力市场上,根据所需人才素质的不同选择不同的劳动力市场范围;其次,在招聘时间的选择上,店长应该考虑什么时间开始招聘工作,才能保证新进员工准时上岗。

(3)招聘渠道及方法的选择。店长应根据招聘计划对应聘者的来源渠道进行选择,招聘渠道按照来源可分为组织内部招聘和外部招聘两类,其中各有利弊,门店应根据具体情况操作。

(4)征召。征召也就是吸引和寻找候选人的过程,招聘计划和招聘策略的制订工作一旦完成,就进入征召阶段。吸引和寻找候选人就是开发候选人资源,因为有些候选人资源不是立即就能利用的,要进行一些必要的开发工作。

(5)甄选。甄选的目的是将明显不合乎职位要求的申请者排除,甄选的主要手段就是测试,包括心理测试、知识考试、情景模拟、面试等。

(6)聘用与试用。对经过甄选合格的候选人,应做出聘用决策。对决定录用者要发放正式通知,对不予录用的人员,也要致函表示歉意。对决定聘用的人员,在签订劳动合同以后,要有一定的试用期,如果试用合格,试用期满后,就可以签订正式劳动合同,享有正式员工的福利,承受相应的责任,并获得相应的报酬。

(7)招聘评估。这是招聘的最后一项工作,一般来说,招聘评估包括招聘成本评估和录用人员评估。这两项评估可以从数量、质量、效率三方面对招聘工作进行评价,通过招聘评估可以发现招聘工作中存在的问题,以便在将来的工作中进行修正,提高下一轮的工作质量。

在招聘的过程中,每个程序都是一个关键决策点,如果在应聘中达不到该决策点的要求,就要被淘汰,只有达到该决策点,才能进入下一轮的选拔。

(五)招聘的渠道

微课:招聘渠道

企业间的竞争本质上是人才的竞争,门店也一样,如何吸引和保留富有竞争力的人才成为生存与发展的关键。招聘是获得优秀人力资源的重要途径,只有先获取与培养适合门店发展的人力资源,再通过采用科学的方法,才能最大限度地实现组织的目标。所以,招聘不仅是门店获取所需人才的必经之路,招聘的成败还影响门店运营的效率,甚至关系到门店的生存及发展。作为一名成功的店长,在门店进行人才招聘的时候,选择合适的招聘渠道,既能为门店寻找到合适的人才,又能节约成本。当店铺人员流失,需要招聘时,店长首先要思考的是本店需要什么样的员工。门店的招聘工作虽然没有人事部门那么复杂,但是很多店长在招聘员工时的目的性却不强。对于零售业来说,虽然在招聘员工时门槛相对不高,但是也不是没有要求的。

1. 社会招聘

社会招聘一般包括招聘会及人才市场两种方式。招聘会一般由各种政府及人才介绍机构发起和组织,较为正规,同时,大部分招聘会具有特定的主题,通过这种毕业时间、学历层次、知识结构等的区分,门店店长可以很方便地选择适合的专场设置招聘摊位进行招聘。但是招聘会一般为短期集中式,而人才市场则是长期分散式。

2. 校园招聘

有些门店企业会参加校园招聘。校园招聘是许多企业采用的一种招聘渠道,企业到学校张贴海报,举办宣讲会,吸引即将毕业的学生前来应聘。对于部分优秀的学生,可以由学校推荐;对于一些较为特殊的职位,也可以通过学校委托培养后,店铺直接录用。通过校园招聘的学生可塑性较强,干劲足。但是这些学生没有实际工作经验,需要进行一定的培训才能真正开始工作,且不少学生由于刚步入社会,对自己的定位还不清楚,流动性也可能较大。

3. 网络招聘

1)社群招聘

运用社交软件的群组功能,可以有助于提升招聘的工作效率和影响范围,如微信群、QQ群等。

2)短视频招聘

短视频是营销领域里面非常重要的一个方式,也是时下比较流行的一种方式,门店把诉求拍成视频放在网上,让策划公司负责推广。发布的内容一定要简短、直接、亮点突出。

3)App招聘

目前许多招聘网站都有自己的App,便于有求职意愿的人和招聘企业使用。

4. 员工介绍

员工介绍这种招聘方式,容易招到稳定性较高的员工,并且可能会招聘到有经验的人员,作为店长可以省去培养新员工的费用。但缺点也显而易见,员工之间容易拉帮结伙,不易管理。

知识拓展:辞退员工,不如干掉店长

三、连锁门店员工配置

如何用人,是衡量一个店长能力高低的主要标志之一。作为市场一线优秀的店长,应该按照"凭良心干工作,看业绩用员工"的思路用人。

1. 人尽其才,物尽其用

一名优秀的店长应该做到"人适其事,事得其人"。就是把人安排在合适的工作岗位上,使其因为有了这个合适的工作岗位,能充分发挥自己的潜能;也使这个工作岗位因为有了合适的人而富有生命力。"骏马能历险,耕田不如牛。坚车能载重,渡河不如舟。舍长以就短,智者难为谋。"就很形象地说明了这个道理。

2. 正确的人才观

如今,人力资源越来越受到企业的重视,经营一家门店,不仅要认识到人力资源的重要性,更要认识到人力资源在门店发展过程中的不可替代性。对待人才应该以人性化管理的模式为主、刚性管理为辅,放低经营者的高度,尊重、理解、关心和爱护每一位员工,做到真正的以人为本。

3. 科学的激励机制

现在很多企业把激励理解得过分狭窄,并把激励和奖励视为等同,造成了很大的偏差。激励离不开奖励,也可以把奖励称为激励的一种推动机制。也就是说,它应该是员工通过努力后想要得到的,其中主要包括奖金、升迁机会、分权及授权等。这是一种向上的推力,同时也是员工努力工作的基本前提。再者,激励管理也离不开牵引机制,它是一种向上的拉力,主要有价值牵引机制。

4. 合理的约束机制

激励管理也需要压力,或者说需要约束机制。因为任何奖励终究会有失效的一天。对一些重要岗位,有意识地做好人才储备,一旦有人离开某个岗位,立即能有合适的人员自动补上,不会给企业带来重大的影响。因为有一定数量的后备人才储备,个别人就不会因为岗位的重要性而产生自我膨胀的心理。

思政园地

北京超市发连锁股份有限公司优秀的企业文化

超市发前身是海淀区副食品公司,成立于1956年,是北京首家国有企业完成股份制改造的连锁公司、全国著名的超市连锁企业、中国连锁行业百强企业。连续多年荣获北京十大商业品牌、北京市守信企业、CCFA员工最喜爱公司、改革开放四十年北京商业卓越贡献奖等殊荣。2020年被中共中央、国务院、中央军委授予"全国抗击新冠肺炎疫情先进集体"荣誉称号,也是全国唯一一家获此殊荣的零售企业。

以"家"文化为依托,实施"五大满意"工程,是员工成长的同行伙伴、供应商共赢的合作伙伴、消费者信赖的家庭伙伴。打造社区商业品牌。

我们的管理规范

超市发采用国际标准的规范化管理,2001年通过了ISO9000质量体系国际、国内双重认证,2009年获得中关村质量管理奖,2010年获得全国商业质量管理奖,并以卓越绩效模式作为构建综合管理体系的指南,率先在同行业内将职业健康安全、食品安全管理体系的标准纳入体系建设之中,用符合国际标准的专业化的管理准则提升经营水平。

我们的业态定位

超市发的经营业态划分为综合超市、食品超市、社区超市和社区菜市场。围绕社区服务不断创新经营,开辟了社区菜市场的新思路,开拓了生鲜经营的新市场,"超市+菜市场"的经营模式已成为行业典范。

我们的社会责任

超市发通过改善连锁店的购物环境、增加设备设施、细化服务项目等措施,给顾客提供温馨、健康、便利、快捷的贴心服务,在社区举办文化路演"社区月"活动和以超市发冠名文娱活动,深化"贴心式"服务内涵。超市发志愿者服务队20多年来始终如一日地慰问孤寡老人和困难户,提供免费送货服务,在社区居民中树立了良好的口碑。

(资料来源:http://www.bjcsf.com/news/gsln/)

课后任务

连锁门店人力资源招聘与配置

任务描述

手表定律:森林里生活着一群猴子,每天太阳升起的时候,它们就会外出觅食,太阳落山的时候回去休息,日子过得平淡且幸福。一名游客穿越森林,把手表落在了树下的岩石上,被猴子"猛可"拾到了。聪明的"猛可"很快就搞清了手表的用途,于是"猛可"成了整个猴群的明星,每只猴子都向"猛可"请教确切的时间,整个猴群的作息时间也由"猛可"来规划。"猛可"逐渐建立起威望,当上了猴王。做了猴王的"猛可"认为是手表给自己带来了好运,于是它每天在森林里巡查,希望能够拾到更多的表。功夫不负有心人,"猛可"又拥有了第二块、第三块表。但"猛可"却有了新的麻烦:每只表的时间指示都不尽相同,哪一个才是确切的时间呢?"猛可"被这个问题难住了。当有下属来问时间时,"猛可"支支吾吾回答不上来,整个猴群的作息时间也因此变得混乱。

任务分析

只有一只手表时,猴子们可以准确地知道时间;拥有更多的手表时,却不能告诉大家准确的时间。就如同组织人力资源,是不是人越多越好呢?

任务操作

就一个企业或门店而言,人力资源并不是越多越好,而是合适的才是最好的。就连锁门店的人员配置进行综合分析和人员配置。

任务二　门店人力资源培训

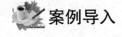
案例导入

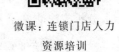

微课:连锁门店人力
资源培训

海底捞的员工培训启示

海底捞已经在全国多个城市开设了分店,并且规模越来越大。人们不禁要问:"海底捞是凭借什么优势做到了不断开设分店呢?"对此,海底捞的员工最有发言权。他们认为,是海底捞独特的员工培训管理体系使其发展出现了快速增长,并使分店得到了不断发展。海底捞不断向员工传递海底捞的服务宗旨并将细心、耐心、周到、热情贯彻到实际工作中,把客人的每件小事当成大事去做，才真正赢得了顾客的肯定和信任。

(资料来源：https://max.book118.com/html/2018/0117/149129117.shtm)

一、培训需求挖掘

(一)什么是培训

培训是指企业通过各种方式使员工具备完成现在或将来工作所需要的知识、技能并改变他们的工作态度，以改善员工在现有或将来职位上的工作业绩，最终实现企业整体绩效提升的一种计划性或连续性的活动。

(二)培训需求

凡事都有开端，需求就是培训的开端。所谓培训需求，就是现在的水平线离岗位要求线水平之间的差距。一般而言，培训需求应该从三个层面进行考虑。

(1)组织层面。包括公司文化和经营策略、业务重点、组织架构。

(2)岗位层面。包括岗位职责和胜任能力。

(3)个人层面。包括绩效评估和人员发展。

(三)培训需求分析的步骤

1. 做好培训前期准备工作

(1)收集员工资料，建立员工培训档案。档案应当包括培训档案、员工人事变动情况、绩效考核情况等。

(2)职业生涯规划等相关资料。同各部门员工保持密切联系，及时掌握员工现状。培训部门员工要及时与其他部门保持密切联系，及时更新和补充员工培训档案。

(3)建立培训需求信息收集的通道。培训部门需要建立起畅通有效的培训需求收集渠道，用于及时掌握员工的培训需求。

2. 制订培训需求调查计划

(1)制订培训需求分析工作计划。包括时间安排、可能遇到的问题及对策、应当注意的问题等。

(2)设立培训需求分析工作目标。明确培训需求分析工作需要达到的目标。

(3)选择适当的培训需求调查方法。培训需求分析常用的方法有观察法、问卷法、面谈法、测验法、工作分析法、资料分析法、绩效分析法、全面分析法等。选出适合企业的培训需求分析方法非常重要。

3. 实施培训需求调查工作

(1)征集培训需求。培训部门向其他有关部门发出征集培训需求的通知，要求绩效有差距是其他需要培训的部门提出培训需求。

(2)审核培训需求。培训部门将收集来的培训需求整理汇总，并向相关主管部门进行汇报。

(3)分析培训需求。对申报的培训需求进行分析、确认。

(4) 确认培训需求。根据分析后的培训需求,按照重要程度及迫切程度排序。

4. 分析与输出培训需求结果

(1) 对培训需求调查信息进行归类、整理。

(2) 对培训需求调查信息进行分析、总结。

5. 撰写培训需求分析报告

培训需求分析报告是培训需求分析工作的成果表现,最终确定是否需要培训和培训什么内容,是确立培训目标、制订培训计划的重要前提。

二、培训方法选择

1. 员工培训的具体内容

一般来说,人力资源培训以职业道德培训、技能培训和资格培训为主要内容。

(1) 职业道德培训。店长向其员工提供的职业道德培训以商业道德为主,通常包括遵守工作制度和服务规范,树立顾客至上观念、爱岗敬业、树立和维护企业形象、培养企业精神、培养团队精神和责任感等改进员工工作动机、态度和行为等方面的培训。

(2) 技能培训。技能培训是指门店为开展采购、检查、加工、包装、配送、销售、财务、经营管理、信息处理等业务而对员工进行的专业技术方面的培训。

(3) 资格培训。门店店长根据社会或国家的职业或工种标准而对店内员工的工作能力进行培训,使其具备相应的职业技能,取得职业资格证书。

知识拓展:超市理货员培训流程表

2. 员工培训的形式

员工培训分为职前培训、在职培训、脱产培训、自我教育四种方法,这四种方法各有优缺点,适合不同的人员,它们之间不是完全孤立的,可交替使用。

(1) 职前培训。职前培训主要是针对新员工进行的,通过对新员工的职前培训,使新员工能够在最短时间内了解门店整体的组织形式和正确的操作方法,以便日后担任工作及接手管理时能顺利地适应。

(2) 在职培训。在职培训是指不脱离工作岗位进行的培训。主要有两个方面的内容:①职务转换,在各个岗位每隔一段时间调动一次,是横向的交流;②随着时代进步、环境变迁或工作岗位的要求,需要更新知识、技术、观念,如员工晋升职务前的培训,是纵向的交流。横向的交流可采取师傅带徒弟式的培训方式;纵向的交流可以采取进修培训,也可由企业派专人进行指导。

(3) 脱产培训。脱产培训是指员工暂时离开现职,脱产到有关学术机构或学校以及别的门店参加为期较长的培训。

(4) 自我教育。自我教育也称自我启发式培训,是指店长鼓励员工利用工作间隙和业余时间进行学习。自我教育的方式有多种,例如,员工之间的交流,门店组织的一些研讨会、内部培训,门店为员工举办的有关专业知识的读书、看报活动,鼓励员工到业余大学深造进修,并为员工报销学习费用等。

三、员工培训制度

不同层次人员在组织中扮演的角色有所不同,其训练需求、训练目的、训练内容也会有所不同。

1. 什么是员工培训制度

员工培训制度是指以规章制度的形式将门店的培训计划、要求、实施等方面加以规范化、严格化。每个门店的具体情况不同,培训制度也各不相同。

2. 员工培训制度的内容

员工培训制度的内容主要包括总则、培训目的、培训内容等。

(1)总则。通过培训提高门店员工的整体素质。

(2)培训目的。员工培训的直接目的就是要发展员工的职业能力,使其更好地胜任现在的日常工作及未来的工作任务。

(3)培训内容。培训内容包括企业历史、企业文化、业务性质、产品特点、组织机构、规章制度、岗位要求、工作条件、工作规范、技术手册、工作流程以及辅助性技能和素质培训,如商务礼仪、设备使用等。

(4)培训方式。主要有职前培训、在职培训、脱产培训、自我教育等。

(5)课程体系。针对不同的培训对象及不同的培训内容,应进行不同课程的培训。企业要设计一些具有自身特点的课程,以便使培训达到良好的效果。

(6)培训设施。如果有必要和可能,企业或门店应该建立自己的培训设施,如培训教室等。

为了保证培训工作能够正常顺利开展,有必要成立培训委员会,建立专门的,诸如培训中心形式的培训机构,制定一系列的培训制度。

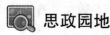

胖东来超市内部员工管理办法

1) 树立真正"以人为本"的管理理念

商业零售企业的服务主要是通过一线员工完成的,他们的工作状态直接决定了服务的结果。胖东来从经营理念到管理机制都充分体现了组织对员工的尊重和关怀,努力营造一个自我激励、轻松和谐的工作氛围,培养一种齐心协力、配合默契的团队精神,让员工时时感到自己被重用,使员工能在企业中找到自己的心理支撑点,使每一个员工都能得到充分的尊重,这样既增强了胖东来的凝聚力,又充分发挥了员工的积极性和创造性。

2) 加强对员工的教育和培训,以提高服务素质,强化服务质量意识

胖东来尤其重视对直接接触顾客的一线员工的教育和培训,让他们充分理解和领会企业服务营销的总体目标,强调为顾客服务的责任感和真诚的爱心,并注意培养他们同顾客打交道、与顾客建立良好关系等方面的高层次技能。

3）构建公平合理的激励机制和绩效评估体系

胖东来运用定价策略中的方法和技巧，设计适当的薪酬福利计划，建立公开、公平、公正、合理的晋升机制，发挥考核与奖励的杠杆作用，使薪酬制度对员工更有吸引力，增加对外的竞争力。

胖东来根据员工对企业作出的贡献，及时做好实绩考核，明确、合理地奖励，表彰优秀员工，让他们感受到自己的努力得到了企业的认同和重视，从而促使员工产生奋发向上的进取精神、努力工作的积极性和满足感。

4）创建畅通的内部沟通渠道

有效沟通可以实现员工对企业目标的高度理解、支持和拥护，并在企业内部形成信息共享的环境和良好的人际氛围。

有效沟通的关键取决于渠道的有效性和信息发送者与接收者之间的理解。胖东来选择员工能够接受的方式和渠道，使组织目标潜移默化地被员工理解和接受。

5）充分、合理地授权

授权是指通过赋予员工相应的权力和自主性，使其能控制与工作相关的情况和做决定的过程。充分合理的授权可以使员工在遇到服务问题时，及时采取行动，这样可以有效避免将矛盾搁置、延误时间而招致顾客不满，或由于信息传递等问题导致决策失误，彻底失去顾客的情况发生。

胖东来给予员工和管理人员足够的授权，使他们在实际销售过程中遇到突发事件时，能够采取合理恰当的措施，来稳定局面，维护企业形象。

（资料来源：https://www.sohu.com/a/432087218_120052844）

课后任务

连锁门店人力资源培训

任务描述

"用心超市"一直以来都是文化社区居民最信赖的超市，货品齐全、人员服务态度热情，他们不断努力，想成为总部旗下最优秀的门店。近期，门店将对员工进行一次深入的培训，请为不同类型的门店员工制订培训计划。

任务分析

通过小组讨论、课后准备、总结的形式，形成针对连锁超市各部门老员工与新进员工的培训计划，掌握门店整体的培训计划和培训内容。

任务操作

（1）各小组制作连锁超市门店专项培训计划报告，上交电子稿和纸质稿。

（2）报告包含小组成员中的个人作业部分和最终的以小组为单位的培训计划。

（3）报告要有封面、目录，字体及行间距统一。

（4）报告内容至少应包含新员工入职前培训计划，老员工在职、脱产培训计划。

任务三　门店团队激励与沟通

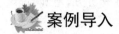
案例导入

　　心理学家进行了一项有趣的研究,他们先找到一个学校,然后从校方手中得到了一份全校学生的名单。在经过抽样后,他们向学校提供了一些学生名单,并告诉校方的代课老师,通过一项测试发现,这些学生有很高的天赋,只不过尚未在学习中表现出来。其实,这是从学生的名单中随意抽取出来的几个人。有趣的是,在学年末的测试中,这些学生的学习成绩的确比其他学生高出很多。研究者认为,这就是由于教师期望的影响。由于教师认为这个学生是天才,因而寄予他更大的期望,在上课时给予他更多的关注,通过各种方式有意或无意地向他传达"你很优秀"的信息,学生感受到教师的关注和喜爱,因而产生一种激励作用,学习时加倍努力,因而取得了好成绩。教师的期待不同,对学生施加影响的方法也不同,学生受到的影响也不同。

(资料来源:https://site.douban.com/182936/widget/notes/10605527/note/290852239/)

一、激励理论

(一) 双因素理论

　　双因素理论(two factor theory)也称"激励-保健理论",由美国心理学家赫茨伯格于1959年提出。他把企业中的有关因素分为两种,即满意因素和不满意因素。满意因素是指可以使人得到满足和激励的因素;不满意因素是指容易产生意见和消极行为的因素,即保健因素。他认为这两种因素是影响员工绩效的主要因素。保健因素的内容包括公司的政策与管理、监督、工资、同事关系、工作条件等。这些因素都是工作之外的因素,如果满足这些因素,能消除不满情绪,维持原有的工作效率,但不能激励人们更积极地行动。激励因素与工作本身或工作内容有关,包括成就、赞赏、工作本身的意义及挑战性、责任感、晋升、发展等。这些因素如果得到满足,可以使人们产生很大的激励;若得不到满足,也不会像保健因素那样产生不满情绪。

　　赫茨伯格认为,不是所有的需要得到满足都能激励起人们的积极性,只有那些被称为激励因素的需要得到满足才能调动人们的积极性;同时,不具备保健因素时将引起强烈的不满,但具备时并不一定会调动强烈的积极性;另外,激励因素是以工作为核心的,主要是在职工进行工作时发生的。

　　保健因素是指造成员工不满的因素。保健因素不能得到满足,则易使员工产生不满情绪,消极怠工,甚至引起罢工等对抗行为,但在保健因素得到一定程度的改善后,无论如何进行改善,往往也很难使员工感到满意,因此也就难以再由此激发员工的工作积极性。所以就保健因素来说,"不满意"的对立面应该是"没有不满意"。如工资报酬、工作条件、企业政策、行政管理、劳动保护、领导水平、福利待遇、安全措施、人际关系等都是保健因素。这些因素均属于工作环境和工作关系方面的因素,皆为维护职工心理健全和不受挫折的必要条件,它不能直接起到激励职工的作用,但却有预防性。

激励因素是指能让员工感到满意的因素。由于激励因素的改善而使员工感到满意的结果，能够极大地激发员工工作的热情，提高劳动生产效率；但对于激励因素来说，即使管理层不给予其满意满足，往往也不会因此使员工感到不满意，所以就激励因素来说："满意"的对立面应该是"没有满意"。

赫茨伯格认为真正能激励员工的因素有以下几项：①工作表现机会和工作带来的愉快；②工作上的成就感；③由于良好的工作成绩而得到的奖励；④对未来发展的期望；⑤职务上的责任感等。这种因素是积极的，是影响人的工作动机并长期起主要作用的因素，是职工工作动机的源泉。根据赫茨伯格的理论，在调动员工积极性方面，可以分别采用以下两种基本做法。

1. 直接满足

直接满足，又称工作任务以内的满足。它是一个人通过工作所获得的满足，这种满足是通过工作本身和工作过程中人与人之间的关系得到的。它能使员工学习到新的知识和技能，产生兴趣和热情，使员工具有光荣感、责任心和成就感，从而可以使员工受到内在激励，产生极大的工作积极性。对于这种激励方法，管理者应该予以充分重视。虽然这种激励的措施有时所需的时间较长，但是员工的积极性一经激发，不仅可以提高生产效率，而且能够持久，所以管理者应该充分运用这种方法。

2. 间接满足

间接满足，又称工作任务以外的满足。这种满足不是从工作本身获得的，而是在工作以后获得的，例如晋升、授衔、嘉奖或物质报酬和福利等。其中福利方面，诸如工资、奖金、食堂、托儿所、员工学校、俱乐部等，都属于间接满足。间接满足虽然也与员工所承担的工作有一定的联系，但它毕竟不是直接的，因而在调动员工积极性上往往有一定的局限性，常常会使员工感到与工作本身关系不大而满不在乎。研究者认为，这种满足虽然也能够显著地提高工作效率，但不容易持久，有时处理不好还会产生副作用。

在实际工作中，借鉴这种理论来调动员工的积极性，不仅要充分注意保健因素，使员工不至于产生不满情绪；更要注意利用激励因素去激发员工的工作热情，使其努力工作。如果只顾及保健因素，仅仅止步于员工暂时没有什么意见，是很难创造出一流工作成绩的。

双因素理论还可以用来指导奖金的发放。当前，我国正使用奖金作为一种激励因素，但是必须指出，在使用这种激励因素时，必须与企业的效益或部门及个人的工作成绩挂起钩来。如果奖金不与部门及个人的工作成绩相联系，一味地"平均分配"，久而久之，奖金就会变成保健因素，再多也起不到激励作用。

双因素理论的科学价值，不仅对搞好奖励工作具有一定的指导意义，而且对如何做好思想政治工作提供了有益的启示。既然工作上的满足与精神上的鼓励将会更有效地激发人的工作热情，那么在管理中，就应特别注意处理好物质鼓励与精神鼓励之间的关系，充分发挥精神鼓励的作用。

（二）需要层次理论

亚伯拉罕·马斯洛是美国著名社会心理学家，也是第三代心理学的开创者，他提出了融合精神分析心理学和行为主义心理学的人本主义心理学，于其中融合了美学思想。他的主要成就包括提出了人本主义心理学和马斯洛需求层次理论,代表作品有《动机和人格》《存在心理学探索》《人性能达到的境界》等。需求层次理论在现代行为科学中占有重要地位。马斯洛需求层次理论是管理心理学中人际关系理论、群体动力理论、权威理论、需要层次理论、社会测量理论的五大理论支柱之一。马斯洛认为,人的需要由生理的需要、安全的需要、归属与爱的需要、尊重的需要、自我实现的需要五个等级构成。五种需要是最基本的,与生俱来的,构成不同的等级或水平,并成为激励和指引个体行为的力量。

马斯洛认为,需要层次越低,力量越大,潜力越大。随着需要层次的上升,需要的力量相应减弱。高级需要出现之前,必须先满足低级需要。在从动物到人的进化中,高级需要出现得比较晚,婴儿有生理需要和安全需要,但自我实现需要在成人后出现;所有生物都需要食物和水分,但是只有人类才有自我实现的需要。低级需要直接关系到个体的生存,也称缺失需要(deficit or deficiency need),当这种需要得不到满足时直接危及生命;高级需要不是维持个体生存所绝对必需的,但是满足这种需要使人健康、长寿、精力旺盛,所以叫作生长需要(growth need)。高级需要比低级需要复杂,满足高级需要必须具备良好的外部条件——社会条件、经济条件、政治条件等。马斯洛看到低级需要和高级需要的区别,要满足高级需要,必须先满足低级需要,但是并不绝对对立。在人的高级需要产生以前,低级需要只要部分地满足就可以了。个体对需要的追求有所不同,有的对自尊的需要超过对爱和归属的需要。

了解员工的需要是应用需要层次论对员工进行激励的一个重要前提。在不同组织中、不同时期的员工以及组织中不同的员工的需要充满差异性,而且经常变化。因此,管理者应该经常性地用各种方式进行调研,弄清员工未得到满足的需要是什么,然后有针对性地进行激励。马斯洛理论把需要分成生理需要、安全需要、社交需要、尊重需要和自我实现需要五类,依次由较低层次到较高层次,每一个需求层次上的员工对激励的要求都不一样,即不同的激励满足不同的需求层次。

(三) ERG 理论

ERG 理论是生存、相互关系、成长三核心需要理论的简称。它是美国耶鲁大学组织行为学教授奥尔德弗在大量实证研究的基础上对马斯洛的需求层次理论加以修改而形成的一种激励理论。他于1969年在《人类需要新理论的经验测试》一文中指出,在管理实践中将职工的需要分为以下三类较为合理和有效:①生存(existence)需要,即提供一个基本的物质生活条件。这包括马斯洛认为的生理需要和安全需要的项目。②相互关系(relatedness)需要,即维持人与人之间友善关系的愿望。这与马斯洛的爱的需要和尊重需要里的外部因素相一致。③成长(growth)需要,即人们希望得到发展的内心愿望。这包括马斯洛的尊重需要的内在因素和自我实现需要的各项内容。

除用三种需要替代五种需要以外,与马斯洛的需求层次理论不同的是,奥尔德弗的ERG 理论还表明:人在同一时间可能有不止一种需要起作用;如果较高层次需要的满足受到抑制,那么人们对较低层次的需要的渴望会变得更加强烈。

马斯洛的需要层次是一种刚性的阶梯式上升结构,即认为较低层次的需要必须在较高层次的需要满足之前得到充分的满足,两者具有不可逆性。相反的是,ERG 理论并不认为各类需要层次是刚性结构,例如,即使一个人的生存和相互关系需要尚未得到完全满足,他仍然可以为成长发展的需要工作,而且这三种需要可以同时起作用。

此外，ERG 理论还提出了一种叫作"受挫-回归"的思想。马斯洛认为，当一个人的某一层次需要尚未得到满足时，他可能会停留在这一需要层次上，直到获得满足为止。相反，ERG 理论则认为，当一个人在某一更高等级的需要层次受挫时，那么作为替代，他的某一较低层次的需要可能会有所增加。例如，当一个人社会交往需要得不到满足时，可能会增强他对得到更多金钱或更好的工作条件的愿望。与马斯洛需求层次理论相类似的是，ERG 理论认为较低层次的需要得到满足之后，会引发出对更高层次需要的愿望。不同于马斯洛需求层次理论的是，ERG 理论认为多种需要可以同时作为激励因素而起作用，并且当满足较高层次需要的企图受挫时，会导致人们向较低层次需要的回归。因此，管理措施应该随着人的需要结构的变化而做出相应的改变，并根据每个人的不同需要制定出相应的管理策略。

需要就是激发动机的原始驱动力，一个人如果没有什么需要，也就没有什么动力与活力可言了，反之，一个人只要有需要，就表示存在着激励因素。作为一名领导者，不仅要掌握充满活力的需要理论，还要善于将满足员工需要所设置的目标与企业的目标密切结合起来，同时应特别注重下属较高层次需要的满足，以防止"受挫-回归"现象的发生。

二、团队的有效激励

1. 物质激励

物质激励是指运用物质的手段使受激励者得到物质上的满足，从而进一步调动其积极性、主动性和创造性。物质激励有奖金、奖品等，通过满足要求，激发其努力生产、工作的动机。它的出发点是关心群众的切身利益，不断满足人们日益增长的物质文化生活的需要。

微课：团队的有效激励

2. 精神激励

精神激励是指精神方面的无形激励，包括向员工授权、对他们的工作绩效的认可，公平、公开的晋升制度，提供学习和发展及进一步提升自己的机会，实行灵活多样的弹性工作时间制度以及制定适合每个人特点的职业生涯发展道路等。精神激励是一项深入细致、复杂多变、应用广泛、影响深远的工作，它是管理者用思想教育的手段倡导企业精神，是调动员工积极性、主动性和创造性的有效方式。

3. 情感激励

情感激励是指增进与员工的感情、增强组织凝聚力。俗话说"得人心者得天下"，这是一个历史和现实都证明了的真理。满足人的需要，学会情感激励，是每一位成功管理者的必备素质。情感激励的本质是一种文化管理，是一项重要的亲和工程。它注重的是员工的内心世界，通过激发员工的正向情感，来消除员工的消极情绪，利用感情双向交流和沟通来实现有效激励。成功的企业都非常关注员工情感上的细微变化，施以恰当的感情诱导，积极满足员工的情感需求，努力增强企业的亲和力，因为情感激励确实是一种最经济、最有效的员工激励方法。

例如，某知名企业管理者非常善于用情感来激励他的员工。他有一项创举，即把员工的生日定为个人的公休日，让每位员工在自己生日当天能够有足够的时间和家人一起庆祝。对每位员工来说，生日既是自己的喜庆日子，也是自己的休息日。在生日当天，员工可以和家人度过美好的一天，养足了精神，第二天又可以精力充沛地投入工作当中。他的信条是：为员工多花一点钱进行感情投资绝对是值得的。感情投资花费不多，但可以换来员工的积极性。它所产生的巨大创造力是任何一项投资都无法比拟的。

三、团队的有效沟通

沟通是一门艺术,更是一种尊重。一切高效的沟通实质上源于有效的倾听。简单来说,沟通只有两个关键:一是倾听;二是目的明确、清晰、简洁地表达。倾听时不要打断对方,倾听的过程实质是全面了解及心理被理解接受、赢得对方信赖的过程。而目的明确,清晰、简洁地表达,是达成一致结果的有效方法。

微课:沟通的方法与技巧

首先,当员工主动沟通时,店长要仔细倾听后给予反馈。这时店长要做到以下几点:一是要站在员工的立场和角度上,耐心地倾听员工的反馈,不能中途打断或拒绝接受,并且针对其最需要解决的方面做出反馈;二是给予的反馈要明确具体,而不是模糊不清的、空洞的;三是反馈意见时,店长要用建设性、鼓励的口气,而不是说教、批评;四是积极反馈,要求就事论事,对事不对人,绝不能触及员工的尊严。

其次,当店长向员工传达某种信息或进行工作沟通时,店长要做到以下几点:一是目的明确、准确、清晰、简洁地表达,简单易懂;二是当听到反对意见时,不要急于争论,先认真思考,再做出决策;三是不论员工是什么态度,店长一定要表明自己的态度。譬如明确的工作事项安排、明确的工作量与标准、明确的时间完成要求、明确的制度规定与责任、明确的目标、理解、同意、支持、不同意、保留意见等。不明确表达自己对反馈的态度和意见,对方就会误会你没有听懂、没有理解或内心抗拒,这样就会影响沟通的质量。

最后,当店长要批评鞭策某位员工时,需要有一定的方法和技巧,这里介绍一种沟通时比较常用的方法——"三明治沟通法"。三明治沟通法是将沟通的核心内容像三明治一样夹在中间层,当向下属员工提出建议,尤其是批评性建议时,为了不让对方难受,提高对批评建议的接受度,最好在表达核心意见之前,先认可员工的进步,哪怕是微小的进步,店长一定要善于发现员工的微小进步,然后再说出具体建议和批评,在建议和批评表达完后,不要忘了给予员工希望和鼓励,以使员工保持信心和愉悦的心情,不至于有被打击的挫折感。三明治沟通法就像给病人吃有糖衣包裹的药一样,目的是治好病,改正错误,做好工作,但是,为了让病人更容易地吃下去,提高对批评及建议的接受度,有利于改善工作,而在药的外面裹一层糖衣。

知识拓展:门店员工没热情?这八个方法比加薪都管用

 思政园地

超市如何有效激励员工

超市之所以人才流动性大,关键在于没有制定合理的人才发展战略。合理的留人策略,离不开有效的激励机制作保障,而人员激励切忌盲目进行,要根据人员需求的不同制定不同的激励方式。作为超市管理者,首先要了解人员的不同需求,再运用不同的激励手法,从点到面,这样才能留住人才,将人才激励措施发挥得更好,孜孜不倦地为企业效力,实现更高的目的。

物质激励

物质需要始终是人类的第一需要,是人们从事一切社会活动的基本动因。所以,物质激励仍是激励的主要形式。富有竞争力的薪酬能够使员工从进入企业的第一天起就懂得珍惜自己的工作岗位,因为支付高工资的企业最能吸引企业所需的员工,尤其是那些出类拔萃的员工。较高的薪酬必然带来较高的满意度和忠诚度,与之俱来的还有较低的离职率。

认同激励

任何人无论是在社会还是在公司中都希望得到别人的认同和赏识,真正实现自我价值的提升,为员工创造工作中的乐趣和成就感。在公司内部,人员希望自己出色的工作得到公司这个大家庭的认同,希望自己归属于同事群体,成为公司不可缺少的一部分。如果得不到这些认同,他们就会变得没有工作激情,工作效率降低。通过这种激励方式,可以让人员与公司之间拉近距离,增加向心力,让人员感受到他们是公司的主人,而不是公司的苦力。

尊重激励

尊重是加速员工自信力爆发的催化剂,尊重激励是一种基本激励方式。上下级之间的相互尊重是一种强大的精神力量,它有助于企业员工之间的和谐,有助于企业团队精神和凝聚力的形成。只有企业真心尊重关心员工,体察其需求,帮助员工成长进步,给员工营造发挥自己才能的环境,企业才能留住人才,从而在日趋激烈的市场竞争中立于不败之地。实行关爱员工的人性化管理:要给予员工良好的工作环境,给予员工足够的工作支持,使员工安心地在企业工作,如带薪休假、医疗养老保险等。

参与及授权激励

作为超市管理者,要相信自己员工的能力,企业的发展离不开这些员工的共同努力,在工作过程中,要懂得放权,通过参与,形成员工对企业的归属感、认同感,可以进一步满足自尊和自我实现的需要。同时,为了保证系统的物理安全、数据存储和存取的安全与保密、数据传输的安全与保密,应做好使用人员的授权管理。授权激励不但可以培养人才独立的工作能力,更是对人员能力的一种认同,让他们觉得自己是公司的"中流砥柱",正在肩负着一项重要职责。

总之,人员的需求各不相同,人才激励的方式也多种多样,作为管理者,不要以为多发一些奖金,多说几句好话就能调动所有人的积极性,关键是要找准人员的真正需求,运用适合的激励方法,以不变应万变。

(资料来源:https://www.sohu.com/a/437302581_787408)

 课后任务

连锁门店团队激励与沟通

任务描述

王鑫是一名深受员工爱戴的店长,他懂得关注每一位员工的状态,随时发现员工的优点和不足,为他们工作能力的不断提升贡献出自己作为店长的一臂之力。近期,王鑫想进一步提升门店团队的凝聚力,重新修订员工的激励机制。

任务分析

通过小组讨论、课后准备、总结的形式,为王鑫提供一些建议,如何更加有效、有针对性地激励门店员工。

任务操作

各小组根据前文所讲述的三种激励理论,帮助王鑫制定员工奖惩管理制度。

课后练习

一、单项选择题

1.(　　)经营已经成为一种有效的商业模式,支撑着企业的规模化发展,更成为拉动国民经济、推动区域经济发展的重要力量。

　　A. 连锁　　　　B. 电商　　　　C. 店铺　　　　D. 互联网

2.(　　)是指上级人员先制订预测计划,然后逐级传达给下级进行预测。经过每一级别的预测之后,上级听取并集中意见后修改总的预测和计划。

　　A. 自上而下预测法　　　　　　B. 德尔菲法
　　C. 零基础预测法　　　　　　　D. 定性预测法

3. 通过(　　)可以发现招聘工作中存在的问题,以便在将来的工作中进行修正,提高下一轮的工作质量。

　　A. 甄选　　　B. 聘用和试用　　C. 招聘评估　　D. 成本评估

4. 通过对新员工的(　　),使其在最短时间内了解门店整体的组织形式和正确操作方法,以便日后担任工作及接手管理时能顺利地适应。

　　A. 在职培训　　B. 职前培训　　C. 脱产培训　　D. 自我教育

5.(　　)可以增进与员工的感情,增强组织凝聚力。

　　A. 物质激励　　B. 情感激励　　C. 精神激励　　D. 尊重激励

二、多项选择题

1. 门店外部环境影响因素主要有经济环境,(　　)、(　　)和法律环境,劳动力市场,技术进步等。

　　A. 社会　　　B. 政治　　　　C. 人文　　　　D. 历史

2. 招聘的作用是(　　)组织,(　　)组织形象,在招聘中向全社会展示组织风采,比单纯做广告的效果要好得多,而且成本低。

　　A. 塑造　　　B. 宣传　　　　C. 展现　　　　D. 提高

3. 情感激励注重的是员工的内心世界,通过激发员工的正向情感,来消除员工的消极情绪,利用感情(　　)和(　　)来实现有效激励。

　　A. 细微变化　　B. 双向交流　　C. 沟通　　　　D. 赞美

4. 员工培训的基本方法有(　　)。

　　A. 职前培训　　B. 在职培训　　C. 脱产培训　　D. 自我教育

5. 员工培训制度的内容主要包括(　　)等。

　　A. 总则　　　B. 培训目的　　C. 培训内容　　D. 培训方式

三、判断题

1. 连锁企业或者说门店外部环境影响因素主要有经济环境,社会、政治和法律环境,劳动力市场,技术进步,外部竞争者。这几项主要的影响因素里,除经济环境的可预测性差之外,其余的几项影响因素的可预测性都较高。（　　）

2. 沟通只有两个关键:一是双向交流;二是目的明确,清晰、简洁地表达。（　　）

3. 三明治沟通方式就像给病人吃有糖衣包裹的药一样,目的是治好病(改正错误,做好工作);但是,为了让病人更容易吃下去(提高对批评及建议的接受度,有利于改善工作),而在药的外面裹一层糖衣。（　　）

4. 预测要在内部条件和外部环境的基础上做出,必须符合实际情况。（　　）

5. 团队建设的灵魂是团队凝聚力的培养。（　　）

四、案例分析题

沃尔玛公司的飞跃发展,可以说离不开它的科学化管理体系,更离不开它所推动的世界上独一无二的交叉培训模式,所谓交叉培训,就是一个部门的员工到其他部门学习,培训上岗,使这位员工在对自己从事的岗位操作熟练的基础上,又获得了另外一种职业技能。零售业是人员流动最大的一种职业,造成这种现象的原因是员工对本身职务的厌烦。此外,还有人认为他们所从事的职业没有发展前途,不利于以后的发展,于是选择了离开。而沃尔玛正是利用这种交叉培训解决了这一问题,沃尔玛的交叉培训使上下级之间的关系变得随意亲切,没有隔阂,久而久之,大家形成了统一的思想认识:"我和总经理是同事,我就是这家店的一分子。"从而全心全意地投入经营中,为沃尔玛更加茁壮地成长打下基础,经过交叉培训,员工以沃尔玛为家,为了沃尔玛的利益而努力奋斗,使之成为零售业的巨鳄,也使顾客对沃尔玛有了感情上的认同。

请思考:沃尔玛交叉培训的成功,对企业开展培训工作有哪些重要启示?

五、讨论题

讨论哪种激励方式更加有效,并说出理由。

项目三

门店商品管理

 知识体系

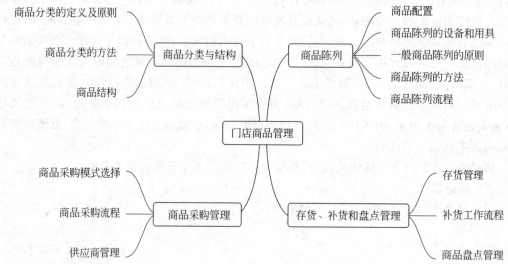

 知识目标

（1）掌握商品分类的方法。
（2）掌握连锁超市商品采购工作要点。
（3）熟悉门店商品陈列工作内容。
（4）了解商品陈列原则。
（5）熟悉一般商品陈列的方法。
（6）掌握存货与盘点的工作内容。
（7）熟悉商品的存货控制。
（8）掌握盘点的原则、方法。

 技能目标

（1）能够结合市场需求及连锁超市周边消费者购买习惯，慎选适合该连锁超市顾客群的产品，有效管理商品结构和品类。
（2）能为门店商品的陈列操作做好准备工作。

(3) 掌握盘点的实施步骤与措施,重点掌握存货和盘点的方法与要点,并能结合实际提高存货及盘点管理能力。

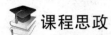 **课程思政**

(1) 培养学生在零售企业具有职业规范、吃苦耐劳、自利利他的商道精神。
(2) 培养学生具备自我学习、信息处理、与人交流合作等方面的能力。

任务一　商品分类与结构

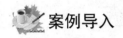 **案例导入**

某连锁门店制定商品组织结构表

无论线上网点还是线下门店,都面临着经营什么商品、提供什么服务的问题。TH 公司是总部在北京的一家连锁零售企业,目前旗下有大大小小 100 多家门店,其中主要是便利店、标准超市及社区店,小马进入该公司已经三年了,今年他被公司从门店营运部门调整到商品管理部门,公司计划下个季度在某居民区附近开设一家社区店,需要商品部门研究制定商品组织结构表。小马按照门店定位设定商品结构整体框架;又根据该店所在区域消费需求特点和购物者购买决策树设定商品分类,在公司原有商品结构的基础上进行调整,完善商品结构的宽度、深度和层级;最后根据周边竞争店铺情况及特征,进行商品结构重新考量,适当调整并最终确定该门店的商品组织结构表。

商品分类是指按照设定的原则,对企业所经营的产品进行归类,以便于管理。例如,大类、中类、小类、细类直至单品。为了方便消费者购买,有利于商品部门组织商品流通,提高企业经营管理水平,需要对众多的商品进行分类管理。

一、商品分类的定义及原则

随着商品经济的发展,连锁企业门店所经营的商品种类越来越多,特别是超市,它是以满足消费者基本生活需求实现一次性购足生活需要为宗旨,是一种经营品类较多的零售业态。一般情况下,大型的综合超市经营的商品单品在 1 万种以上,多的可达 3 万多种,中型超市在 5 000 种左右,小型超市也在 3 000 种左右。对这些商品进行科学的分类是门店科学化、规范化管理的基础,也是实现经营管理目标的需要。门店在商品分类原则的指导下,运用科学的商品分类方法,为门店构筑合理的商品结构,最终实现连锁企业门店管理的目标。

(一) 商品分类的定义

商品的分类是指为满足某种目的和需要,根据商品的特征、特性,选择适当的分类标志,将商品划分为不同类别和组别的过程。科学系统的商品分类能够在各个方面起到重要作用,便于从一类商品的特性推知同类商品的特性,有利于商品的质量管理,以实现商品信息流和物流管理的现代化。最重要的是,便于在全国实现商品名称和类别的统一,有利于安排商品生产和方便消费者选购。还可以开展商品品种和结构的研究,为商品品种的发展和新产品开发提供科学的依据。一般情况下,将商品逐步划分为大分类、中分类、小分类、单品四个层次,从而使商品得以明确区分,图 3-1 是以超市日用品为例展示各层级的分类。

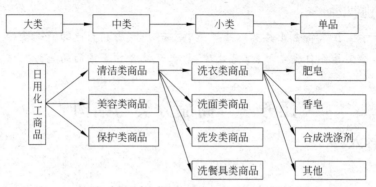

图 3-1　商品分类图(以日化用品为例)

1. 大类

大类是门店最粗线条的分类,体现了商品生产和流通领域的行业分工,如五金类、化工类、食品类、水产类等。

2. 中类

中类体现了具有若干共同性质或特征商品的总称,如食品类商品可分为蔬菜和水果、肉和肉制品、乳和乳制品、蛋和蛋制品等。

3. 小类

小类是对中类商品的进一步划分,体现了具体的商品名称,如酒类商品分为白酒、啤酒、葡萄酒、果酒等。

4. 单品

单品是对商品品种的详尽区分,包括商品的规格、花色、等级等,更具体地体现商品的特征,如 350mL 的可口可乐。

(二)商品分类的原则

1. 商品分类基本原则

在商品分类过程中,必须遵守以下基本原则。

1)科学性原则

根据不同业态下的经营管理目标,明确商品分类的目的,确定所经营商品的范围,制定合理的标志,确定适当的分类层次,并统一商品类别的名称。

2)系统性原则

不同商品分类层次上下相容,同一层次商品区别明显,保证同层同单元商品具有同一特性,不能上下交叉或平行交叉。

3)可延性原则

可延性原则是指商品分类要事先有足够的收容类目,留有足够的空位,以保证新产品出现时不至于打乱原有的分类体系和结构,同时为低层次分类子系统在本分类体系上进行延伸和细分创造条件。

4）兼容性原则

相关分类体系间,建立对应关系、转换关系,同领域上下级分类协调,建立新体系,考虑老习惯。

2. 不同层级商品分类原则

1）大分类的分类原则

在连锁门店里,大分类的划分最好不要超过10个,比较容易管理。但是,这仍需视经营者的经营理念而定,经营者若想把事业范围扩增到很广的领域,可能就要使用比较多的大分类。大分类的原则通常依商品的特性来划分,如生产来源、生产方式、处理方式、保存方式等,类似的一大群商品集合起来作为一个大分类,例如,水产就是一个大分类,原因是这个分类的商品来源皆与水、海或河有关,保存方式及处理方式也相近,因此可以归成一大类。

2）中分类的分类原则

依商品在消费者使用时的功能或用途来分类,例如,在糖果饼干这个大分类中,划分出一个"早餐关联"的中分类。早餐关联是一种功能及用途的概念,提供这些商品在于解决消费者有一顿"丰富的早餐",因此在分类里就可以集合土司、面包、果酱、花生酱、麦片等商品来构成这个中分类。

有时某些商品的用途并非完全相同,若硬要以用途、功能来划分,则略显困难,此时可以就商品制造的方法近似来加以网罗划分。例如,在畜产品的大分类中,有一个称为"加工肉"的中分类,这个中分类网罗了火腿、香肠、热狗、炸鸡块、熏肉、腊肉等商品,它们的功能和用途不尽相同,但在制造上却近似,因此"经过加工再制的肉品"就成了一个中分类。

在经营策略中,有时候会希望将某些商品的特性加以突出,又必须特别加以管理,因而发展出以商品的产地来源作为分类的依据。例如,有的商店很重视商圈内的外国顾客,因而特别注重进口商品的经营,而列出了"进口饼干"这个中分类,把属于国外来的饼干皆收集在这一个中分类中,便于进货或销售统计,也有利于卖场卖出。

3）小分类的分类原则

可以按功能和用途做更细分的分类。分类时,规格、包装形态可作为分类的原则。例如,铝箔包饮料、碗装速食面、6kg米,都是这种分类原则下的产物。

有些商品也可以按其成分来归类,例如,100%的果汁,"凡成分为100%的果汁"就归类这一个分类中。

此外,还可以按口味做商品的分类,例如,"牛肉面"也可以作为一个小分类,凡牛肉口味的面,就归到这一分类中。

二、商品分类的方法

在门店运营过程中,主要采用的商品分类方法有两种:一种称为线分类法;另一种称为面分类法。在实际应用时,常采用以线分类法为主、面分类法为辅,两者相结合的分类方法。

1. 线分类法及线分类体系

线分类法也称层级分类法,是指将分类对象按所选定的若干分类标志,逐次地分成相应的若干个层级类目,并排列成一个有层次、逐级展开的分类体系。

线分类法的一般表现形式是大类、中类、小类、细目等,将分类对象一层一层地具体划分,同位类的类目之间存在着并列关系,上位类与下位类之间存在着隶属关系。

线分类法的优点:信息容量大,层次清楚,逻辑性强,符合传统应用的习惯,既适用于手工操作,又便于计算机处理。

线分类法的缺点:结构弹性差,因此,使用线分类法必须考虑到有足够的后备容量。

知识拓展

《全国工农业产品(商品、物资)分类与代码》就是采用线分类法,见表3-1。该标准将产品(商品、物资)分为大类、中类、小类和细目四个层级。

表3-1 《全国工农业产品(商品、物资)分类与代码》

大 类	中 类	小 类	细 目
21 服装	01 机织面料服装	10 棉布服装	(01) 普通棉布男服装 (03) 普通棉布女服装 (05) 普通棉布童服装 (07) 棉布婴儿服装 (09) 棉布学生服装 (11) 棉布职业服装 (13) 棉布民族服装 (99) 其他棉布服装

2. 面分类法及面分类体系

面分类法,又称平行分类法,是指将所选定的分类对象的若干标志视为若干个面,每个面划分为彼此独立的若干个类目,排列成一个由若干个面构成的平行分类体系。

面分类法分类时所选用的标志之间没有隶属关系,每个标志层面都包含着一组类目,其结构如图3-2所示。

图3-2 面分类法结构

面分类法的优点:灵活方便,结构弹性好,适用于计算机处理。

面分类法的缺点:组配的结构太复杂,不利于手工处理,也不能充分利用其信息容量。

知识拓展

服装面料分类法见表3-2。

表 3-2　服装面料分类法

面　料	样　式	款　式
1—纯棉	1—男士	1—西装
2—纯麻	2—女士	2—衬衫
3—纯毛		3—裙装
4—真丝		4—T恤

三、商品结构

合理的商品结构对连锁门店经营和发展有着极其重要的作用,在商品分类的基础上,进一步确定各商品类别之间的比例关系。门店在一定经营范围内,按一定的标志将所经营的商品划分为若干类别和项目,并确定各类别和项目在商品总构成中的比重,将商品类别和项目结合起来。

(一)影响商品结构的因素

1. 商品生产的发展

门店商品结构的变化主要受商品生产发展的影响。商品越发展,新旧商品交替运动越频繁,商品的生命周期就越短。经营者应时刻关注产品变化,适时调整商品结构,扩大新商品的经营比重,减少或淘汰不适合市场的商品。

2. 消费结构与消费习惯的变化

随着顾客收入的增长,顾客的需求也在不断变化,这种变化不仅体现在需求数量上,更多地体现在新的需求的变化上,因此门店的经营者要时刻预测变化趋势,引导新的消费需求,及时调整商品结构,吸引客源。

3. 商品的季节性

季节性商品在不同时期有着不同的经营比重,为适应生产季节和消费季节的变化,及时调整各个时期的比重,既能保证顾客需求,又能防止过季商品的积压。

4. 顾客构成的变化

随着经济的发展,消费者的消费观念、消费习惯都在发生变化,所以门店的顾客构成也必然会发生变化,继而影响门店的商品结构,需要及时对某些商品结构进行调整。

5. 邻近地区同行业商品结构的变化

邻近地区同行业商品结构的变化会影响本门店的商品结构,经营者也应当依据社会分工考虑自身的商品结构,以便发展经营特色。

综上所述,影响商品结构的因素是多方面的,调整商品结构必须经常分析检查现有的商品结构是否合理。检查分析商品结构主要对各类商品经营比重、库存比重、品类档次等方面进行纵向、横向比较,寻找规律,发现问题及时调整。

(二)商品结构的分类与内容

零售店经营的商品结构,按照不同标志可分为不同类型。例如,按商品自身种类划分,可分为商品类别、品种、品牌、规格、等级等;按照销售程度划分可分为畅销商品、平销商品、滞销商品等;按经营商品的构成划分,可分为主力商品、辅助商品和关联商品。

1. 主力商品

主力商品也称拳头商品,是指那些周转率高、销售量大,在零售经营中无论是数量还是销售额均占主要部分的商品。一个企业的主力商品体现了它的经营方针、特点和性质。门店应当将注意力放在主力商品上,可以说,主力商品的经营效果决定着企业经营的成败。

2. 辅助商品

辅助商品是对主力商品的补充,可以衬托出主力商品的优点,成为顾客选择商品时的比较对象,在价格、品牌等方面对主力商品起辅助作用或以增加商品宽度为目的的商品。其作用是刺激顾客的购买欲望,体现商品群的丰满,克服顾客对商品的单调感,增加购买者的光顾次数并促进主力商品的销售。

3. 关联商品

关联商品在用途上与主力商品有密切的联系,同主力商品或辅助商品共同购买、共同消费的商品。例如碗和勺子,西装和领带等。

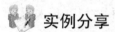
实例分享

步步高邵阳门店商品分类和商品结构

步步高邵阳店地处邵阳市红旗路与中心路交会的繁华商业区,周边为政治、经济、文化中心。红旗路店共三层,运营面积为18 000余平方米,经营品种达3万余种,是经营生鲜、日用百货、家电为主的大卖场。超市总共三层,每一层经营的范围都不同,其中一楼主要经营化妆品、家用电器;二楼主营副食、蔬果、水产、饮料等;三楼主营日用化工品、服饰、鞋类、餐具等。超市内布局相对比较合理。不同类型产品划分比较清晰;为顾客购物提供了方便,节约了时间。

(资料来源:郭峰,康阳.商品分类在零售业的作用研究:以步步高邵阳店为例[J].财经界,2017:83)

(三)商品结构的优化

零售企业商品结构的完善主要有两个方面:一方面完善主力商品、辅助商品和关联商品的结构;另一方面完善高、中、低档商品的结构。

1. 主力商品、辅助商品和关联商品的配备

一般来说,主力商品要占绝大部分,而辅助商品和关联商品的比重则应小一些。主力商品的数量和销售额,要占商品总量和全部销售额的70%~80%,辅助商品和关联商品占20%~30%,其中关联商品应确实与主力商品具有很强的关联性,若发现在经营过程中商品结构发生变化,应迅速调整,使之趋于合理。

2. 高、中、低档商品的配备

三者的配备比例,是由企业目标市场消费阶层的需求特点决定的。在高收入顾客占多数的地区,高档商品应占大部分;在低收入顾客占多数的地区,则应以低档商品为主。高、

中、低档商品结构的配备,受顾客消费结构的制约,当消费结构发生变化时,企业应相应调整高、中、低档商品的比重。

知识拓展:宁食新心乐 48 家社区店改造成绩斐然

 课后任务

超市春节冲刺阶段重点商品安排

任务描述

春节是中国人最重视的节日,前前后后会有大概一个月的时间影响人们的生活。超市如何调整商品来适应春节给消费者生活带来的变化,进而改进与消费者之间的关系,提升销售业绩呢?请根据下面的演练内容,为任课教师指定的一家具体门店制订春节期间重点商品安排计划。

任务分析

超市商品管理工作人员应该按照人们的生活习惯,按照春节前、春节中和春节后不同的时间段相应调整重点商品。

任务操作

一、春节前四周需要重点关注的商品

洗衣粉(液)、清洁用具开始进入销售状态。奶及乳酸饮品、婴儿奶粉、散装糖果和包装奶糖、食用油慢慢启动,但是大部分重点品类的销售增长较为平缓,尚未进入真正意义上的销售高峰,但重点品类的商品需要在卖场准备好。

二、春节前三周需要重点关注的商品

食用油、香烟、散装糖果干果和包装奶糖系列四个品类的销售高峰已经启动,尤其是香烟、红酒、啤酒、盒装白酒的销售是业绩增长较快的品类,其中鲜活园艺植被、家庭清洁用品、家庭清洁洗护等非食品品类增长势头强劲。

三、春节前两周需要重点关注的商品

1. 需要重点关注的食品和非食品

散装糖果干果和包装奶糖的贡献作用上升较大,饮料部门的有气饮料及箱装啤酒、白酒的销售业绩明显提高,非食品收纳和系列锅具、床品(件套、套装冬被)、靠枕、本命年红色内衣配饰系列的增长明显,建议以上类别可以通过重点区域品类突出关联性陈列促销。

2. 需要重点关注的生鲜商品

民生商品,以低价为主扩大宣传力度:大米、脐橙、苹果、冬笋、对虾、烤鸡、肉延续低价,增加数量,提升客单价,提升品质。

春节前对冻品海鲜,尤其是青虾、明虾、冷冻北极蟹、深海带鱼、家禽类的翅中、鸡肉制品等重点品类进行囤货。

四、春节前一周需要重点关注的商品

1. 需要重点关注的食品和非食品

果汁成为销售增长贡献最高的明星品类,冷藏品类的总体贡献作用及销售增长大幅提高,是春节前最后一周重点增长部门,建议通过大力度的推广获得更高的业绩突破。

2. 需要重点关注的生鲜商品

注重品质质量和物量,提前做好囤货计划,避免销售高峰缺货:砂糖橘、活鱼、礼盒、猪肉、猪副件、腊肉、烤鸡、赣南橙、大闸蟹礼盒、水果礼盒、肉类、带鱼、腊肉、冬笋、菇菌类、火锅调料、羊肉等。

春节前的盒装水果、自包装盒装干果礼盒进行突出重点的囤货及陈列售卖。

五、春节后一周需要重点关注的商品

重点突出礼盒装精致水果系列,高品质热带水果礼盒,这些会成为春季的特色品类,需要大力推进。

此时由于生鲜品类是淡季,应增加民生系列商品的供应,如鸡蛋、大米、大白菜、鲫鱼、肉、菜、砂糖橘、苹果、面点等。

六、春节期间重点商品安排

1. 休闲食品类

休闲小食品类的饼干、袋装干果、膨化食品、巧克力作为重要品类占比70%;其余阿胶糕、布丁、锅巴、蜜饯、夹心/威化/蛋卷、口香糖、派/蛋糕/面包、肉干、糖、中式糕点为辅助品类。

2. 酒水饮料类

酒水饮料部门的白酒、常温奶、果汁、鸡尾酒、葡萄酒作为重要品类占比80%;其余茶饮料、功能型饮料、核桃露、咖啡、啤酒、水、碳酸饮料、椰汁、饮料为辅助品类。

3. 冲调类

冲调部门的婴幼儿奶粉、一般奶粉、茶点、保健品作为重要品类占比90%;其余冲饮品中、咖啡、蜂蜜、早餐食品为辅助品类。

4. 冷冻冷藏类

冷冻冷藏部门中肉制品、水饺、蔬菜肉品类等重点品类占比90%;其余冰淇淋、冷冻海鲜、春卷、蛋类、肉包、汤圆、云吞、面点、冷冻肉等制品为辅助品类。

5. 干性食品类

罐头、酱油、杂粮、蔬菜、调味酱、即食面、枣类、食用油等重要品类占比80%;其余保健品、汤料、粉类、调料、调味品、调味汁、煮食面为辅助品类。

6. 清洁洗护类

口腔清洁、洗发护发用品、纸品类、衣物清洁作为重点品类占比接近60%;其余避孕套、婴儿洗护、染发用品、室内芳香用品、浴厕用品、清洁消毒、身体护理、沐浴露、室内清洁用品、卫生巾、纸尿裤、面部护理等为辅助品类。

7. 家居百货类

垃圾桶、拖把、炒锅、炖锅、蒸锅、汤锅、奶锅、储物罐、收纳箱、餐具作为主打重点品类占比接近80%;其余布袋、菜板、茶壶、厨具、凳子、干发帽、购物车、刮玻璃器、饺子帘、筷子、马桶套、扫把、鞋架、一次性用品、保温用品、保鲜袋/膜、保鲜盒、杯子、炒锅/煎锅、抹布、盆、手

套、衣架为辅助品类。

8. 纺织用品类

男女衣服、冬季套装被、男式内衣裤、女式内衣裤作为主打品类占比60%；其余靠垫、毛毯、女鞋、手套、文胸、针织两件套、男鞋、女袜、枕头、男式拖鞋、毛巾、男袜、女式拖鞋、床上四件套、女士衣服为辅助品类。

9. 文具百货类

文具部门的图书、红包、对联等作为重要品类占比50%；其余立体画、静电贴、练字、拼图、门贴、对贴、中国结、福贴、剪纸、灯笼、斗方、挂件为辅助品类。

10. 休闲百货类

休闲百货品类玩具、箱包作为重要品类占比90%以上；其余按摩垫、足浴盆为辅助品类。

11. 家电类

家电品类中的电磁炉、洗衣机、食品料理机、烹饪电器等重要品类占比65%；其余插座、电池、电熨斗、耳机、挂烫机、加湿器、净化器、滤水壶、热水器、摄像机、吸尘器、震动牙刷、智能手表、自拍杆、灯泡、冷柜、美发器、冰箱、电视、咖啡机/泡茶用具、美容用品、手机为辅助品类。

(资料来源：https://mp.weixin.qq.com/s?__biz=MzAxNDAwNDY0NQ==&mid=2651121944&idx=3&sn=522a9793fe38167b611d5b9162fb8fa6&chksm=8069b1d2b71e38c4f92a50442ea3b454c1bf2356c8499ea1723762c1bc60569283fb2a48810f&scene=132#wechat_redirect)

任务二　商品采购管理

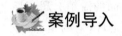
案例导入

朴朴超市对供应商的管理

作为前置仓模式的代表，朴朴超市的版图正在从东南向内陆延伸。与一些实体零售企业相比，以朴朴超市为代表的新零售企业因为没有传统盈利模式的历史包袱，使它与供应商的合作更加接近"零售本质"。

一、不收进场费

朴朴超市没有对供应商收取任何通道费用，也不会因为商品滞销而要求供应商承担退换货义务，因商品质量问题导致的退换货除外。除商品差价外，朴朴超市在供应商身上获得的利益点有两个：一是有一到两个月的账期，从朴朴超市收到商品算起，到货款入账大概需要两个月，这个时间接近于沃尔玛、永辉等传统零售企业。二是朴朴超市将向供应商收取3%~5%的物流费用，其中常温商品的物流费用为3%，冻品的物流费用为5%。

二、订单式生产

朴朴超市从来不会因为商品的滞销而要求供应商退换货，这使供应商能够专注于生产商品而不用担心自己生产的商品没有销路，从而能够安心地按照朴朴超市的订单进行生产。而传统零售企业因为订货不准确或者其他原因导致的商品滞销而带来的退货率为

5%～10%。

朴朴超市将后台的销售数据与供应商共享,供应商每天都能知道自己的商品在朴朴平台的销售情况,并且随时调整自己的产能和排期。"工厂接到朴朴超市的订单就开始生产,并且根据之前朴朴共享的销售数据进行员工、物料的准备和排期,这使工厂的综合效率至少提升了5%"。订单式生产背后,其实是新零售企业在商品数字化方面的天然优势。由于朴朴超市所有的商品都通过App来展示,天然具有单品管理的基因。一件商品在App对应一个独立的ID,商品在收藏夹中,还是已经被支付,商品被浏览了多少次,商品的顾客投诉率是多少,诸多指标在朴朴后台都有清晰的记录,并且可以通过系统的算法进行预判和分析。

三、改造供应商

朴朴超市在发展过程中对供应商起到了改造和教育的作用。一方面,由于朴朴超市的生鲜商品都是标品销售,朴朴的供应商需要具备生鲜的加工能力。对于一些具有产地优势,但没有加工能力的供应商,朴朴超市会介绍具有加工能力的合作方来协同生产。另一方面,伴随着朴朴超市在全国扩张,一些核心供应商也将跟随朴朴进入新的城市。这对供应商的扩张能力也提出了较高要求。甚至"一些社区团购企业进入福州之后,发现福州的供应商水平都很高,这在很大程度上与朴朴超市的'教育'有关"。

(资料来源:微信公众号. 第三只眼看零售. 赵向阳原创. 2021年1月25日)

常言道经商,经商,进货第一桩。采购是超市企业进行商品销售、物流配送和实现盈利的前提。超市营运的特性要求超市企业必须是先进货而后才能为消费者提供售货服务。毋庸置疑,售货是超市经营的核心目的,为达成这一目的,超市的采购部门就必须在"买货"上下一番功夫。采购数量不当、商品品质参差、成本价格过高都会阻碍商品的正常销售,即使质量好、价格低,如果数量不当或储存过多也都有可能造成资金占压和商品的滞销。超市离开了科学合理的采购,正如油灯离开了燃料一样,从一定意义上讲,销售是灯,采购是油,一天不亮,就要加油。

门店合理的商品组织结构为门店的商品采购奠定基础,商品采购是门店商品销售的起点。门店的采购管理部门必须选择合理的采购模式,制定科学的采购流程,并正确处理好与供应商之间的关系,采购环节对门店顺畅运营管理至关重要。

一、商品采购模式选择

(一) 单店采购模式

尽管零售业越来越趋向于大规模连锁型发展,但单体店仍广泛地存在。在这种门店中,商品采购通常由采购部负责,直接与众多的供应商打交道,一般进货量较小,配送成本较大,必须努力实现采购的科学管理,否则失败的风险很大。对于一些规模不大的超市,有时店长直接负责商品采购,但实现较为理想的商品组合仍是困难的,特别是由于进货量小,不可能取得较低的进货价格,减少流通环节,降低商品价格成为可望而不可及的事情。

这种单体店的店长是企业的法人代表,可以完全按照自己的经营意愿开展经营活动。单店超市卖场规模一般比较小,经营商品通常在2 000种以下,在竞争中往往处于劣势。单店超市的商品采购模式主要有以下三种。

（1）店长或经理全权负责。商品采购的权力完全集中在店长或经理手中，由他们选择供应商，决定商品购进时间和购进数量。

（2）店长授权采购部门经理具体负责。超市店长将采购商品的工作下放给采购部门的经理，由采购部门经理根据超市经营的情况决定商品采购事宜。

（3）由超市各商品部经理具体采购。超市商品部经理是一线管理人员，他们熟悉商品的经销动态，了解消费者的偏好，可以根据货架商品陈列情况以及仓储情况灵活地进行商品采购决策，因此，这种形式比上述两种形式更为有效。

无论采用哪种形式，单店超市由于规模较小，经营商品品种较少，在商品采购数量方面不占优势，在与供应商的价格谈判中常常处于劣势地位，也就不利于其实行低价格策略。

（二）集中采购模式

集中采购模式是指门店设立专门的采购机构和专职采购人员统一负责门店的商品采购工作，如统一规划同供应商的接洽、议价、商品的导入、商品的淘汰及POP促销等，所属各门店只负责商品的陈列以及内部仓库的管理和销售工作，对于商品采购，各分店只有建议权，可以根据自己的实际情况向总部提出有关采购事宜。

集中统一的商品采购是连锁门店实现规模化经营的前提和关键，只有实行统一采购，才能真正做到统一陈列、统一配送、统一促销策划、统一核算，才能真正发挥连锁经营的优势，有利于提高门店与供应商谈判中的议价能力。连锁零售企业实行了中央采购制度，大批量进货，就能充分享有采购商品数量折扣的优惠价格，保证门店在价格竞争中的优势地位，同时也能满足消费者求廉的心理需求。

（三）分散采购模式

分散采购模式就是总部将采购权力分散到各个分店，由各分店在核定的金额范围内，直接向供应商采购商品。从零售业的发展趋势来看，分散采购是不可取的，因为它不易控制、没有价格优势并且采购费用高。分散采购模式有以下两种具体形式。

1. 完全分散采购

完全分散采购形式是总部根据自身的情况将采购权完全下放给各分店，由各分店根据自己的情况灵活实施采购，它的最大优点是灵活，能对顾客的需求做出有效的响应，比较有利于竞争。例如，家乐福公司曾经在很长一段时间内都实行分散采购，由于其单店规模巨大，同样也有效。但完全分散采购的最大弊端在于不能发挥规模采购的优势，不利于压低价格，不利于控制采购。

2. 部分分散采购

部分分散采购形式是超市总部对各分店的地区性较强的商品（如一些地区性的特产就只适合于该地区销售）以及一些需要勤进快销的生鲜品实行分散采购，由各分店自行组织进货，而总部则对其他的商品进行集中采购。例如，某一分店的目标消费者有特殊的饮食习惯，而总部又不了解市场行情，在这种情况下，由分店进行商品采购决策就比较适宜。这种制度具有较强的灵活性，使分店可以根据自身的特征采取弹性的营销策略，确保了分店效益目标的实现。

实例分享

永辉连锁超市生鲜食品直接采购模式

永辉超市成立于2001年,定位生鲜超市,生鲜区占营业面积的50%,主营生鲜食品3 000多种。产地直接采购模式是永辉超市核心竞争力之一。产地直采大大降低了采购成本,对生鲜经营的高毛利率起到了决定性作用。

1. 实行全国统一采购、区域直采与供货商采购相结合的方式

生鲜直采比例占总采购金额的76%,地区和海鲜产品以省级、区域的当地直接采购为主,与种养殖户合作建立本地采购体系,直接于当地采购,满足地方消费者的特色需求,减少了流通环节,保证永辉生鲜农产品货源稳定。

2. 专业的采购团队

永辉拥有专业生鲜采购人数超过700人,主要负责全国七大类生鲜商品:水果、蔬菜、家禽、贝类、干货、活鲜、冰鲜。这个采购团队长年驻扎在全国20余个农村基地和采购源头的农田、果园、养殖场和渔船上,同当地农户打成一片,具有丰富的专业知识,善于发现优良产品。

3. 引入ERP平台,提升采购速度

永辉技术部于2012年引入ERP项目,重点改善采购端的反应能力。采购人员手里的iPad,即使在偏远地区,也能高效率地处理业务,包括接收总部采购订单,了解公司库存情况、在售商品价格与前一天的销售情况,能够有一个采购预测并合理地安排一天的工作,与门店实时进行信息交互,加速与总部结账环节,采购效率更高,供应链反应速度也进一步加快。

生鲜食品在日常生活消费中占有重要地位,永辉连锁超市在农改超的背景下定位生鲜超市,并采取了产地直接采购模式与农户建立直接的供销关系,压缩了生鲜食品的供应链,减少了流通环节和时间,降低了损耗和成本。

(资料来源:https://max.book118.com/html/2020/1016/6235104142003010.shtm)

二、商品采购流程

连锁超市商品采购流程如图3-3所示。

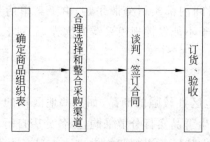

图3-3 连锁超市商品采购流程

微课:连锁超市商品采购流程

首先,按照目标顾客的需求确认商品采购目录(商品组织表);其次,遵循商品组织表挑选和整合符合自身需求的供货商渠道;再次,谈判、签订合同;最后,下单订货,确保采购商

品按时按量到达门店并验收。

（一）确定商品组织表

商品组织表即超市所经营全部商品的目录，是超市采购商品的指导性文件。连锁超市所制定的商品组织表按照部门、大分类、中分类、小分类、商品的层次，将消费者需求具体地体现出来。一般而言，每个小分类代表一种顾客需求，商品组织表将采购部各部门中数以万计的商品按大、中、小分类管理起来，结合顾客的需求和门店的实际陈列位置等因素，设定商品单品数，作为采购人员引进和淘汰商品的标准。连锁超市按照商品组织表经营商品，可以充分满足消费者的需求，控制商品经营的范围和数量，避免盲目引进商品。

（二）合理选择和整合采购渠道

连锁超市的采购渠道多种多样，在当前市场秩序混乱、流通渠道不规范，制造商、分销商、中间商、代理商各打各的算盘的情况下，选择采购渠道要慎之又慎。连锁超市的采购渠道主要有以下几种。

1. 自有品牌供应商

当前，国内大多数大型连锁超市都有自己品牌的商品，但相对国外零售巨头来说，国内连锁超市的自有品牌商品的销售份额仍然较小。部分自有品牌商品源于连锁超市自办的加工厂或车间（主要是生鲜类商品），其他的食品和非食品类商品多来自与连锁超市签订自有品牌商品合作协议的大型生产商，它们按照连锁超市对商品的花色、款式、价格、质量等要求生产商品，这些商品打着连锁超市自有的品牌。连锁超市掌握销售渠道终端，对市场的变化和顾客的需求有更准确的把握，因此，连锁超市的自有品牌商品一般都更受消费者欢迎，周转较快。

2. 企业原有供应商

大型连锁超市在多年的运作之中，存在大量的与之形成固定合作关系的外部供应商。这部分供应商性质不一，既有生产商，也有各级代理商和批发商。连锁超市在与这些供应商的交往中，对其公司的实力、信誉以及其所供商品的质量、价格、款式都比较熟悉，因此，在选择供应商渠道时，会对这些原有的外部供应商优先考虑。这样不但可以降低市场风险，而且可以降低因选择供应商和商品所产生的商品采购成本。

3. 新供应商

市场竞争激烈，新产品、高科技产品不断涌现。自中国加入WTO以来，国外进口商品潮水般涌入，连锁超市需要大量的新供应商。选择新的供货渠道是商品采购的重要决策，合理、科学地选择新供应商需要从以下几个方面进行分析比较。

（1）货源的可靠程度。主要考察供应商的商品供货能力和供应商信誉，包括供应商是否能够按照双方约定的数量、质量准时交货，供应商的信誉如何，合同履约率如何等。

（2）商品的质量和价格。主要考察供应商所供商品质量是否符合有关标准和规范，能否满足消费者需求，商品的档次、等级是否与企业形象相符，供货价格是否合理，与竞争对手相比是否有优势。

（3）交货时间及方式。主要考察供应商是否拥有良好的配送体系，是否能在尽可能短的时间内将货送到门店或连锁超市的配送中心,最大限度地避免缺货的现象。

(4) 交易条件。主要考察供应商能够接受的结算期和结算方式,以及供应商能否在新产品的开发、促销活动的配合、广告费用赞助等方面给予连锁超市更多的支持。

为了保证货源质量,连锁超市商品采购必须建立供货商资料档案,并随时增补有关信息,以便借助信息资料来选择评估供应商。

(三) 谈判、签订合同

在对供应商进行选择的基础上,供需双方必须就商品采购的具体条件进行谈判。双方谈判的主要内容包括商品的质量、数量、品种、花色、规格、包装、价格、结算期、结算方式、交货期、交货方式等。当前,国内连锁超市的商品采购合同包括以下主要内容:货物的品名、规格;通道费用的约定;货物的结算期和结算方式;供货的价格;交货期及交货方式;争议的预防及处理约定。签订购货合同,意味着双方形成了交易的法律关系,应承担各自的责任和义务。供应商应按照合同交货,连锁超市则应按照合同约定及时支付货款。

(四) 订货、验收

连锁超市采购的商品到达门店或指定的配送中心,要及时组织商品验收工作,对商品进行认真检验。商品验收应坚持按采购合同约定进行,要求商品数量准确、质量完好、包装及规格符合约定、进货凭证齐全。在商品验收中要做好记录,连锁超市的收货人员应在验收单据上注明商品编号、价格、到货日期。对于验收中发现的问题,应及时与运输部门和供应商联系解决。

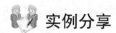
连锁企业门店商品采购流程

1. 下单

通常在门店采购流程下,门店采购员接到缺料单,获取以下缺料信息:存货编码、产品型号、数量。然后分析缺料信息是否合理,再将订单下给供应商。订单必须含有以下信息:材料型号、数量、单价、金额、计划到货日期。接着采购审核员根据具体情况进行订单审核,将订单送达客户以后,采购员需要与客户确认采购信息,并要求签字回传。

2. 稽催(跟单)

采购订单完毕以后,门店采购员根据采购订单上要求的供货日期、采用时间段向供货商反复确认到货日期直至材料到达公司。

3. 入库

(1) 实物入库。收货员收取材料前需确认供应商的送货单是否具备以下信息:供应商名称、订单号、存货编码、数量;如订单的信息与采购订单不符,征求采购员意见是否可以收下货物。

(2) 单据入库。采购员根据检验合格单,将检验单上的数据录入系统中,便于以后对账。但也存在一些问题,表现为外加工的检验合格单没有入库,采购入库订单号和数量比较混乱。

4. 退货

采购填写退货单,进行订单退货。

5. 对账

(1) 月结表。每个月月初,各供应商将上月月结表送至公司,采购员根据公司收货员签字的送货单、公司的入库单据和单价表核对月结表。

目前月结表中出现以下不足之处:无订单号、存货编码、退货数量、上月欠款余额、发生额及本期欠款余额等信息。

(2) 增值税发票。校对发票上的以下信息:公司的全称、账号、税号、发票上的材料名称、数量、金额。

6. 付款

根据付款周期编制付款计划,安排付款。

三、供应商管理

微课:连锁超市供应商管理

(一) 连锁超市供应商的评估和选择

要做好供应商的评估和选择,连锁超市企业首先必须通过收集供应商的各种信息来寻找潜在供应商,然后建立适合本企业实际情况的供应商考核标准,对潜在供应商进行评估和选择。

1. 寻找潜在供应商

要求连锁超市企业建立有关供应商信息的数据库,该数据库应包含供应商名称、联系方式、所经营商品类别、价格、销售情况、最低订货量、交货期限等各项资料,以便于连锁超市企业采购总部和全国各区域采购部门在寻找潜在供应商的时候能得到有力的数据支持。完善的供应商信息资料有助于采购人员在供应商的选择中有的放矢。

2. 供应商的评估和选择

好的供应商能够提供质量优良、价格有竞争优势的商品,能够在更短的交货期内交货,有比其他供应商更好的原材料采购渠道和新商品开发能力。供应商的支持是连锁超市企业在竞争中处于优势地位的保证。

(二) 连锁超市供应商关系管理

在选择好供应商后,连锁超市将与供应商就合作合同条款展开谈判,并签订合同。

在双方合作过程中,连锁超市的采购人员应及时解决与供应商合作过程中出现的问题。在合作了一定的时间后,连锁超市还应该对供应商的绩效进行评价,督促供应商改善不足之处,使双方的合作更加顺畅。

1. 合同的谈判及签订

连锁超市的采购人员在选择好供应商后就进入与供应商的合同谈判和签订阶段。在合同谈判过程中,双方需就经营品类范围、合作区域、合作期限、进货返佣、其他赞助费用、交货期、结算方式及结算期、交易价格、促销安排等各个问题进行磋商。在双方达成协议后,正式签订采购合同。采购合同是供需双方在执行物资供应或协作过程中,自愿签订的具有法律效力的契约,是企业间经济联系的主要形式,也是企业落实货源、确立与供应商供需关系的纽带。国内连锁超市企业与供应商之间的采购合同常见的形式有三种:购销合同、代销合同、联营专柜合同。购销合同是以买断商品的方式合作,连锁超市在进货后按照合同约定的结算期向供应商支付货款,不考虑供应商所供商品的实际销售情况。这种买断经营的方式使供应商没有后顾之忧,因此连锁超市能取得更优惠的进货价。沃尔玛的采购合同都是采用这种方式,国内的许多连锁超市现在也采用这种方式跟供应商合作。但实际上在货款的支付环节并没有按照合同执行,而是按销售情况结算货款,因此这种购销合同实际上流于形式。代销和联营专柜都是寄售的形式,按月结算前月实际销售的金额,其不同之处在于代销方式跟购销方式一样存在下订单、验收等流程;联营专柜则更灵活,连锁超市不向供应商下订单,由供应商派驻地专柜销售人员负责库存、进货、销售事宜,供应商自己定价,用超市提供的专柜编码销售,完成合同中议定的保底金额,按照实际销售金额结算。

2. 供应商的维护

供应商的维护是指供需双方在开始合作后,超市采购人员就新品开发和滞销品的淘汰、促销活动的规划安排、订货送货、价格维护、货款结算、突发问题的处理等方面与供应商展开合作。国内连锁超市同国外零售巨头相比,因管理制度和信息管理系统相对落后,硬件设施的投入相对较小、人员的编制相对较少,在供应商的维护上需要更多精力的投入和更细致的工作。

3. 供应商绩效评价

供应商绩效评价是供应商管理中的重要环节,有利于零售商分析对比各供应商的贡献度、淘汰不合格的供应商,找出重点供应商并做重点维护,使连锁超市能够保持优良的供应商结构。目前国内连锁超市的供应商绩效评价相对简单,连锁超市企业经营者多数只关心供应商的综合毛利额这一指标,即只考虑毛利额和营业收入的总和,而对于供应商的开发创新能力、送货准确率、所供商品的品质等其他因素则缺乏考虑。这样的供应商评价只注重眼前利益,目光短浅,不能与供应商结成长期稳定的伙伴关系。

对供应商的供应情况进行不定期考核评价,确保供应商供货质量的稳定性并持续地降低采购成本,可以参考以下细则进行考核评价。

1) 供方提供的有效证明及相关手续

例如,单位资质证明、产品合格证、产品说明书、压力容器相关检验报告等。

2) 产品质量

质量是采购考核评价供应商的最重要因素。供应商在供应产品的过程中,采购人员、库房管理员、生产使用部门及相关技术人员应积极配合对供应商所供应的产品进行质量监督和检验。

采购人员侧重于产品的质量、市场价格、供应商的货款积压能力及财务情况;质检部门负责原材料质量验收,主要检验供应商的产品加工精度、产品质量、检验报告;生产部门则跟踪原材料使用情况,如果使用部门反映产品使用单耗高、使用周期短、故障率高,就应找出原因,若属于产品质量问题,供应商应直接退货或降低相应价格,若是原材料的质量问题,则属于使用部门的责任,应加强使用管理和操作管理等。

(1) 以交货批次退货率考核。

$$批退率 = \frac{退货批次}{交货批次}$$

$$得分 = 20 分 \times (1 - 批退率)$$

(2) 产品偶尔存在瑕疵或外观质量问题不影响使用的,做让步接收考核。

$$让步接收率 = \frac{让步接收批次}{交货批数}$$

$$得分 = 10 分 \times (1 - 让步接收率)$$

3) 产品价格

产品价格是考核评价供应商的重要指标参数之一。根据市场最高价、最低价、平均价、自行估价制定统一标准价格。标准价格对应分数为20分,每高于标准价格1%,标准分扣2分;每低于标准价格1%,标准分加2分,同一供应商供应几种物料,得分按平均计算。

4) 交货期限及交货数量

交货期限及交货数量也是考核评价供应商的重要指标,对于交货期,主要是考察供应商的准时交货率。

$$准时交货率 = \frac{准时交货批数}{交货批数}$$

$$得分 = 20 分 \times 准时交货率$$

逾期1天,扣1分;逾期停工待料1次,扣2分。

5) 配合度

配合度主要考核供应商的配合协调精神,在采购过程中,经常因为环境或具体情况的变化,出现货源紧张的情况,需要紧急采购或临时调整供货时间,甚至导致供应商做出利益上的牺牲时,供货商所做出的配合程度。

货源出现紧张的情况,不配合解决扣1分。

需要紧急采购或临时调整供货时间,不配合解决扣1分。

商贸公司会议正式批评1次,扣1分。

集团公司会议正式批评或抱怨1次,扣3分。

6) 售后服务

售后服务主要考核产品售出后,供应商所做的售后工作。例如,邀请使用单位到公司进行参观,对产品的性能、使用知识的讲解和介绍或到使用单位进行现场讲座等。对售出产品的使用进行跟踪,针对使用效果进行回访,通过问卷调查等相关服务获得有关信息,以求更好地为企业服务。

在采购工作中,根据供应商供应的产品质量好坏,交货时间的控制能力,供货价格的高低、供货能力大小,相互配合情况以及在产品出现异常时的换货、退货等售后服务方面进行评价,填写供方评价表。实行优胜劣汰的原则,评估后确认为合格供应商,填写合格供方名录。

7) 供应商得分级别

(1) 得分在85~100分者为A级,A级为优秀供应商,可加大采购量。

(2) 得分在70~84分者为B级,B级为合格供应商,可正常采购。

(3) 得分在60~69分者为C级，C级为辅助供应商，需进行辅助、减量采购或暂停采购。

(4) 得分在59分以下者为D级，D级为不合格供应商，予以淘汰。

供应商评价小组根据实际情况定期（一年）或不定期对供应商进行评价，填写评价记录、入档管理。

 思政园地

保障供应守护安全　永辉超市保供石家庄

2021年年初，面对河北省石家庄市的突发新冠肺炎疫情，永辉超市第一时间启动应急预案，成立专项保障小组，充分发挥供应链优势，员工响应号召连夜回店，全力保障市场供应，保障民生。

永辉超市紧急调配蔬菜水果等物资，保障石家庄生活必需品市场供应，承诺从1月8日起至1月底，大白菜、土豆、洋葱三种耐储蔬菜实行惠民价格，在价格不涨的基础上，同时做到供应充足，质量有保证。

面对疫情，谁能不担心，谁能不害怕。永辉人牢记零售人的使命，肩负起了民生保障的重担，勇敢"战斗"在一线。

1月6日，门店员工逆行而上，响应号召连夜回店！在人力短缺的情况下，他们化身全能达人，能补货、能理货、能计量、能飞鹰、能捡单、能配送、能做饭……特殊时期，响应政府号召，不添麻烦，他们又毅然决然地选择了"有家不能回"，在门店"席地而榻"。

凌晨2点睡觉，5点起床，吃住在店内，忙得连轴转，睡觉打地铺，是疫情以来店内员工的"正常作息"。

数九寒天，每位永辉人秉承抗疫勇向前的信念，加入抗疫一线的"战斗"中，为民生保障释放着自己的能量。这种"战斗模式"极大地提升了拣货、送货效率，给居民提供了更好的服务，满足居民生活需求。

为了满足河北地区的供应保障，永辉超市积极调配资源，及时增加配送基地，进行现场采买及配送，保障商品齐全、货量充足。米面油、肉蛋奶、水果、蔬菜等生活必需品市场供应充足，货品种类丰富，价格稳定。

为保障市民的菜篮子，永辉超市实行线上无接触配送，并推出惠民"社区套餐"，保障社区居民的生活所需。

疫情当前，防疫工作与食品安全管控也不容懈怠。为了让顾客吃上放心菜，永辉超市用心把控好每个节点。全员核酸检测；全天候、无死角地对人员、环境进行消杀；商品出仓外表消毒清洁；同时食材中央管理中心每日进行食材检测。

（资料来源：https://www.yonghui.com.cn/show? ctlgid=621873&Id=75365）

 课后任务

商品采购管理

任务描述

天悦商贸有限公司主要经营大型全国连锁超市，黑龙江地区有10家精品超市。小马是其中一家A级店铺的店长，岁末年终，小马总结商品采购工作方面存在的一些问题，最主要的是作为超市采购工作重中之重的生鲜采购,虽然顾客对门店的生鲜商品评价挺高,但利润管控不尽如人意。

任务分析

当下的生鲜采购需要从精细化管理中要利润、要品质、要口碑。很多企业特别是小型超市往往觉得自己没有跨国公司一样的规模,所以公司内部管理混乱,采购体系没有章法,胡乱操作,缺少闭环管理,缺少制定规则、执行、检查、奖惩这四个环节中的一些。即使制定了制度,也很少有企业能做到一个封闭环形,大多只做了前两步,检查和奖惩就没有了。尤其是在生鲜采购人员普遍学历不高、人员素质高低不齐的时候,闭环管理的落实更体现了它的作用力。

生鲜采购人员必须做的工作是巡店,如果没做,那就一定要补上这门功课。那么,巡店到底看什么?有很多采购人员到门店就是去享受的,两手往背后一放,对营运的标准、陈列一通指点后就大摇大摆地走了。其实,这样对门店起不到任何指导作用,说不定还有反效果。对于陈列指导、营运标准检查,不是采购人员必须做的事情,这些事情的具体操作会有专门的对口人员去做,他们做得更专业。

任务操作

1. 巡店

那采购人员到底去门店干什么呢?去巡店前,先观察所负责的大类销售,再看中类销售,去把低于平均成长的分类或毛利异常中类找出来,去门店看这些中类是如何陈列、如何销售的。

然后去看企业的高库存报表,尤其是生鲜高库存商品,然后去门店的仓库找商品,这些高库存是否存在,如果存在,需要如何消化;如果没有,那门店涉及虚盘,应做出处理意见并上报。

综上,采购人员去门店应该做的事项包括:查销售,看门店机会点;查库存,解决高库存;在绝对专业的前提下,提出建议,帮助门店控制不必要的生鲜损耗。

2. 让DM更有杀伤力

现在,已经过了拼杀价格的时代,那是不是价格就不重要了?答案是NO。DM(direct mail,快讯商品广告)做的其实是货量的规划,货量规划里就包含了价格、品质、行销策划。

什么样的商品可以上DM?有人说量大的,有人说价格低的,如果仅仅是这样,那就太简单了。还要加一个,必须是消费者愿意来买单的商品。采购人员的这些基本要求是培养商品选择的基本功底。没有这些因素,就选择不到好的商品,因为采购人员不够热爱生活。

选好对的商品后,还必须对选择的商品做策略定位,这个商品是主打商品还是新品推荐等。有了定位后,再去做量的规划,如果到了10吨级以上商品,那产地规划、运作就可以慢慢去执行落地了。

以泰国龙眼为例,市场批发价格是11.5元/500g,平时货源渠道就是批发市场,那么日均销售量可能是2吨,但是历史促销销售数据表明,价格在9.9元/500g时可以卖到日均15吨。

促销的成长倍数非常可观。可见,促销成长倍数和日均销售之间是存在着一定关系的,采购人员就可以根据这个关系推算出最适合的价格和量。所以,DM商品必须做前期的测算表格。

任务思考

作为生鲜商品采购管控人员,重点还应该关注生鲜商品管理异常报表。

1. 生鲜负毛利商品表

定义:前一天毛利率小于零的商品。

报表推广目的:为确保生鲜应获得的利润,避免毛利损失;检查有无异常变价行为。

原因分析及应对如下。

(1) 由于快讯、促销、买一送一、印花商品引起的负毛利,需与采购人员沟通是否有供应商支持,并注明结束负毛利日期。

(2) 由于竞争引起的负毛利,主管或主管以上人员需亲自到竞争店确定市调价格的正确性,并反馈到采购部。

(3) 由于清仓、出清小时引起的负毛利,需快速将商品清仓完毕,以免因清仓时间的延误而造成更大的损失,还应向采购人员沟通将此商品做停购。

(4) 由于正常定价造成的负毛利,与采购人员沟通是否定价错误。

处理周期:每日处理。

2. 生鲜停购停销商品表

定义:库存不等于零的停购停销的商品。

报表推广目的:及时处理停购停销商品,更有效地利用仓库有限的空间或降低库存积压;对于销售好的商品,要跟进停购停销原因。

原因分析及应对如下。

(1) 对于质量有问题而无法改善的商品,建议通过采购人员尽快退货。

(2) 与采购人员沟通退货事项。

(3) 对于销售好的商品,需与采购人员沟通寻找另一供应商。

处理周期:每周五处理。

3. 生鲜高库存商品表

定义:库存数量大于平均日销量10倍的商品。

报表推广目的:及时解决生鲜高库存,提高商品周转率,降低周转天数;优化生鲜商品库存。

原因分析及应对如下。

(1) 订货失误,商品销售情况一般,按订单日制作一份订货注意事项表,部门在每天订货时回顾此表。

(2) 以前曾做特殊陈列但现在不做特殊陈列的商品,目前销售情况一般,如库存销售时间需很长或在保质期内无法销售完毕,建议采购人员退掉超出周转天数部分的货,如不能,需做转店或再做特殊陈列(需保证所有协议商品都已执行的情况下才能做),消化一部分库存,并按第(1)条做。

(3) 如果所有店都存在某一种销售很差的商品,部门向采购人员提出建议删除此商品。

(4) 只适合特殊消费群,在与采购人员沟通后,退货或清仓后不再订此商品,并由采购人员找适应面更广的同类型商品代替。

(5) 不适合当地消费需求,查看能否转店,建议采购人员更换一种更适合的同类型商品,完成库存消化后不再订此货。

(6) 季节性商品已过销售季,向采购人员申请退货或清仓,并在此类商品季节来临前不再订货。

(7) 其他原因(促销商品的备货和季节性备货不需要跟进)。

处理周期:每周一处理。

4. 生鲜滞销商品表

定义:商品销售金额不足100元/月。

报表推广目的:及时解决生鲜滞销商品;优化生鲜商品结构。

原因分析及应对如下。

(1) 订货不足,影响销售,适量补足货源,减少缺货。

(2) 如果所有门店都存在某一种销售很差的商品,部门向采购提出建议删除此商品,换上有潜力的同类型新商品。

(3) 商品陈列位置影响销售,适当调整陈列位置。

(4) 不适合当地消费需求,查看能否转店,建议采购人员更换一种更适合的同类型商品,完成库存消化后,不再订此货。

(5) 季节性商品已过销售季节,向采购人员申请退货或清仓,并在此类季节来临前不再订货。

处理周期:每月1日处理上月货品。

5. 生鲜即将缺货商品表

定义:销售按数量排名为部门前30天动销率的前50%;商品状态为非停购、非停销、可订货商品;库存天数(库存+在途订量+总仓在途)≤3天(团购影响除外)。

报表推广目的:随时掌握回转率较高商品的库存状况,以防因卖场缺货而造成业绩及顾客流失;保证畅销商品缺货前得到有效跟进;保证非正常缺货商品得到跟踪及解决。

原因分析及应对如下。

(1) 订货不准确,需加大订量。

(2) 因更改商品的陈列位而使销售增加,需加大订量。

(3) 由于季节原因,销售突增。

(4) 由于团购原因导致的销量增加。

(5) 店面觉得滞销,所以不订货,查看其他店面此商品是否能卖,如果能卖,重新订货并陈列后跟踪5周销售情况,如其他店面也不好卖,建议采购人员删除。

(6) 供应商缺货。

(7) 新商品来货不能满足销售。

(8) 周期性缺货,此类商品一般到某个重大节日或季节时就会由于供求关系而缺货,这类缺货需上报采购部。

处理周期:每周三报门店店长处理。

(资料来源:中国零售公众号.周显涛,2015年07月24日)

任务三 商品陈列

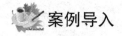案例导入

"顺带"买回去的商品

商品陈列可以刺激购物者的购买欲望,提升购物者的客单价。顾客买了一瓶啤酒,看见旁边有开罐器,就顺带买了一个开罐器,然后记起来过几天要请客,所以再走几步,看到了陈列精致的玻璃杯,于是又挑选了一组玻璃杯。本来顾客只是为了买一瓶啤酒,结果因为买啤酒,而买了开罐器,买了玻璃杯,甚至连杯垫也一起买了。商品结构和商品陈列对商品销售有什么影响?门店的商品分类和陈列如何管理才能最大限度地引导和满足顾客需求?

一、商品配置

商品配是关系到连锁门店经营成败的关键。如果商品配置不当,会造成顾客想要的商品没有,不想要的商品却太多,不仅空占陈列货架,也积压了资金,导致经营失利。连锁门店卖场商品的配置可以从以下几个方面入手。

(一)商品位置的配置

要合理地确定商品的面积分配,必须对前来门店购物的消费者的购买比例做出正确的分析与判断,连锁门店内各项商品的面积分配应与消费者支出的商品投向比例相同。以下是一份超市的商品面积分配的大致情况:水果与蔬菜面积10%～15%、肉食品15%～20%、日配品15%、一般食品10%、糖果饼干10%、调味品与南北干货15%、小百货与洗涤用品15%、其他用品10%。

商品位置的配置应该按照消费者购买每日所需商品的顺序做出规划,也就是说,要按照消费者的购买习惯和客流走向来分配各种商品在卖场中的位置。

一般来说,每个人一天的消费总是从"食"开始,可以菜篮子为中心来进行商品配置,如图3-4所示。通常消费者在卖场的购物顺序是蔬菜水果—水产类—冷冻食品—调味品类—糖果饼干—饮料—速食品—面包牛奶—日用杂品。

为了配置好超市的商品,可以将超市经营的商品划分为以下几种商品部。

1. 面包及果菜品部

这一部门常常是超市的高利润部门。由于顾客在购买面包时,也会购买部分蔬菜水果,所以面包和果菜品可以采用岛屿式陈列,也可以沿着超市的内墙设置。

在许多超市中,设有面包和其他烘烤品的制作间,刚出炉的金黄色、热气腾腾的面包,常常让顾客爽快地掏腰包,因而现场制作已成为超市的一个卖点。

2. 肉食品部

购买肉食品是大多数顾客光顾超市的主要目的之一。肉食品一般应沿着超市的内墙呈U形摆放,方便顾客一边浏览一边选购。

图 3-4 消费者的"菜篮子"

3. 冷冻食品部

冷冻食品主要用冷柜进行陈列,它们的摆放既可以靠近蔬菜,也可以放置在购物通道的最后段,这样冷冻食品解冻的时间就最短,给顾客的携带提供了一定的便利性。

4. 膨化食品部

膨化食品部包括各种饼干、方便面及膨化食品等。这类食品存放时间较长,只要在保质期内都可以销售。它们大多被摆放在卖场的中央,用落地式的货架陈列。具体布局以纵向为主,突出不同的品牌,满足顾客求新求异的偏好。

5. 饮料部

饮料与膨化食品有相似之处,但消费者更加注重饮料的品牌。饮料的摆放也应该以落地式货架为主,货位要紧靠膨化食品部。

6. 奶制品部

超市中的顾客一般在其购买过程的最后阶段才购买奶制品,所以奶制品一般摆放在面包及果菜品部的对面。

7. 日用品部

日用品包括洗涤用品、卫生用品和其他日用杂品,一般摆放在超市卖场的最后部分,采用落地式货架,以纵向陈列为主。顾客对这些商品有较高的品牌忠诚度,他们往往习惯于认牌购买。这类商品以价格为主的促销活动,会使顾客增加购买次数和购买数量。

(二)商品配置表

商品配置表英文为"facing",在某些门店也被称为台账图。facing是"商品排面做恰当管理"的意思。在日文中,"棚"意指货架,"割"则是适当地分割位置,也就是商品在货架上获得适当位置的意思。因此,商品配置表可定义如下:把商品的排面在货架上做出一个最有效的合理分配,并以画面表格规划出来。即把商品陈列的排面在货架上进行最有效的分配,用书面表格规划出来,以求达到有效控制商品品项,做好商品定位,适当

微课:商品配置表

管理商品排面,防止滞销品驱逐畅销品,使利益维持在一定水准上,实现连锁经营标准化等目的,由此可知,商品配置表在连锁门店管理中相当重要。

1. 商品配置表的管理功能

1) 有效控制商品品项

每个卖场的面积是有限的,所能陈列的商品品项也是有限的,因此应有效控制商品的品项,这就要使用商品配置表,才能获得有效的控制效果,使卖场效率得以正常发挥。

2) 商品定位管理

超市内的商品定位,就是要确定商品在卖场中的陈列方位和在货架上的陈列位置,这是门店营业现场管理的重要工作,如不事先规划好商品配置表,无规则进行商品陈列,就无法保证商品的有序有效定位陈列,而有了商品配置表,就能做好商品的定位管理。

3) 商品陈列的排面管理

商品陈列的排面管理就是规划好商品陈列的有效货架空间范围。在商品销售中有的商品销售量很大,有的则很小,因此可用商品配置表来安排商品的排面数,即根据商品销售量的多少,来决定商品的排面数。畅销商品给予较多的排面数,即所占陈列空间大;销售量较少的商品则给予较少的排面数,其所占的陈列空间也小。对滞销品则不给排面,可将其淘汰出去。商品陈列的排面管理对提高卖场的效率有很大作用。

4) 畅销商品保护管理

在有的连锁门店中,畅销商品销售速度很快,若没有商品配置表对畅销商品排面的保护管理,常常会发生类似劣币驱逐良币的现象。当畅销商品卖完了,又得不到及时补充时,就容易导致不畅销商品甚至滞销品占据畅销商品的排面,形成了滞销品驱逐畅销品的情况。这种状况一方面会降低商店对顾客的吸引力,另一方面会使商店失去售货的机会并降低竞争力。可以说,在没有商品配置表管理的连锁门店,这种状况时常会发生,有了商品配置表,畅销商品的排面就会得到保障,滞销品驱逐畅销品的现象会得到有效控制和避免。

5) 商品利润的控制管理

连锁门店销售的商品中,有高利润商品和低利润商品之分。每个经营者总是希望把利润高的商品放在好的陈列位置销售,利润高的商品销售量提高了,门店的整体盈利水平就会上升;把利润低的商品配置在差一点的位置销售,来控制商品的销售品种结构,以保证商品供应的齐全性。这种控制商品利润的管理方法,就需要依靠商品配置表给予各商品妥当贴切的位置陈列,以达到提高整个商店利润水平的目的。

6) 连锁经营的标准化管理

连锁超市有众多门店,达到各门店的商品陈列一致,是连锁超市标准化管理的重要内容。有了一套标准的商品配置表来进行陈列的管理,整个连锁体系内的陈列管理就易于开展,同时,商品陈列的调整和新产品的增设,以及滞销品的淘汰等管理工作的统一执行,就会有准备、有计划、高效率地开展。

2. 商品配置表的制作

1) 商品配置表的制作原理

制作商品配置表最重要的依据是商品的基本特性及其潜在的获利能力。其应考虑的因素包括以下五个方面:①周转率。高周转率的商

微课:商品配置表的制作

品一般都是顾客要寻找的商品,其应放在较明显的位置。②毛利。毛利高的商品应放在较明显的位置。③单价。高单价的商品,毛利可能高也可能低,高单价又高毛利的商品应放在明显的位置。④需求程度。在非重点商品中,具有高需求、高冲动性、随机性特征的商品,一般陈列在明显位置。销售力越强的必需品,给顾客的视觉效果越好。⑤空间分配。运用高需求或高周转率的商品来吸引顾客的视线,贯穿于整个商品配置表。避免将高需求商品放在视线的第一焦点,除非该商品具有高毛利的特征。高毛利且有较强销售潜力的商品,应摆在主要视线焦点内。潜在销售业绩较大的商品,就应该有最多的排面。

2) 商品配置表的制作程序

连锁门店内的商品陈列是用商品配置表来进行管理的。商品配置表的制作,可分成新开店商品配置表的制作和已开店商品配置表的修正两种情况来进行。

(1) 新开店商品配置表的制作。新开店商品配置表的制作,是连锁门店商品管理全新内容的开始,一般可按以下程序进行。

① 商圈与消费者调查。商圈调查主要是弄清新店属地的市场容量、潜力和竞争者状况。消费者调查主要是掌握商圈内消费者的收入水平、家庭规模结构、购买习惯、对超市商品与服务的需求等,通过市场调查,决定商品组合及卖场面积。

② 商品经营类别的确定。在对商圈和消费者进行调查后,提出新开设门店的商品经营类别,根据营业面积大小,将商品分类,并规划大、中分类商品应占的面积,由采购部会同门店人员共同讨论决定每一个商品大类在超市门店或卖场中所占的营业面积及配置的位置,并制定出大类商品配置图,当商品经营的大类及营业面积配置完成后,采购人员就要将每一个中分类商品安置列入各自归属的大类商品配置图中去。

③ 单品项商品的决定。完成了商品大类和中分类的商品配置图之后,就进入制作商品配置表的实际工作阶段,即要根据商品的关联性、需求特征、能见度等因素确定每一类商品的位置,制作商品平面配置表。决定单品项商品如何导入卖场,此项工作分三个步骤进行:首先,收集每一个中分类内可能出售的单品项商品资料,包括单品项商品的品名、规格、成分、尺寸、需求度、毛利、周转率、包装材料、颜色、价格等;其次,对这些单品项商品进行选择,决定经营品项,挑选出适合超市门店商圈消费需要的单品项商品,并列出商品台账;最后,把这些单品项商品进行陈列面安排,并与门店周围的商店进行比较,在分析的基础上对单品项商品做必要的调整,并最后决定下来。

④ 商品配置表的制作。在商品配置表上详细列出每一类商品的空间位置,每一个货架对应一张商品陈列表。商品配置表决定单品项商品在货架上的排面数,这一工作必须遵循有关商品陈列的原则,运用好商品陈列的技术。如商品配置在货架的上段、中段还是下段等,还需考虑企业的采购能力、配送能力、供应厂商的合作等诸多因素,只有这样,才能将商品配置好。商品配置表的制作是一项辛苦的工作,也是一项实践性和操作性很强的工作,需要采购人员认真钻研,所以在制作商品配置表时,采购人员应先进行货架的实验配置,达到满意效果后,最后才制作商品配置表,所以采购部门要有自己的实验货架。由采购部门制作的商品配置表下发至新开设的超市门店后,门店将依据这些表格来订货、陈列,并在货架上贴好价目卡。

根据商品平面配置图配置设备,前、后场设备应构成一个整体,应注意陈列设备的数量及规格的确定,并参照商品品项资料。按商品配置表进行陈列,并挂好价签,把实际陈列效果拍照留存。

观察并记录顾客对商品配置与陈列的反应,以便修正、调整,根据经验状况定期更新,一个月或一个季度更新一次,一年大调整一次,这样既可以确保门店具有活力,又增加了顾客对门店的新鲜感。

(2) 已开店商品配置表的修正。任何一家连锁门店,商品配置并不是永久不变的,必须根据市场和商品的变化做出调整,这种调整就是对原来的商品配置表进行修正。商品配置表的修正一般固定在一定的时间内进行,可以是一个月、一个季度修正一次,但不宜随意修正,因为随意修正会出现商品配置凌乱和不易控制的现象。商品配置表的修正可按以下程序进行。

① 统计商品的销售情况。不管是单体店、附属店还是连锁店,都必须每月对商品的销售情况进行统计分析,统计的目的是要找出哪些商品畅销、哪些商品滞销。

② 滞销商品的淘汰。经销售统计可确定出滞销商品,但商品滞销的原因很多,可能是商品质量问题,也可能是受销售淡季的影响、商品价格不当、商品陈列得不好,更有可能是供应商的促销配合得不好等。当商品滞销的原因查清楚之后,要确定滞销的状况是否可能改善,如无法进行改善,就必须坚决淘汰,不能让滞销品占了货架而没有产生效益。

③ 畅销商品的调整和新商品的导入。对畅销商品的调整,一是增加其陈列的排面;二是调整其位置及在货架上的段位。对由于淘汰滞销商品面空出的货架排面,应导入新商品,以保证货架陈列充实。

④ 商品配置表的最后修正。在确定了滞销商品的淘汰、畅销商品的调整和新商品的导入之后,这些修正必须体现在商品配置表上。新修订的商品配置表就是连锁门店进行商品调整的依据。

(3) 商品配置表制作的技术要领。连锁企业的经营与传统零售业不同,其技术含量较高,在商品配置表的制作上就充分体现了技术性要求。以下为某知名连锁企业经营者总结出的商品配置表制作技术要领,掌握了这些要领。

① 决定每一个中分类商品的陈列排面。在规划整个大类商品的配置时,每一个中分类商品所占的营业面积和陈列排面数要先确定下来,这样才能进行单品项的商品配置。例如,膨化食品要配置 3 座高 165cm、长 90cm、宽 35cm 的单面货架,这样才能知道可配置多少单品项商品。

② 商品陈列货架的标准化。连锁门店所使用的陈列货架应尽量标准化,这对连锁门店尤为重要。使用标准统一的陈列货架,在对所有门店每一分类的商品进行配置规划时,只要一种至多两到三种商品配置表就可进行全部的商品配置与陈列管理,不至于出现一个门店一种配置或一种陈列的现象。

③ 单品项商品的资料卡设立。每一个单品项商品都要设立资料卡,如商品的品名、规格、尺寸、重量、进价、售价、供货量等,这些资料对制作商品配置表是相当重要的。

④ 设置商品配置实验架。商品配置表的制作必须有一个实验阶段,即采购人员在制作商品配置表时,应先在实验货架上进行试验性的陈列,从排面上来观察商品的颜色高低及容器的形状是否协调,是否对顾客具有吸引力,如果缺乏吸引力可进行调整,直至达到协调和满意为止。

⑤ 特殊商品采用特殊的陈列工具。对特殊陈列的商品不能强调货架的标准化而忽视

了特殊商品特定的展示效果,要使用特殊的陈列工具,这样才能展示特殊陈列商品的魅力。在连锁门店的经营中出现了这样的趋势:消费者对整齐划一和标准的陈列感到有些乏味,因此,用特殊陈列工具配置特殊商品,可以增强卖场的活性化,改变商品配置和陈列的单调感。

⑥ 单品项商品的陈列量与订货单位的考虑。一般来说,由配送中心送货到门店,门店的卖场和后仓的商品量是日销售量的2.5倍左右,对每一个单品项商品来说也是如此,即一个商品平均日销量是12个,则商品量为30个。但每一个商品的陈列量还需与该商品的订货单位一起进行考虑,其目的是减少后仓的库存量,加速商品周转,每个商品的陈列量最好是1.5倍的订货单位。

如一个商品的最低订货单位是12个,则陈列量设定在18个,该商品第一次进货为2个单位,共计24个,其中,18个上货架,6个进后仓。当全部商品最后只剩下6个货架时,再进1个订货单位(12个),则商品可以全部上货架,而无须再放进后仓,做到后仓的零库存。一个超市的商品需要量与日销售量的比例关系是该店销售的安全保有量。而单品项商品的陈列量与订货单位的比例关系,则是在保证每天能及时送货的条件下的一种零库存配置法。目前,我国的超市由于受到交通条件和配送中心配送能力的制约,还做不到这一点。

因此,内仓的商品量可适当增加。商品配置表是以一座货架为制作基础的,一张配置表代表一座货架,货架的标准视每个门店的场地和经营者的理念而定。设计商品配置表的格式,只要确定货架的标准,再把商品的品名、规格、编码、排面数、售价表现在表格上即可。

3)商品配置表的内容

商品配置表分为商品平面配置图和商品立体陈列表。一般来说,一张商品配置表包含很多内容,如配置表的编号、覆盖区域、货架数量、货架宽度、商品配置表生效日期、卖场内各类商品的部门配置、各部门所占面积的划分、商品价格、商品排面数、最小订货单位、商品空间位置、商品品项构成等。

二、商品陈列的设备和用具

陈列柜、陈列台、柜台,这些陈列小道具和其他陈列用品,不仅使商品突出而对顾客具有吸引力,而且便于商品的管理和场地整理。由于陈列设备的配置决定店内的通道,因此,很好地利用陈列设备是非常重要的。

1. 陈列架

陈列架是布置、美化店内墙壁的重要用具,如图3-5所示。关于陈列架的使用,过去都是放置与陈列架幅度相同的东西。最近,实行了凹面陈列,在便于顾客参观商品的基础上做了改进。陈列架都换成了特制的,高度和宽度与商店的空间和商品的尺寸大小相一致。另外,为使小商品容易被看到,小商品不宜放置在陈列架里边,应放置在前面。由于陈列架很高,顾客的手可能够不到上面的商品,所以为了让顾客用手能够到商品,商品必须放在160cm以下。如果是名牌商品,放置的高度,要以店员的手够得到的范围为好。

2. 陈列小道具

陈列小道具,是指安装在营业台、陈列台上的用来吊挂和摆放商品的陈列用具,如图3-6所示,裸露陈列的商品一般使用它,用来补充大的陈列用具的不足;有时为使平面陈列有高低起伏的变化,也用一些小道具。小道具的使用,便于顾客产生联想,从而刺激购买欲。但是也要注意:①不要勉强使用与商品大小不合适的陈列道具,反而弄巧成拙;②不是非要使用很贵的高级玻璃板才会美观,使用金属工具、塑料用具一样会显得美观大方,尽量避免不必要的浪费;③避免使用不适应季节变化的形状和颜色。

图 3-5 陈列架

图 3-6 陈列小道具

3. 陈列柜

一般来说,不要过多地使用陈列柜。因为不管什么商品都以裸露陈列为好。除形状小、价格高的商品,或容易变色、污损的商品,必须放在玻璃柜里以外,其他商品都可以敞开陈列。要充分利用柜台和货架进行敞开陈列。此外,还要很好地利用玻璃柜作为接待顾客的场所,但不能把陈列柜从人体腹部到胸部全部用来代替计价台,这样的柜台高度会使顾客不容易看见里边的商品,因而失去陈列效果,顾客最容易看见商品的高度是从眼以下到胸部。

4. 柜台

特别是在日用品商店里,商店的中央部分多数使用柜台。柜台里可以陈列没有包装的商品,如图 3-7 所示,这样做能使顾客很容易就看见自己喜爱的商品。切忌裸露陈列过多,把商店全部搞成平面陈列,好像全部商品都是廉价商品似的。另外,若商品陈列的位置和顾客眼睛不成直角,这种陈列就不会显眼。为了克服这种缺点,要在柜台上下功夫,用提高柜台中部的办法,在柜台上层进行立体陈列。因为柜台的拐角妨碍商店内部的通行,因此需要设置曲线柜台。

5. 特价台

特价台是为了刺激顾客的需求欲望而设置的,如图 3-8 所示。因而,应当把最能刺激顾客的商品陈列在特价台容易取放的地方,使顾客止步,达到诱导顾客进店买东西的目的。因而,根据销售方针,廉价甩卖商品要单设一个地方;诱人的商品放置在一个地方;季节性商品和流行商品放在另一个地方。这样可使整个商店繁华、活跃起来,引起顾客购买的冲动。所以要考虑特价台的形状和大小,要讲求实用。因为特价台是占商店最重要的地方的陈列台,最好是能够自由移动,不妨碍营业;也可以用分区、分片式的,几个台轮换摆放,这样既可以变换商店模样,又不会浪费。柜台的高度,要便于顾客自由地选择商品,适宜最低 65cm、最高 90cm。

图 3-7 柜台

图 3-8 特价台

知识拓展

意外的惊喜

一个女高中生在 7-11 店铺中打工,由于粗心大意,在进行酸奶订货时多打了一个零,使原本每天清晨只需 3 瓶酸奶变成了 30 瓶。按规矩应由这位女高中生自己承担损失,这意味着她一周的收入将付诸东流,这就逼着她想方设法地争取将这些酸奶赶快卖出去。冥思苦想的女高中生灵机一动,把装酸奶的冷饮柜移到盒饭销售柜旁边,并制作了一个 POP,写上"酸奶有助于健康"。令她喜出望外的是,第二天早晨,30 瓶酸奶不仅全部销售一空,而且出现了断货。谁也没有想到,这个女高中生戏剧性的实践带来了 7-11 新的销售增长点。从此,在 7-11 店铺中酸奶的冷藏柜便同盒饭销售柜摆在了一起。由此可见,商品陈列对于商品销售的促进作用是十分明显的。

(资料来源:https://wenku.baidu.com/view/b398c8619b6648d7c1c74648.html)

三、一般商品陈列的原则

商品陈列是指企业为了最大限度地便利顾客购买,利用有限的资源,规划和实施店内总体布局、货架摆放顺序、商品码放方式、店内广告设计,合理运用照明、音响、通风设施,创造理想购物空间的活动过程。商品陈列的目的,是把商品或品牌的所有物质和精神方面的属性,通过艺术手段和设计技巧等形象化的语言完整地呈现在顾客面前,帮助顾客形成一个商品或品牌的整体印象,使顾客对商品或品牌产生兴趣、信任和偏爱,从而引起顾客的购买欲望和动机。"陈列是沉默的推销员",科学合理的商品陈列可以起到体现门店宗旨、塑造门店形象、传递商品信息、刺激销售、方便购买、节约人力、利用空间、美化环境等作用。

微课:一般商品陈列原则

商品陈列的基本要求是将顾客需求的商品正确无误地摆放在适当的位置,因此陈列的关键在于"商品的正确配置",让商品充分显示自己,最大限度地引起顾客的购买欲望,创造更多的销售机会,从而提高销售业绩。对于连锁门店而言,商品陈列技术是销售成败的关键，是一项技术性强、要求高的细致性工作。合理、规范的商品陈列，必须掌握以下几个原则。

（一）显而易见原则

显而易见原则也称一目了然原则，这是商品陈列的首要原则。在销售商品时，首先要让顾客能够看到商品。而对于以自助式的销售方式为主的门店而言，要让顾客看到商品，就必须让商品一目了然地展现在顾客面前，将商品自身向顾客进行充分展示，以达到促销的目的。因此，要使商品陈列让顾客显而易见必须做到以下几点。

1. 标识商品陈列位置

目前国内营业面积 $100m^2$ 以上的便利店或超市所经营商品一般在 2 000～25 000 种，面对成千上万种商品，怎样使顾客方便迅速地判断出什么商品在什么地方，是任何一个门店按商品类别而实施商品陈列工作中要解决的首要问题。

（1）张贴商品布局分布图和分类标识。为了便于经营者管理以及顾客选购商品，门店经营者会将商品分成几个大类，如生鲜、百货、食品、电器等。然而仅仅进行分类还不够，还需要主动告诉顾客，对顾客进行购买的指引。因此在大型门店的入口处需要张贴商品布局分布图，同时店内货架上方吊有品类指示牌，以及一些其他图文标识等，使顾客一进门就能初步了解自己所需要购买的商品陈列的大概位置。对于营业面积大、商品种类多的超市，商品布局分布图显得更为重要。

（2）商品陈列位置符合顾客的购买习惯，商品摆放应从左到右。对一些季节性的、节日期间、新商品的推销区和特价区的商品陈列要显著、醒目，使顾客明白商品所表达的意思。

（3）特殊门店入口处可以向顾客提供购物参考、购物指南、促销海报等，使顾客进店后，马上就能找到自己所需的商品。

2. 商品正面面向顾客

在门店中，只有被顾客看到的商品，才有被购买的可能性，因此所有商品一定要被顾客看到，并且容易识别出是什么商品。具体要求如下。

（1）商品品名面向顾客，如飘柔洗发水将带有"飘柔"字样的一面面向顾客。

（2）贴有价格标签的商品将价格标签的一面面向顾客。

（3）商品陈列在货架上端时，可以采取倾斜方式，使顾客看到商品正面。

（4）每一种商品不能被其他商品挡住视线。

（5）特殊造型商品将有产品特色的一面展现给顾客，如运动鞋的侧面是设计特色，则将鞋的侧面面向顾客。

（6）陈列器具、装饰品及商品 POP 不要影响店内购物顾客的视线，也不要影响店内照明光线。

3. 商品标识清晰易懂

门店经营者不要以为自己很了解商品，顾客就很了解商品，这种观念会导致经营者忽略商品标识的问题。所有的商品在让顾客看清楚的同时，还必须让顾客对所看到的商品做出购买与否的判断，因此清晰易懂的商品标识就显得格外重要。

（1）进口商品应有中文标识，标识必须填写清楚，产地名称不得用简称，以免顾客不清楚。

(2)商品价格标签应与商品相对应,商品价格牌位置正确,商品POP牌摆放要正确,要明确显示商品的价格、规格、产地、用途等。

(3)商品价格标识的打码位置在商品正面的右上角,如遇右上角有商品说明文字,可打在右下角。

(4)罐头商品价格标签打在右上角、绝不允许贴在罐头上方,因为罐头上方容易积灰,不便于理货员整理、清洁商品,尤其是不畅销的商品(罐装、盒装商品)。

(5)瓶装商品价格标签打贴在商品正面的右上角,如酱油、酒瓶等。

(6)高档商品、礼品的标签打的位置要在商品正面右上角的侧面。

(7)商品因季节、时令价格调整时,必须将原价格标签撕掉,重新打价格标签,绝不允许同一种商品出现两种价格,以减少不必要的麻烦、减少收银员的操作差错。

(二)容易挑选原则

1. 分区定位陈列

商品的陈列要有利于顾客挑选。按适当的商品分类进行陈列,能避免给顾客造成混乱的感觉。分区定位陈列,就是要求每一类、每一种品项都有一个相对固定的陈列位置,商品一经配置后,商品陈列的位置和陈列面尽量不要变动,除非出于某种营销目的而修改陈列的位置。在分区定位时,要注意把相互影响大的商品货位适当分区,如易串味的食品,熟食制品与生鲜食品,化妆品与烟酒、茶叶、糖果饼干等。

2. 购物者购买决策树原则

购物者在选择商品的过程中,其思维模式是有先后顺序的,这称为购物者购买决策树。在对商品进行陈列时,要遵循购买决策树原则,才能使顾客容易进行商品的挑选和比较。如洗发护发产品,根据购物者购买决策树原则陈列时,首先,应将商品先按照品牌进行划分,如飘柔、海飞丝、阿道夫等;其次,在品牌内再根据功能分类,如去屑、去油、滋养、黑亮等;再次,同一功能的商品根据价格进行分类陈列,如高价位的滋润去屑,中价位的茶树长效柔顺去屑,低价位的控油去屑;最后是商品的包装,如飘柔人参滋养洗发露200mL、400mL、750mL。

3. 同类商品不应陈列在同一组双面货架的两侧

根据消费者的动线分析,顾客常常是依货架的陈列方向行走并挑选商品的,而不会再回头选购商品,因此,同类商品不能陈列在同一组双面货架的两侧,即使是相关联的商品,也应尽量避免。同类商品或关联性商品若无法陈列在货架的一面,侧面可以陈列在通道的两侧,或者陈列在同一通道、同一方向、同一侧的不同组货架上。

4. 同类商品垂直陈列的原则

垂直陈列是一个重要的商品陈列技巧。同类商品的垂直陈列也叫纵向陈列。纵向陈列能使同类商品体现出直线式的系列化,使顾客一目了然。调查显示,相比横向陈列而言,同类商品纵向陈列会使商品销售量有大幅度提高。

由于人的视觉规律是上下垂直移动的,当同类商品纵向陈列时,顾客在挑选同类商品某个单品时,其视线的上下夹角只有25°,即使站在离货架30~50cm距离时挑选商品,也能清楚地看到1~5层货架上陈列的商品。同类商品横向陈列时,人的视觉必然横向移动,其视线的上下夹角达到了50°,在挑选某个单品时会感到很不方便,若站在离货架30~50cm距离挑选商品,就只能看到横向1m左右距离陈列的商品,大幅度降低顾客视线范围内的商品数,进而减少了商品的销售机会。这也导致同类商品横向陈列在一个段位就会造成要么销售很好、要么销售很差的现象。

大多数顾客到连锁超市购物都是有目的的,在一些通道较狭窄的中小型超市中,横向陈列会影响其他顾客在通道内行走或挑选商品。同时,因横向陈列,顾客在挑选商品时要往返好几次,否则,就必然会漏看某些商品。顾客在纵向陈列商品面前一次性通过时,就可以看清楚整个同类商品,从而起到很好的销售效果。

因此,同类商品要垂直陈列,避免横向陈列,这既考虑到顾客视线上下垂直移动的便利性,也能使同类商品在货架上的不同段位上都能享受到同等销售的机会。

5. 有效运用色彩、照明

决定货架上商品位置的时候,要注意商品外包装颜色搭配的艺术性,尽量使顾客感到舒适、醒目。首先,门店内要达到标准的照明度,使商品能清楚地展现在顾客面前。其次,对于需要强调的商品,可以用聚光灯加以特殊的照明,以突出其位置,引起顾客注意。再次,对于鲜肉、鲜鱼生鲜食品柜,灯光可以选择淡红色,以增加商品的新鲜感。

(三)便于取放原则

商品的陈列不仅要做到显而易见,容易让顾客看到,还要做到容易让顾客触摸、拿取和挑选。顾客越方便拿取商品,商品实现销售的机会就越多,增加商品的可得性,就是增加商品的销售机会。

1. 商品陈列的最佳高度

商品陈列需要考虑到顾客的身高。不要把商品放在顾客伸手拿不到的位置。放在高处的商品即使顾客费了很大的劲拿下来,如果不满意,很难再放回原处,也会影响顾客的购买兴趣。

依陈列的高度可以将货架简单地分为三段:中段为手最容易拿到的高度,即黄金陈列段,男性为70～160cm,女性为60～150cm,一般用于陈列主力商品或公司有意推广的商品。次上下端为手可以拿到的高度,次上端男性为160～180cm,女性为150～170cm,次下端男性为40～70cm,女性为30～60cm,一般用于陈列次主力商品,其中次下端需要顾客屈膝弯腰才能拿到商品,所以比次上端较为不利。上下端为手不易拿到的高度,上端男性为180cm以上,女性为170cm以上,下端男性为40cm以下,女性为30cm以下,一般用于陈列低毛利、补充性和体现感的商品,上端还可以有一些色彩调节和装饰陈列。

2. 留一点空隙

商品应在货架上放满陈列,但并不是不留一点空隙,如果不留空隙,顾客在挑选商品时就会不方便,因此,货架上陈列的商品与上隔板应有一段距离,便于顾客的手能伸进去取放商品。这个距离要掌握适度,以手能伸进去为宜。太宽了影响货架使用率,太窄了顾客无法拿取商品。一般是在陈列商品时与上隔板之间留有3～5cm的空隙,让顾客的手容易进入。

(四)放满陈列原则

放满陈列的原则即商品陈列要有一定的量感,给人以丰富、充实和值得信赖的感觉,以便刺激顾客的购买欲望,进而提高货架的销售能力和储存功能,还相应地减少了超市的库存量,加速了商品周转速度。有资料表明,放满陈列可平均提高24%的销售额。相反,若货架不是满陈列,则降低了商品的表现力,降低了商品的销售价值,给顾客传递一种卖剩的商品的负面信息。因此,商品满陈列要做到以下几点。

1. 货架上商品数量要充足

超市或便利店的经营者对每种商品每天的时段销售量要有准确的统计数字,尤其要考虑平日与周六、周日的区别。注意及时增减商品数量,使商品的陈列量与商品的销售量协调一致,并根据商品的销售量确定每种商品的最低陈列量和最高陈列量,以免货架上"开天窗"(脱销)和无计划地堆放商品,给顾客单调的感觉。

2. 避免货架内出现空缺

由于商品从订单到进货这一阶段,存在着一个时间差,在这个阶段里会出现某些商品补充不足,特别是畅销商品。由于低估了销量而出现暂时缺货时,要采用销售率高的商品来临时填补空缺商品的位置,但应注意商品的品种和结构之间关联性的配合。

3. 货架上商品品种要丰富

商品品种丰富是提高销售额的主要原因之一。商品品种单调、货架空荡的商店,顾客是不愿意进来的。以长度为1.0~1.2m的货架为例,超市的一个货架上每一层要陈列3~4个品种,畅销商品的陈列可少于3个品种,保证其量感;一般商品可多于3个品种,保证品种数量。便利店则要更多一些。从国内超市经营的情况看,店内营业面积若按每平方米商品的品种陈列量计算,平均要达到11~12个品种。

4. 促销商品放满陈列

除货架上的商品需要做到满陈列外,促销商品在进行堆头陈列、端头陈列时必须放满陈列,这些特殊陈列如同画龙点睛之笔,是超市的亮点。在放满的同时,还要注意商品的整齐排列,若东倒西歪、凌乱不堪,则会给顾客留下不好的印象。

(五) 先进先出原则

商品的先进先出原则,也称前进陈列原则或避免损失原则。当商品第一次在货架上陈列后,随着时间的推移,商品就不断被销售出去。这时就需要进行商品的补货,在补货时要严格遵循先进先出的原则,具体要求如下。

(1) 检查补充商品是否与原货架上的商品生产日期或保质期相同。

(2) 若生产日期或保质期相同,且货架干净,则可以直接上货。

(3) 若生产日期不同,要将原先的陈列商品取下来,用干净的抹布擦干净货架。然后,将新补充的商品放在货架的后排,原先的商品放在前排面。因为商品的销售是从前排开始的,为了保证商品生产的有效期,补充新商品必须是从后排开始。

(4) 当某一商品即将销售完毕时,暂未补充新商品,这时就必须将后面的商品移至前排面陈列(销售),决不允许出现前排面空缺的现象,这就是前进陈列的原则。

(5) 对一些保质期要求很严的食品,如生鲜、冷冻冷藏等保质期较短的食品,更要严格执行先进先出的方法补充食品,这既保护了消费者的利益,确保顾客购买商品的新鲜度,又不会使排在后面的商品超过保质期,给商店造成损失。

（六）整齐清洁原则

做好货架的清理、清扫工作。这是商品陈列的基本工作,要随时保持货架的干净整齐。陈列的商品要清洁、干净、没有破损、污物、灰尘。尤其是对生鲜食品,内在质量及外部包装要求更加严格。不合格的商品要及时从货架上撤下。

（七）关联陈列原则

超市的商品陈列强调商品之间的关联性。关联陈列的目的是使顾客在购买了某一商品后,可以顺便购买陈列其在旁边具有一定关联性的商品。例如,在陈列面包旁边也可以同时陈列果酱。关联陈列法可以使整体陈列更生动,带动了关联产品的销量,提高了客单价。关联陈列包括以下几种。

（1）相关品类商品陈列,这也是超市在陈列时经常使用的关联陈列方法,即按照商品的类别进行陈列,如洗衣液、衣物护理液、衣领净等。

（2）品牌关联陈列,即将同一品牌的商品集中陈列。

（3）互补商品关联陈列,即顾客在购买商品 A 后,也顺便购买陈列在旁边的商品 B 或 C。如在陈列的肥皂旁边也可以同时陈列肥皂盒。

关联陈列原则的应用主要是关注商品之间的关联性和互补性,充分挖掘商品在消费者使用或消费时的连带性。由于关联陈列往往要打破原本的商品分类,尽可能再现消费者在生活中的原型,因而在使用时经常会与主题陈列相结合。

（八）艺术性原则

在陈列时,除要将商品展示出来外,还要尽可能地展示商品的美,讲究陈列中的艺术性或美感,使顾客在浏览商品的过程中身心愉悦,从而激发购买欲望。需要注意的是,这种艺术性陈列原则要结合所销售的商品特点,展示商品的内在美和外在美。而不能抛开所销售的商品,片面追求商品陈列的艺术效果,更不能忘掉商品销售这一核心目标,去探讨所谓的商店陈列艺术。

（九）安全性原则

超市和卖场有成千上万种商品,在对这些商品进行陈列时,一定要遵守安全性原则,排除危险陈列,尽可能地减少商品的破损和降低对顾客的伤害。

（1）对于较重的商品、大型的商品,要考虑位置及高度的安全性进行陈列,在陈列商品时,一般根据商品的重量自上而下进行陈列。

（2）对玻璃容器的商品,如调料、酱菜、水果罐头、咖啡、乳品等,要采取安全措施,设置隔护栏。一层货架只能摆放 1～2 层,如果摆放得太高,不便于顾客取放,而且稍不注意,就有碰倒商品砸伤顾客的危险,不仅损失了商品,也破坏了顾客的购买情绪。

（3）注意顾客行走动线、货物搬入货架的安全性。

（4）注意堆头陈列的安全性。

（5）考虑意外,如地震等情况,不要将不稳定的商品陈列到较高的位置上。

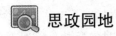
思政园地

习近平总书记考察合力惠民生鲜超市阳关店

2021年2月4日,腊月二十三,大江南北,年味越来越浓。正在贵州考察调研的习近平总书记来到省会贵阳,走进观山湖区合力惠民生鲜超市,察看春节前市场供应、年货供销、物价运行情况。

习近平总书记这次走进的合力惠民生鲜超市(阳关店),是位于贵阳市观山湖区的一家大型超市。该超市于2018年5月开业,是由贵阳市政府与合力超市等农产品流通企业合作建设,借助公益性的"菜篮子"商品平价零售终端,解决老百姓"买菜难、买菜贵"的问题。经营面积3 200 m²,其中生鲜占1 800 m²。以西兰花、莴笋尖等蔬菜为例,这些蔬菜的售价普遍比周边农贸市场均价低15%～30%。据了解,超市建成3年来,向市民让利约1 000万元。为了满足消费者就地过年的需求,超市主要增加了本地的特色产品。店长黄东说:天麻、灵芝、杜仲组成的"贵州三宝"是这些天的热销商品。

春节是中国人最重视的节日之一。黄东说:超市提前一个月就开始筹备"年货盛宴",各类年货既有厂家直供,也有超市总仓储备,能保证不断货。此心安处是吾乡,就地过年同样温暖。在该超市内,习近平总书记仔细察看了春节前市场供应、年货供销、物价运行情况。

人民群众能不能过好年,市场供应很关键,这也是习近平总书记近年来春节前夕考察经常牵挂的事。从兰州市城关区五泉菜市场,到锡林浩特市楚古兰街道爱民社区超市,从昆明新春购物博览会年货街,再到这次的惠民生鲜超市,都留下了习近平总书记的足迹和挂念。他曾强调,"菜篮子""米袋子""果盘子"都是事关民生的大事。有关部门要做好工作,确保节日期间市场供应充裕,质量安全可靠,让群众过一个安定祥和的春节。

节日市场供应,每年都重要,今年更特别。为了减少疫情传播风险,这个春节提倡就地过年。2020年年底的中央经济工作会议强调,要安排好"两节"市场供应,确保基本民生。前不久,中共中央办公厅、国务院办公厅专门下发通知,要求做好人民群众就地过年服务保障工作,其中就包括加强就地过年群众生活保障。

根据中央的要求,全国各地正在引导和支持农副产品批发市场、农贸市场、超市卖场、生鲜电商、物流配送企业保持正常运营,确保生活必需品不断档、不脱销,让就地过年更安心。习近平总书记这次来贵阳看超市,就是一次实地检查。

(资料来源:http://news.youth.cn/sz/202102/t20210205_12697295.htm)

四、商品陈列的方法

1. 醒目陈列方法

醒目,就是要便于顾客看到商品。因此,醒目是商品陈列的第一要求,在商品陈列中顾客的眼睛以下到胸部是最有效的高度,对这一黄金面积必须充分利用,防止空置浪费。另外,在橱窗摆设中,还要注意合理布局,尽量减少边角、死角,增加商品陈列的有效面积。数量少而小的东西,不引人注目,必须使小商品和形状固定的商品成群陈列,集小为大,以造成"声势"。可以利用各种商品的不同颜色,在货架上摆出美丽的图案。如蔬菜、水果商品可借用蔬菜、水果的天然色彩,摆成"葵花向阳""节日主题"等图案,既让顾客感到商品琳琅满目,又突出了节日氛围。

2. 接触陈列方法

为了激发顾客的购买欲望,有时候在一定的距离外观看是不够的,通过实际接触商品,直接刺激顾客的感官,满足其心理需要常常能取得更好的效果。例如,出售服装鞋帽的商店,如果不让接触商品,不让试穿、试戴,光凭视觉,除非是紧俏商品,否则顾客是无论如何也不会放心购买的,接触陈列法就是商品的陈列要有助于顾客的接触,让顾客在购买商品前先摸摸、试试,比较一番,其促销作用是可想而知的。

3. 季节陈列方法

季节陈列方法强调围绕季节商品来摆布橱窗陈列,这种陈列法常常把突出的季节商品陈列在橱窗的中心、商品的前列等引人注目的位置。如果是在盛夏,橱窗陈列的是大棉袍、羊毛毯、大皮袄、取暖器,那就会使顾客感到烦躁不安而避之不及,不仅这些过时货无法推销,而且时令货也会失去销售机会。节日橱窗陈列也要根据节日性质选择与节日有关的商品。

4. 连带陈列方法

连带陈列方法是指把那些在使用上有连带性的商品,放在一起陈列,既便于顾客购买,又便于销售和商品保管。

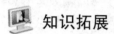

知识拓展

顺便也不错

一家便利店老板,进了一批酒瓶起子。虽然这种商品利润相对较高,但他原本并不想卖这个商品,可总是有人到店里来问,不能没有呀! 开始他将这些酒瓶起子放在一个角落里,有人问了,就指给别人看,卖得十分缓慢,他也不太在意。

后来,酒瓶起子的业务员巡视终端,看见了该老板的陈列,给他出了一个主意:你把酒瓶起子放在你出售的酒旁边试试,我敢保证你的酒瓶起子的销售量肯定会是以前的几倍,而且根本就不会占多少地方。

该老板不信,但又觉得企业的业务员有些道理,就试试看。结果正如企业业务人员的预料,酒瓶起子的销售量成倍上升。他纳闷的是:有人购买酒瓶起子甚至一次买好几个。他问这些消费者原因,消费者回答的很简单:做得这么漂亮、款式又多的酒瓶起子,可以挂在冰箱上当装饰品呀!

(资料来源:http://www.doc88.com/p-694165411050.html)

5. 图案陈列方法

图案陈列方法是充分利用商品的形状、特征、色彩进行摆布,注意适当的夸张和想象,形成一定的消费者喜爱的图案,使顾客既看到有关商品的全貌,又得到艺术的感受,产生美好的印象,常用的图案有直线陈列、曲线陈列、塔形陈列、梯形陈列、构图陈列、悬挂陈列等。

五、商品陈列流程

商品陈列流程是一个复杂的过程,主要包括以下几个步骤:确定大、中分类商品陈列配置;明确单品商品陈列量;安排商品陈列高度;选择合理的商品陈列排面数;陈列检查。

直通职场：传统超市春节堆头及端头操作指南

1. 正常陈列区域的陈列程序

（1）选择货架和配件。选择用什么型号的货架和配件来进行商品陈列,以达到陈列的效果。

（2）确定陈列的商品。确定陈列的商品的类别、尺寸、形状、颜色、性能等详细资料。

（3）设计商品配置图。按陈列的原则进行富有弹性的陈列设计,并用商品配置图的方式进行详细描述。

（4）陈列实施。按商品配置图进行现场的陈列。

（5）陈列调整。针对实际的陈列,遵循一定的原则修正现场的商品陈列。

（6）商品配置图的确定。将商品配置图按现场的实际商品陈列进行修正。

（7）商品陈列的确定。商品配置图确定后在经理办公室进行备案。

（8）价格标识。确保所有在货架上陈列的商品都有正确的价格标签。

2. 端头的陈列程序

（1）商品的选择。选择即将在端头陈列的商品,商品选择优先考虑广告商品、新商品、当季商品、高利润商品、高周转率商品、店内特价促销商品等。

（2）进行订货、库存核实。核实该商品现有的库存量是否足够进行端头陈列,并根据预估的商品销售进行订货,避免出现缺货情况。

（3）确定端头位置。确定陈列商品的具体端头的位置。

（4）制订端头计划。由部门主管制订端头计划表,经楼面经理审批,确定商品的陈列方式和相应的促销手段。不同时期的陈列计划要翻新变化,品种有变化,方式有变化,体现商品经营的理念,跟随潮流、季节、节假日的变化。让顾客每次光临都有新鲜感。

（5）到货核实。在陈列更改的前一日,确定是否所有的商品已经到货或有足够的库存。

（6）陈列实施。按端架计划表进行商品陈列的实施。

（7）价格标识。确保所有的端头陈列的商品都有正确的价格标签。

3. 堆头的陈列程序

（1）商品的选择。堆头陈列的商品优先选择广告快讯商品、季节性商品、主力销售商品、店内特价促销的商品、新商品等。

（2）进行订货、库存核实。核实该商品现有的库存数量是否足够陈列,并根据预估的商品销售进行订货。

（3）确定堆头位置。在超市规定的堆头区域,一般多选择在超市入口处、收银台前区域、专场主通道、生鲜区域等。属于新增加的临时堆头区域,必须由楼面经理或店经理批准。

（4）制订堆头计划。制订堆头计划表,由部门主管制订,楼面经理审批,确定商品的陈列方式和相应的促销手段。食品的堆头必须体现节假日的销售,如端午节销售粽子、中秋节销售月饼、春节销售糖果、新年饰物等,针对性、应季性较强的商品。

(5) 到货核实。在陈列更改的前一日,确定是否所有的商品已经到货或有足够的库存。

(6) 陈列实施。按堆头计划表进行商品陈列的实施。

(7) 价格标识。确保所有的堆头陈列的商品全部有正确的价格标签。

课后任务

商 品 陈 列

任务描述

商品陈列管理是连锁门店重要工作之一,对于商品角色的实现、商品销售和门店绩效都有着重要的作用。假设你所在的学校要开一家 100m² 的便利店,请根据实际情况制作一份商品配置表;绘制商品陈列表,选择正确的陈列方法,按照商品陈列表陈列商品。

任务分析

(1) 学习相关知识、精心组织,合理确定小组成员。

(2) 按照商品配置表制作流程对商品进行配置。

(3) 进行交流、讲解和评比。

任务操作

(1) 以团队小组方式实际操作,且每位成员都要参与。

(2) 组长应考虑小组成员特长并合理分配任务,团队成员既要分工,又要合作。

(3) 分小组对不同属性的商品进行陈列,并做陈列原则和方法介绍。

任务四　存货、补货和盘点管理

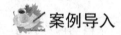 案例导入

谊品到家"激战"重庆

谊品到家在重庆的提货点已经超过 10 000 家。作为谊品生鲜旗下的社区团购业态,谊品到家是谊品生鲜创始人江建飞的一支"伏兵"。

江建飞曾用"汉堡模型"来比喻谊品消费生态圈:最底下一层面包是谊品生鲜的门店;中间一层肉是谊品到家自提点;最上面一层面包是入驻谊品平台的商户。

谊品到家设立在城市中央仓和提货点之间的中转站,主要承担商品的暂存、配送及售后工作。当订单密度到达一定数量,服务站功能进一步升级,将增加生鲜商品的打包工作。届时,谊品到家总部将生鲜商品整箱配送至服务站,由服务站进行打包并配送至提货点。

谊品到家总部对服务站采用承包式管理,总部每天给服务站按照每个提货点 13 元的费用支持。以每个服务站辐射 300 家提货点来计算,每个服务站每天可以得到总部 3 900 元的费用,一个月合计 11.7 万元。

在这 11.7 万元中,服务站要支付房租、设备折旧费、人员工资及驾驶员的提成。一名驾驶员每天可以配送 30～40 家提货点,核算下来,平均一个服务站要养 10 名驾驶员。"在给

予每日补贴的同时,总部也对服务站提出了相应的考核。例如到货率、履约时间等,只有达成考核,服务站才能得到相应的费用。"

因为有谊品生鲜的兄弟业态,谊品到家的先天优势在于：一方面可以与实体门店共享供应链;另一方面可以将谊品生鲜的实体店作为提货点。

谊品生鲜在重庆的门店数达到 300 家左右,从销售占比来看,谊品生鲜门店作为自提点贡献的销售额占谊品到家整体 GMV 的比例较少。这从另一方面说明,社区团购业态一旦走向正轨,将会逐步减少对其最初起家的实体店的依赖,这就好比兴盛优选与芙蓉兴盛一样。

(资料来源：https://zhuanlan.zhihu.com/p/349988877)

一、存货管理

当商品采购到位并经过严格验收之后,就可以上架入库。在库商品的管理是门店商品运营的保障,是节省空间、时间、流动资金的重要环节。各类存货由于理化属性不同理应分散储存,如百货杂品、一般食品、南北干货的储存和生鲜食品的冷藏等。但由于许多门店内仓空间有限,或集中储存,或不设内仓而将货架加高,将上层作为储存空间。一般而言,如果商品配送能力允许,门店最好是不设内仓而实施无仓库经营,但根据目前国内的配送状况,门店不设内仓将会发生严重缺货情况。因此连锁门店的存货管理是必不可少的环节。

(一)商品库存定位管理

库存商品要进行定位管理,其含义与商品配置图表的设计相似,即将不同的商品按分类、分区域管理的原则来存放,并用货架放置。仓库内至少要分为三个区域：第一,大量存储区,即以整箱或栈板方式储存;第二,小量存储区,即将拆零商品放置在陈列架上;第三,退货区,即将准备退换的商品放置在专门的货架上。

区位确定后应制作一张配置图,张贴在仓库入口处,以便存取。小量储存区应固定位置,整箱储存区则可弹性运用。若储存空间太小或属冷冻(藏)库,也可以不固定位置而弹性运用。

商品储存货架应设置存货卡,商品进出要注意先进先出的原则。也可采取色彩管理法,如每周或每月采用不同颜色的标签,以明显识别进货的日期。仓储存取货原则上应随到随存、随需随取,但考虑到效率与安全,有必要制订作业时间规定。商品进出库要做好登记工作,以便明确保管责任。但有些商品(如冷冻、冷藏商品)为讲究时效,也会采取卖场存货与库房存货合一的做法。

(二)商品储存注意事项

(1)储存商品不可直接接触地面。一是为了避免潮湿;二是由于生鲜食品有卫生规定;三是为了堆放整齐。

(2)要注意仓储区的温度和湿度,保持通风良好、干燥、不潮湿。

(3)仓库内要设有防水、防火、防盗等设施,以保证商品安全。

(4)仓库管理人员要与订货人员及时进行沟通,以便到货的存放。此外,还要适时提出存货不足的预警通知,以防缺货。

(5) 仓库要注意门禁管理，不得随便入内。

实例分享

家家悦超市库区功能分明

家家悦超市拥有直营连锁门店760多家，网络拓展到山东省内威海、烟台、济南、青岛、潍坊、莱芜、临沂、枣庄、淄博等地的40多个市县及河北、安徽、内蒙古、江苏，是山东省快速消费品领域连锁零售的龙头企业。

家家悦仓库功能区划分根据实际业务场景区别，统配业务与越库业务库区相剥离，做到收货、上架、出货、退货、越库各个功能区域的联系与独立。

具体划分为收货暂存区、上架中转区、地堆区、货架区、拣货暂存区、门店暂存区、集货区、越库收货暂存区、越库收货存储区、越库分播中转区、越库分播区、越库集货存储区、门店退货暂存区及供应商退货区。

（资料来源：https://www.sohu.com/a/399888407_610732）

（三）存货作业的重点

进货是连锁企业从编制进货计划开始，经过供应商的选择到确定供应商、进行合同的签订和执行，至商品到货、验收入库的完整业务经营过程。门店的进货就是依据订货计划向总部、配送中心或总部指定的厂商及自行采购单位进行点叫货物的活动。商品存货是流通的停滞和资金的占用，但又是必不可少的环节。市场变化莫测，生产又需要一定的周期，为使企业不致出现缺货现象离不开商品存货。由于库存要占用资金和场地，会使连锁门店成本费用增加，因此，科学的存货管理十分必要。

1. 存货数量管理

存货数量与商品流转相适应，是最佳效益点。存货量过大，会造成商品积压，占用大量资金；存货量过小，会造成商品不足，市场脱销，影响销售额。商品存货数量管理一般采用保险存量管理，保险存量是商品存量的下限，低于此限，将会引起缺货。但若高于保险存量，势必导致积压，资金被占用，库房重地也被占用，这也是不利于门店运营的。

2. 存货结构管理

无论是仓库空间还是资金，都是有限的。要使这些有限的空间和资金取得更大的效益，加强商品库存结构管理是非常必要的。商品库存结构管理的最常用方法是 ABC 管理法。

3. 存货时间管理

加快商品周转等于加快资金周转，自然会提高商业效率，这是超市获得利润的关键，所以应加强存货的时间管理。

（四）存货管理的目的

（1）配合进货、采购业务。提供进货、采购有关现存货品信息，顾客到门店购买商品，如果遇到缺货，其不满意是理所当然的。门店经营者必须对缺货原因做出正确的分析，为门店正确地进行商品进货和采购提供准确的信息。

（2）配合门店销售业务。为迅速配货、补货及促销决策提供相关信息，存货管理决策与商品销售速度有很大的关联性，尤其是不同种类的商品，其平均销售速度也有所差异。考虑商品平均销售速度与存货数量的关系后，可以将商品分为畅销品、正销品与滞销品三种。畅销品比较容易发生缺货现象，如果门店能够很快购进畅销品，并迅速补充货品，就可以极快地获取利润，并可以弥补滞销品资金积累的损失，提高营运资金的运用效率。而滞销品也应尽快查出来，并检查滞销原因。

无论是何种原因，在查验滞销品滞销原因后，应利用削价或促销活动来出清存货，取得现金流转，并腾出空间，进而可以补充其他商品、调整门店商品结构以满足消费者的需求。

所以无论门店规模大小，最重要的是应有适当的存货以满足顾客的需要，而同时避免商品太多，导致必须减价或留待下个月销售。

（五）存货作业管理

存货管理包括库存管理、盘点作业和坏品处理三个环节。

1. 库存管理

1）相关概念

商品库存是指门店一定时点上停留在流通领域的全部销售商品的总数量和总金额。

库存管理是指对附属于门店的商品储藏空间的管理，包括暂存区、货品内仓的管理。

实际库存是指商品现在实际存在的库存数量和金额。

系统库存是指计算机系统中记录的商品的库存数量和金额。

库存区是指用来存放商品库存的非销售区域，货品顶部以上的空间，周转仓、内仓等地方都是库存区。

库存周转是指商品库存与销售相比较全面体现周转次数的数据。

2）库存管理的重要性

目前部分连锁门店根据需要设立内仓，也有一部分门店没有设立，而直接把货架上层作为储存空间，还有一部分门店采用内仓加卖场作为库存区域，因此存区位较多。商品的销售情况及订货的不停变化、商品结构的不断变化引起商品进出的调整、促销品数量的变化等，决定了门店库存的特点是动态库存。库存维护在门店管理中是至关重要的，可以说是处于"牵一发而动全身"的位置，如果计算机系统中的库存数据不能与实际的库存数据一致，则会对几乎所有的运营环节产生连锁影响，甚至对计算机系统的准确性、预测性、分析性、预警性等功能产生重要的影响，使运营部门在商品订货、补货、销售、存货周转、顾客服务、盘点等环节都能做到有效控制。因此库存管理是门店经营管理的重要控制点。

3）库存管理工作

（1）系统库存的维护。其原则就是系统中的库存数据必须与实际商品的库存数据一致。

影响系统库存的原因：收货部门收点数量、品项错误；退货组未能及时扣除退货商品；商品被盗窃或被损坏而未被发现或发现后未执行商品库存调整程序；销售部门在盘点时点数错误；条形码错误导致商品库存错误；收银人员在结账时，在多个同类商品过机时发生扫描、使用数量键错误等。

异常库存的处理：相关部门对于商品库存异常情况必须进行处理，以解决由此而暴露的运营失误问题。对系统中的异常库存报告、盘点的异常库存报告必须及时进行处理，对于一时不能发现原因的重大库存差异，必须上报到防损部门进行查证。库存更正程序如图3-9所示。

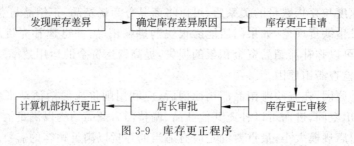

图3-9　库存更正程序

（2）周转库存的控制。库存控制的指标包括单品库存金额、库存周转，部门库存金额、库存周转，整个库存金额以及年库存周转。库存控制的措施：商品订货的控制，特别是要对不能退货的商品加强控制；要做好节假日销售的预算，特别是特价商品和节日商品，以避免存货量过大；要减少积压库存和滞销商品的库存；改变商品的陈列；对商品进行促销；加强对季节性商品的过季处理；对新商品采取谨慎订货的方式。

（3）高库存异常的原因。系统的库存数据不准确，导致订货不准确而造成库存数量过大；销售部门人员对实物库存管理不当，未找到库存，造成重复订货；商品促销的预计数量与实际销售量相差较远，导致商品库存数量过大；季节性商品过季后滞销；商品的陈列空间与商品的周转不成比例，导致商品库存数量过大；商品的最小订货数量与商品的周转不成比例，导致商品库存数量过大；商品的陈列存在缺陷，导致商品库存数量过大。

（4）单品库存过大的控制。将所有库存过大的商品列出清单；对库存过大的原因进行分析；采取降低库存的措施，如退货、降价、改变陈列位置等。

4）库存管理应注意的事项

（1）库存商品要进行定位管理，其含义与商品配置图表的设计相似，即将不同的商品按照分类、分区管理的原则来存放，并用货架放置。仓库内至少要分为三个区域：第一，大量存储区，即以整箱方式储存；第二，小量存储区，即将拆零商品放置在陈列架上；第三，退货区，即将准备退换的商品放置在专门的货架上。

（2）区位确定后应制作一张配置图，贴在仓库入口处，以便于存取。小量储存区应尽量固定位置，整箱储存区则可弹性运用。若储存空间太小或属冷冻（藏）库，也可以不固定位置而弹性运用。

（3）储存商品不可直接与地面接触。一是为了避免潮湿；二是为了遵守生鲜食品保存规定；三是为了堆放整齐。

（4）要注意仓储区的温湿度，保持通风良好、干燥、不潮湿。

（5）仓库内要设有防水、防火、防盗等设施，以保证商品安全。

（6）商品储存货架应设置存货卡，商品进出要注意先进先出的原则。也可采取色彩管理法，如每周或每月使用不同颜色的标签，以明显识别进货的日期。

（7）仓库管理人员要与订货人员及时进行沟通，以便安排到货的存放。此外，还要适时提出存货不足的预警通知，以防缺货。

（8）仓储存取货原则上应随到随存、随需随取，但考虑到效率与安全，有必要制定有关作业时间的规定。

（9）商品进出库要做好登记工作，以便明确保管责任。但有些商品（如冷冻、冷藏商品）为讲究时效，也采取卖场存货与库房存货合一的做法。

（10）仓库要注意门禁管理，不得随便入内。

5）存货报警

存货管理可设置两种库存报警模式：库存上下限报警和安全库存报警。

（1）库存上下限报警。设置仓库中各种商品的库存下限和库存上限等库存指标，当库存小于或大于库存预设的上下限时，经过盘点提示库存状况，向有关人员报警。

（2）安全库存报警。对库存低于安全库存量的商品，进行库存报警。报警条件为现有库存＜日均销量×（到货周期＋N 天）。

6）商品报损与领用

（1）商品报损。库存商品会因为包装问题或其他原因损坏，需要申请报损。报损单经审核后，方可确认商品报损出库。报损程序一般为选择报损商品所属仓库→选择报损商品→记录报损商品数量。

（2）商品领用。因内部需要领用商品时，需填写领用单，经审核后方可领用出库。

2. 盘点作业

通过盘点作业可以计算出门店真实的存货、费用率、毛利率、货损率等经营指标，因此可以说，盘点结果是门店经营绩效的成绩单。

3. 坏品处理

虽然门店可能已经严格按照连锁企业总部的规定正确地订货、搬运、收货和库存周转，但是仍然可能由于各种原因使门店出现坏品。坏品是指门店销售或储存过程中发生的过期商品、包装破损不能再销售的商品，或者因门店停电、水灾、火灾、保管不善造成的瑕疵品。无论何种原因导致商品坏损，都会给门店带来巨大的损失，因此，对于坏品要妥善处理。

1）坏品处理作业

坏品处理一般是指发现过期商品时，经营业现场店长确认后，向总部申请换货，总部根据情况找供应商换货或者会同销毁并做好记录。

2）坏品处理应注意的事项

（1）门店店长应查清坏品发生的原因，以明确责任归属，并尽快做出处理。

（2）坏品必须详细登记，以方便账务处理和门店管理分析。

（3）若经确认，发生坏品的责任在门店，如商品保存不当、订货过多、验货错误等，那么门店需做出反省，并通报各部门，避免此类事件再度发生。

（4）不能退换货的坏品不可任意丢弃，必须做好记录、集中保管，待会同验收人员确认后共同处理。

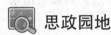 思政园地

超市人的心里话

无论风里、雨里还是雪里，一直以来，我们都坚守在岗位上，不离不弃，亲爱的朋友，我们想说说超市人的心里话。

为了让顾客每天早上能买到新鲜水果、蔬菜……我们已经在凌晨四五点,有时甚至是通宵在做准备。

因为上班时间不固定,多数时候无法照顾到家庭,我们的家人也经常向我们抱怨。

如果您去购物,遇见称重、结账排队请不要着急对我们抱怨。因为我们也很着急,从早忙到晚,其实我们真的很不容易,希望能多一分理解、多一分宽容。

您的每一个随口一问,都让我们绷紧神经,您只是随口,而我们每一次都很认真。

您不知道,您的一个不经意的疑问都会牵动我们整个神经,我们所做的一切只为给您最好的服务!超市员工平均每天面对的是三五十人甚至上百人,真的无法做到一对一服务。

您也许不知道,我们每次回答背后所做出的努力……只因为我们和您不只是顾客的关系,而是把您当成我们的朋友,在全力以赴去做我们能做得到的事,因为我们相信,没有最好,只有更好!您的理解、您的支持是我们最大的动力。

真的,做超市可讲究了,会陈列、会理货、会管理、会仓储、会计算机、会服务、会销售、会算账、会品茶、会喝酒……

有时想一想:货一进一出,一天过去了!货一进,不出,一天又过去了!

您知道最痛苦的事情是什么吗?那就是——没生意……

亲爱的顾客,我们不是在这儿抱怨和诉苦,其实,不管多难、多艰辛,我们依然还在努力拼搏,尽心为您服务,我们只想用我们的真心去换来您的真意,因为我们相信,我们的付出一定会换来您真诚的笑容……

(资料来源:https://k.sina.com.cn/article_2652921813_9e205fd501900mcpg.html)

二、补货工作流程

微课:退换货作业管理

或许常常会在一个连锁店中遇到这样的情形:早上想购买一盒某品牌的鲜奶,可是保鲜冷柜的架子上已经空空荡荡,甚至已摆上了另一替代品牌,因此你放弃了购买,同时也因为牛奶的缺货影响了你购买面包、口香糖以及当天的购物计划。若要保持门店的销售稳定,必须首先维持顾客的忠诚度,根据研究,缺货率也是导致顾客对门店忠诚率低的重要原因之一。调查数据显示,缺货率是国内很多本土零售企业普遍面临的瓶颈问题之一。消费者经常采购的商品往往缺货最为严重,周转越快的商品缺货率越高,周转最快的商品占缺货比更高。因此科学、合理的补货流程直接关系着门店的业绩。

(一)补货方式

普通商品的补货包括计算机补货和手工补货两种形式;生鲜熟食等直接上柜商品由采购部生成长期订单,门店直接向供应商补货。

1. 计算机补货

计算机补货是指在计算机系统中,先对门店的商品销售、库存量设置一定条件,在条件满足时,采购部计算机系统自动输出该门店的商品订单,经采购确认后传真给供应商,满足门店的补货需求。实行计算机补货,计算机系统中所需的一些参数、条件待定。

2. 手工补货

手工补货是指门店根据商品的销售、库存等实际情况,由柜组人员在计算机系统中输入补货申请,经所在区域主管、采购审批后,向供应商发出订单,满足门店的补货需求。通常情况下,补货周期为7天。补货周期前两天,柜组人员对畅销商品、最新一期的堆垛商品和特价商品的销售和库存量做重点统计,优先安排这些商品的补货工作。补货周期前一天,柜组人员通过计算机系统检查商品的销售与库存情况,对库存量小于上期存货量一半的商品安排补货,建议补货量为该商品前三期平均每期的销售量。特价商品、堆垛商品的补货量,按销售周期与预计的销售量确定,以免造成库存积压或缺货现象。季节性商品必须每天检查销售量,根据销售情况及走势确定补货量。手工补货数量与计算机补货数量有冲突时,以手工补货数量为准。

3. 长期订单补货

长期订单商品由公司采购部确定,门店根据采购部生成的长期订单,可直接通过电话或传真的方式向供应商订购长期订单上的商品。长期订单商品主要指生鲜熟食、冷冻商品、保鲜食品等其他直接上柜商品。

(二)门店补货流程

(1)卖场营业员填写手工补货单,由区域主管/部门经理签批生效后,传至业务部补货组。

(2)补货组结合计算机缺货、卖场手工补货单,根据采购原则生成一式两联的计算机补货单,经业务员和采购经理签字后生效。非正常购销、购销现款、少销7天及购销15天结的订货单应交营运部审核签名确认,报总经理签字后方可生效;如有异议,需加注意见,于当班上交补货组。

(3)补货组通过订货系统将订货单传给供应商,并跟踪确认送货情况。

(4)补货组将计算机订货单的其中一联传给商场仓储验收部,补货组自留一联。

(5)卖场申请的补货在5天内未到货的,补货组需向卖场说明情况。

实例分享

某超市补货注意事项

超市员工应全天保证商品陈列的丰满,不缺货、少货。补货后,及时清理垃圾,并且注意以下几点。

(1)必须做到及时补货,不得出现有库存情况下空货架的现象。

(2)补货期间,不能影响通道;不补货时,通道上不能堆放商品。

(3)补完货要把板车送回,随时清理废纸箱,保持通道畅通。

(资料来源: https://www.sohu.com/a/226056082_593309)

微课：理货工作职责　　　　　微课：理货员职业道德

三、商品盘点管理

（一）连锁门店商品盘点的意义

所谓盘点，就是定期或不定期地对店内的商品进行全部或部分清点，以切实掌握商品的实际数量、状况及储位信息，并因此加以改善、加强管理。盘点工作的实质就是核查门店内商品的实际数量与账面记录数量是否一致，也是一种证实某一期间内储存商品的结存数量是否无误的方法。对部分商品进行盘点，称为周期盘点；每年一次对整个门店的商品进行盘点，称为年度盘点。连锁门店通过盘点作业可以计算出店铺真实的存货、费用率、毛利率、货损率等经营指标。因此，盘点的结果可以说是一份店铺经营绩效的成绩单。盘点作业内容包括查数量、查质量和查保管条件。

1. 盘点目的

盘点是衡量门店营运业绩的重要指标，也是对一个年度营运管理的综合考核和回顾。门店将通过盘点了解店面在一定阶段的盈亏状况、存/缺货状况、商品周转率，发掘并清除滞销品临近过期商品等，因此发现问题、改善管理、降低损耗是盘点的工作目标。盘点目的主要是了解门店在盘点周期内的盈亏状况；了解目前商品的存放位置、缺货状况；了解商店的存货水平、积压商品的状况及商品的周转状况；掌握目前超市最准确的库存金额，确保所有商品的计算机库存数据正确；发掘并清除滞销品、临近过期商品；整理环境、清除死角；根据盘点情况，得知损耗较大的营运部门、商品大组以及个别单品，以便在下一个营运年度加强管理，控制损耗；防微杜渐，同时遏制不轨行为。

2. 盘点原则

（1）售价盘点原则。

售价盘点原则是指以商品的零售价作为盘点的基础，库存商品以零售价金额控制，通过盘点确定一定时期内的商品溢损和零售差错。

（2）即时盘点原则。

即时盘点原则是在营业中随时进行盘点，"停止营业"以及"月末盘点"并不一定是正确的盘点，超市（尤其是便利商店）可以在"营业中盘点"，且任何时候都可以进行。

（3）自动盘点原则。

自动盘点原则是利用现代化技术手段来辅助盘点作业，如利用掌上型终端机可一次性完成订货与盘点作业，也可利用收银机和扫描器来完成盘点作业。

3. 盘点方法

1) 账面盘点法

账面盘点法是指将每一种商品分别设立"存货账卡",然后将每一种商品的出入库数量及有关信息记录在账面上,逐笔汇总出账面库存结余量。

2) 现货盘点法

现货盘点法是指对库存商品进行实物盘点方法。按盘点时间频率的不同,现货盘点法又分为期末盘点法、定期盘点法、循环盘点法、临时盘点法等。

(1) 期末盘点法。期末盘点法是指在会计计算期末统一清点所有商品数量的方法。由于期末盘点是将所有商品一次点完,因此工作量大、要求严格、通常采取分区、分组的方式进行。分区即将整个储存区域划分成一个一个的责任区,不同的责任区由专门的小组负责点数、复核和监督,因此,一个小组通常至少需要本人分别负责清点数量并填写盘存单,复查数量并登记复查结果,第三人核对前两次盘点数量是否一致,对不一致的结果进行检查,在所有盘点结束后,再与计算机或账册上反映的账面数进行核对。

(2) 定期盘点法。定期盘点法又称闭库式盘点法,即将仓库其他活动停止一定时间,对存货实施盘点。一般采用与会计审核相同的时间跨度。

(3) 循环盘点法。循环盘点法是指在每天、每周销售一部分商品,一个循环周期将每种商品至少清点一次的方法。循环盘点通常对价值高或重要的商品检查的次数多,而且监督也严密一些,而对价值低或不太重要的商品盘点的次数可以尽量减少。循环盘点一次只对少量商品盘点,所以通常只需保管人员自行对照库存数据进行点数检查,发现问题按盘点程序进行复核,并查明原因,然后调整,也可以采用专门的循环盘点单登记盘点情况。

(4) 临时盘点法。临时盘点法是指出于特定目的对特定商品或区域进行的盘点。要得到最正确的库存情况并确保盘点无误,可以采用账面盘点与现货盘点等方法,以理清误差出现的实际原因。

(二) 连锁门店盘点作业流程

连锁门店的盘点工作主要包括四个作业流程:一是做好盘点基础工作;二是做好盘点前准备工作;三是盘点中作业;四是盘点后处理。

1. 盘点基础工作

盘点基础工作包括盘点方法、账务处理、盘点组织、盘点配置图和奖惩规定。

1) 盘点方法

盘点方法可从以下四个方面来划分:①以账或物来区别,可分为账面存货盘点和实际存货盘点。前者是指根据数据资料,计算出商品存货的方法;后者是针对未销售的库存商品,进行实地的清点统计,清点时只记录零售价即可。②以盘点区域来区别,可分为全面盘点和分区盘点。前者是指在规定的时间内,对店内所有存货进行盘点;后者是指将店内商品以类别区分,每次依顺序盘点一定区域。③以盘点时间来区别,可分为营业中盘点、营业前(后)盘点和停业盘点。营业中盘点就是前面所说的"即时盘点",营业与盘点同时进行;营业前(后)盘点是指开门营业之前或打烊之后进行盘点;停业盘点是指在正常的营业时间内停业一段时间来盘点。④以盘点周期来区别,可分为定期盘点和不定期盘点。定期盘点是指每次盘点间隔时间相同,包括年、季、月度盘点、每日盘点、交接班盘点;不定期盘点是指每次盘点间隔时间不一致,是在调整价格、改变销售方式、人员调动、意外事故、清理仓库等情况下临时进行的盘点。

2)账务处理

超市与便利商店由于商品种类繁多,各类商品的实际成本计算有一定困难,所以一般采用零售价法来进行账面盘点。其计算公式为

账面金额＝上期库存零售额＋本期进货零售额－本期销售金额＋变价调整金额

3)盘点组织

盘点工作一般都由门店自行负责,总部予以指导和监督。但随着连锁规模的扩大,盘点工作也需要专业化,即由专职的盘点小组来进行盘点。盘点小组的人数依营业面积的大小来确定,一般来说,500 m^2 左右的超市,盘点小组至少要有 6 人,作业时可分 3 组同时进行。盘点小组均于营业中进行盘点,确立了盘点组织之后,还必须规划好当年度的盘点日程,以便事前准备。

4)盘点配置图

店铺开业前所设计的卖场商品配置图和仓库存货配置图可作为盘点用图。但在盘点时还应另外制作一张配置图,应包括卖场的设施(冷冻冷藏柜、货架、大陈列区等)、后场的仓库区、冷冻冷藏库等,凡商品储存或陈列之处均要标明位置,以便分区负责实施盘点作业。

5)奖惩规定

商品盘点的结果一般都是盘损,即实际值小于账面值。但只要盘损在合理范围内应视为正常。商品盘损的多寡,可表现出店内从业人员的管理水平及责任感,所以有必要对表现优异者予以奖励,对表现较差者予以处罚。

2. 盘点前准备工作

盘点前除应把握由公司总部确立的盘点基础工作规范外,还必须做好盘点前的准备工作,以便盘点作业顺利进行。盘点前准备工作包括以下几项。

1)准备

由于盘点作业需动用大批人力,通常盘点当日应停止任何休假,并于一周前安排好出勤计划。

2)环境整理

一般应在盘点前一日做好环境整理工作,包括检查各个区位的商品陈列及仓库存货的位置和编号是否与盘点配置图一致;整理货架上的商品;清除不良品,并装箱标示和做账面记录;清除卖场及作业场死角;将各项设备、备品及工具存放整齐。

3)准备好盘点工具

若使用盘点机盘点,需先检查盘点机是否可正常操作;如采用人员填写方式,则需准备盘点表及红、蓝色圆珠笔(为区别初盘、复盘及抽盘)。

4)告知顾客

盘点若在营业中进行,可通过广播告知顾客;若停业盘点,则最好在 3 天前以广播或公告方式通知顾客。

5)盘点前指导

盘点前一天最好对盘点人员进行必要的指导,如盘点要求、盘点常犯错误及异常情况的处理办法等。

6）盘点工作分派

一般的原则是现场商品管理人员不宜自行盘点，但由于品项繁多、差异性大，不熟识商品的人员进行盘点难免会出现差错，所以在初盘时，最好还是由管理该类商品的从业人员来实施盘点，然后再由后勤人员、部门主管进行交叉复盘及抽盘工作。

7）单据整理

为了尽快获得盘点结果（盘损或盘盈），盘点前应整理好以下单据：进货单据、进货退回单据、变价单据、销货单据、报废品单据、赠品单据、移库商品单据、前期盘点单据等。

商品盘点表见表 3-3，商品盘点分析表见表 3-4，商品盘点盈亏调整表见表 3-5。

表 3-3　商品盘点表　　　　　　　　　　　　　　　表单编号：

编号	商品条码	商品名称	规格型号	存放位置	盘点数量	复查数量	盘点人	复查人
1								
2								
3								
4								
5								

表 3-4　商品盘点分析表　　　　　　　　　　　　　　表单编号：

编号	商品条码	商品名称	规格	单位	上期盘点			本期出库			本期入库			本期盘点			超过最高库存量	低于安全库存量	缺货次数
					数量	单价	金额	数量	单价	金额	数量	单价	金额	数量	单价	金额			
1																			
2																			
3																			
4																			
5																			
6																			
7																			
8																			

表 3-5　商品盘点盈亏调整表　　　　　　　　　　　　表单编号：

编号	商品条码	商品名称	单位	账面数量	实存数量	单价	盘盈		盘亏		备注
							数量	金额	数量	金额	
1											
2											
3											
4											
5											
6											
7											
8											

3. 盘点中作业

盘点中作业可分为初点作业、复点作业和抽点作业。

(1) 初点作业。应注意先点库(冷冻库、冷藏库)，后点卖场；若在营业中盘点，卖场内先盘点购买频率较低且售价较低的商品；盘点货架或冷冻、冷藏柜时，要依序由左而右、由上而下进行盘点；每一台货架或冷冻、冷藏柜都应视为一个独立的盘点单元，使用单独的盘点表，按盘点配置图进行统计整理；最好两人一组进行盘点，一人点，一人记；盘点单上的数据应填写清楚，以免混淆；不同特性商品的盘点应注意计量单位的不同；盘点时应顺便观察商品的有效期，过期商品应随即取下，并做记录；若在营业中盘点，应注意不可高声谈论及阻碍顾客通行；店长要掌握盘点进度；做好收银机处理工作。

(2) 复点作业。应注意复点可在初点进行一段时间后再进行，复点人员应手持初点的盘点表，依序检查，把差异填入差异栏；复点人员需用红色圆珠笔填表；复点时应再次核对盘点配置图是否与现场实际情况一致。

(3) 抽点作业。应注意抽点办法可参照复点办法；抽点的商品可选择卖场内死角，或不易清点的商品，或单价高、金额大的商品，对初点与复点差异较大的商品要到实地确认。

4. 盘点后处理

盘点后处理工作主要有以下几点。

(1) 资料整理。将盘点表全部收回，检查是否有签名，并加以汇总。

(2) 计算盘点结果。在营业中盘点应考虑盘点中所出售的商品金额。

(3) 根据盘点结果实施奖惩措施。

(4) 根据盘点结果找出问题点，并提出改善对策。

(5) 做好盘点的财务会计账务处理工作。

(6) 其他盘点。盘点工作除盘点商品之外，还包括以下几项。

① 用品(备品)盘点。在进行商品盘点时，可顺便对保鲜膜、标签纸、购物袋、饮料用纸杯等用品进行盘点。

② 设备盘点。对设备应建立财产卡来进行管理，每半年实地盘点一次，以了解各项设备的使用状况。

③ 人员盘点。要根据标准的人员编制表及绩效考核表，每季对人力资源使用情况进行一次清点。

④ 现金盘点。门店的现金应由出纳人员每天盘点一次，店长或会计主管每周至少抽查一次。

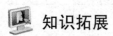 **知识拓展**

某门店仓库盘点流程及规范

门店仓库盘点流程及规范见表 3-6。

表 3-6 门店仓库盘点流程及规范

步骤	操作规范/标准	责任部门/岗位	工具表单
盘点前准备	① 明确建立盘点的程序和具体方法； ② 配合财务会计做好准备； ③ 准备盘点使用的基本工具和表单； ④ 盘点计划的制订，盘点人员的准备； ⑤ 结算库存资料 ◆ 工作重点：商品出入库资料的结算；盘点人员的到位	商品部（配送部门）、财务部	
培训盘点人员	① 对盘点的方法、盘点作业流程和要求进行培训； ② 盘点人员需熟练掌握盘点的基本要领，工具表单填写； ③ 部门管理人员作为盘点监督人员，要熟悉盘点现场和盘点工作 ◆ 工作重点：培训盘点人员，保证其掌握盘点要领和工具表单的填写	商品部（配送中心）	
清理库存区	盘点工作开始前，要对库存区及库存商品进行清理，包含以下主要工作： ① 对尚未办理入库手续的商品，应予以标明，不在盘点之列； ② 对已经办理出库手续的商品，要提前通知有关部门或人员，运到相应的配送区域； ③ 账卡、单据、资料均应整理后统一结清； ④ 整理商品堆垛、货架等，使其整齐有序，以便清点计数； ⑤ 通知各需求部门预领所需物品，盘点开始后，不能取用库存区商品 ◆ 工作重点：界定清晰盘点的商品，对未入库或已出库的商品不能计入盘点数据	商品部（配送中心）	
盘点作业	① 进行盘点工作； ② 由于盘点工作比较单调，要注意加强对盘点人员的监督与领导，活跃工作气氛，注意劳逸结合； ③ 盘点人员工作要仔细认真，防止出现差错 ◆ 工作重点：盘点人员工作要仔细认真，监督人员加强监督	商品部（配送中心）	
盘点盈亏处理	① 盘点结束后，依据商品盘点表进行盘点盈亏分析； ② 查找盘点盈亏的原因，对商品盘点盈亏进行调整，使账面数和实物数一致 ◆ 工作重点：通过盈亏分析及调整，保证商品账面数和实物数一致	商品部（配送中心）、财务部	商品盘点分析表、商品盘点盈亏调整表

 课后任务

超市补货作业

任务描述

补货工作作为超市日常工作的一部分，是很基础的，同时也是非常重要的，它不仅影响门店的经营业绩，同样会影响门店的陈列形象，影响门店现金流，对供应商管理也会产生深远的影响。

大型的连锁企业基本实现系统自动补货，依靠系统数据及时准确地进行补货，而众多的中小型企业则是大多依靠手工进行补货作业,相对于自动补货来讲,手工补货存在不少弊端。请利用实践的机会了解并总结手工补货过程中存在哪些问题。

任务分析

1. 手工补货几个常见问题提示

(1) 手工补货作业的主体是理货员或促销员,主管只是程序性地按照单子补货。

(2) 员工通常只是依照货架商品陈列量的变化为依据,进行简单的补货,随机性强。

(3) 员工会忽略仓库商品的存量,造成库存不准确,管理者缺乏日常检查时更严重。

(4) 员工不关注供应商的配送周期,补货时间充满随意性。

(5) 因为供应商货源问题,个别单品在员工连续补过2~3次依然没到货的情况下,产生补货源头的单品丢失。

(6) 员工将补货单报分管主管后,主管没有做到细致核查补货商品的准确性(补货准确率抽查)。

(7) 当员工、主管因为自身原因造成补货工作过失后,店长没有实施及时有效的奖罚制度。

2. 正确手工补货需要注意的要点

(1) 掌握单品补货管理的要点:每个类别20个商品作为补货管理的重中之重。员工需要熟练掌握分管区域或类别20个商品的品种,了解具体的商品陈列面积和商品在架量、仓库量。

(2) 清楚固定的商品补货提报时间和相对稳定的供应商商品配送周期。

(3) 清楚掌握商品上一个配送周期的日均商品销量。

(4) 维护相对稳定的货架区间商品陈列,不随意进行排面的压缩和扩展。

(5) 准确的门店商品库存管理系统(财务库存数量必须准确)。

(6) 会通过计算基本的商品最低库存和最高库存,确定正确的商品补货数量(需要特别重视敏感单品和20个商品)。

(7) 组织员工重点学习商品补货量的计算。

(8) 员工提报补货明细后,管理者要复核补货的准确度(抽查)。

(9) 落实严格的补货奖罚管理制度。

任务操作

所有的经营都源自商品,商品是一切业绩的源头,只有高度重视门店的商品基础管理,业绩才会提升,让我们从门店最基础的商品补货管理开始,踏实做好门店的基础工作。

再总结并补充手工补货中的问题及解决办法:_____

_____

_____。

(资料来源:微信公众号. 中国零售网. 2015年09月11日)

 课后练习

一、单项选择题

1. 零售商与供应商签订购货合同,意味着双方形成了交易的法律关系,应承担各自的责任和义务,购货合同是双方合作后续工作的(   )。

A. 结算方式　　　B. 供货价格　　　C. 约定　　　D. 准绳和依据
2. 肉食品一般在超市（　　）摆放。
A. 岛式　　　B. 悬挂　　　C. 整齐　　　D. 沿墙 U 形
3. 消费者在超市购买日用品时，首先考虑的是（　　）因素。
A. 质量　　　B. 品牌　　　C. 包装　　　D. 功能
4. 一般情况下，洗护产品购物者购买决策树为（　　）。
A. 包装、品牌、价格、功能　　　B. 价格、品牌、功能、包装
C. 功能、品牌、价格、包装　　　D. 品牌、功能、价格、包装
5. 顾客退货后，现金结算的顾客退款如何退还给顾客？（　　）
A. 信用卡　　　B. 借记卡　　　C. 现金　　　D. 支付宝

二、多项选择题
1. 连锁超市的采购渠道主要有（　　）。
A. 自有品牌供应商　　　B. 企业原有供应商
C. 新供应商　　　D. 竞争对手的供应商
2. 零售商选择供应商时应该掌握的基本原则是（　　）。
A. 过硬的商品质量　　　B. 齐全的企业资料
C. 更低的价格　　　D. 合理的交易条件
3. 商品配置表的管理功能有（　　）。
A. 有效控制商品品项　　　B. 商品定位管理
C. 商品陈列的排面管理　　　D. 畅销商品保护管理
4. 新开店商品配置表的制作程序包括（　　）。
A. 商圈与消费者调查　　　B. 商品经营类别的确定
C. 单品项商品的决定　　　D. 确定大分类、中分类、小分类
5. 理货员职业道德意识包括（　　）。
A. 顾客意识　　　B. 形象意识　　　C. 品质意识　　　D. 成本意识

三、判断题
1. 商品组织表即超市所经营全部商品的目录，是超市采购商品的指导性文件。（　　）
2. 商品配置表是把商品的排面在货架上做出一个最有效的合理分配，并以画面表格规划出来。（　　）
3. 同类商品横向陈列，便于消费者比较选择。（　　）
4. 依陈列的高度可以将货架简单地分为三段，中段为手最容易拿到的高度，即黄金陈列段。（　　）
5. 理货员品质修养包括认同、自制、宽容、平衡。（　　）

四、案例分析题
近日，张女士在桂林市中山路一家超市购买了一些商品，到收银台付款时，收款小票显示的某品牌 500mL 洗发水价格为 14 元，而洗发水的标签价格却是 11.7 元，相差 2.3 元。她立即向收银员提出质疑，当班经理得知后解释：这种洗发水价格确实是 14 元，11.7 元是上周的促销价，今天停止促销，标签还未更换，请原谅。如此一说，张女士便按 14 元付了款。

3天后,张女士再次到这家超市购物,她意外发现那种洗发水的价签上仍是11.7元。她问理货员:这洗发水一直是这个价格?没搞过促销价?理货员回答:这种洗发水才销售20多天,价格一直是每袋11.7元,没有搞过促销。对此,张女士认为超市的做法属于欺诈,向市消协投诉,要求加倍赔偿。消协在调查时,超市总经理解释,超市的计价系统没有问题,确实是促销活动忘了换回原价格标签,说没有搞过促销价的理货员刚来不久,不了解情况。他表示今后要加强管理,防止标签价格和收银电子系统价格不一致的情况发生。同时对张女士表示歉意,退还多收的2.3元,并赠送两袋洗发水作为补偿。虽然张女士接受了调解,但她仍认为超市有欺诈之嫌。

根据案例内容及相关课程的学习回答下列问题。

1. 洗发水属于(　　)。
   A. 熟食课　　　B. 服务课　　　C. 清洁用品课
2. 理货员上货时应将商品的(　　)向外。
   A. 反面　　　B. 条形码　　　C. 品名标签(商品的中文品名)
3. 商品保管的原则是(　　)。
   A. 及时、准确、经济　　　B. 方便、准确、经济
   C. 方便、准确、经济、安全
4. 商品验收必须依据(　　)。
   A. 商品编码　　B. 商品货号　　C. 商品条码
5. 该超市的失误在哪里?(　　)
   A. 超市总经理对新来员工的岗前培训工作不到位,导致新员工不完全具备独自上岗能力
   B. 商品计价、标价管理不规范或者是执行不规范
   C. 理货员在不完全了解事情真相的情况下回答顾客的问题过于主观,导致顾客不满,不符合理货员职业道德和职业规范

五、讨论题

农超对接采购模式为"超市+基地"的供应链模式,超市直接与鲜活农产品产地的农业专业合作社对接。例如,华润万家农超对接基地的农业合作社为深圳永桦农产品有限公司。目前,华润万家在全国的农产品基地数量达60个,基地分布在16个省的210个市县,基地占地面积大约6万多亩,总计品种100个,产品涉及蔬菜、水果、禽蛋、肉类等各种城市生活必需的鲜活农产品,总销售3.5亿元,促进了约9万农户持续稳定增收15%。

讨论与思考:

(1) 为什么华润万家选择农超对接采购模式?
(2) 这种采购模式有哪些优点?
(3) 这种采购模式需要注意什么?

扫描页边二维码查看解答要点。

解答要点

项目四

门店客户管理

 知识体系

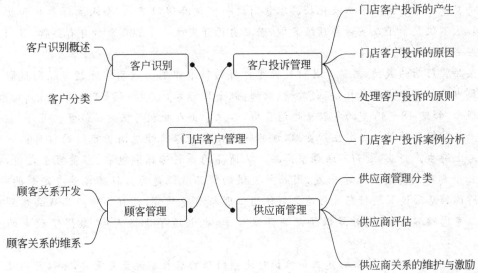

 知识目标

(1) 了解在日常经营过程中,如何识别合适的门店客户。
(2) 会用开发顾客的技巧,提升顾客服务水平。
(3) 熟悉对不同类型客户投诉的处理方法。
(4) 熟知零售企业供应商的评价标准。
(5) 熟悉与供应商建立伙伴关系的基本方法,了解如何对供应商进行激励。

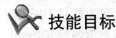 **技能目标**

(1) 能够辨别门店客户。
(2) 能够处理门店常见客户投诉。
(3) 能与供应商进行有效沟通并对其进行激励。
(4) 能够开发新顾客,维护老顾客。

课程思政

培养学生在吃苦耐劳的优良品质、严谨细致的工作作风；具有崇尚商道、忠于职守的工作素养和科学的创新精神。

任务一　客户识别

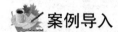

微课：连锁门店的客户选择

某连锁门店的客户识别案例

某品牌门店是现阶段亚洲地区最具规模的个人护理用品连锁店，是目前全球最大的保健及美容产品零售商和香水及化妆品零售商之一。该品牌门店在"个人立体养护和护理用品"领域，不仅聚集了众多世界顶级品牌，而且自己开发生产了600余种自有品牌，且门店总数已经突破200家。

某品牌门店的成功，离不开其对目标客户群的精准识别。该品牌连锁店纵向截取目标消费群中的一部分优质客户，横向做精、做细、做全目标客户市场，倡导"健康、美态、欢乐"的经营理念，锁定18～35岁的年轻女性消费群，专注于个人护理与保健品经营。另外，靠自有品牌产品掌握了雄厚的上游生产资源，该品牌连锁店可以将终端消费市场的信息第一时间反馈给上游生产企业，进而不断调整商品。从商品的原料选择到包装、容量直至定价，每个环节几乎都从消费者的需求出发，因而所提供的货品就像是为目标顾客量身定制的一般。该品牌连锁店通过深度研究目标消费群体的心理与消费趋势，自有品牌产品从品质到包装全方位考虑顾客需求，同时降低了产品开发成本，也创造了价格优势，赢得了稳定的市场份额。

可以说，良好客户关系的建立和维护对连锁门店的店长来说至关重要，不仅可以使门店有高质量、低成本且长期稳定的客源，为连锁门店带来更多的新顾客，保持利润的增长，还可以减少开发新客户的支出，降低企业的营运成本。

（资料来源：https://wenku.baidu.com/view/88625418487302768e9951e79b89680203d86bfa.html）

一、客户识别概述

客户识别是在确定好目标市场的情况下，从目标市场的客户群体中识别出对企业有意义的客户，作为企业实施客户关系管理的对象。由于目标市场客户的个性特征各不相同，不同客户与企业建立并发展客户关系的倾向也各不相同，因此他们对企业的重要性是不同的。

连锁门店的店长每天都要跟门店的客户打交道，其中既包括每天来店消费的顾客，又包括为门店供货的供应商。因此，建立和维护良好的客户关系，是连锁门店店长的一项重要工作。特别对一些采用会员制的连锁门店来说尤为重要。

研究表明，60%的新顾客来自现有顾客的推荐；开发一位新顾客的成本是维护一位老顾客成本的6倍。也就是说，假如维护一位老顾客关系并使其重复购买的成本是10元，那么开发一位新顾客的成本则要高达60元。而长期、稳定的伙伴型供应商是连锁企业保证物资供应、确保采购质量和节约采购资金的重要保障。

在买方占主导地位的市场条件下，一般来说，客户可以自由选择企业，而企业是不能够选择客户的，大多数时候企业只能将客户当作上帝来看待，祈求客户的光顾与购买。但是，从另外一个角度来看，即使在买方市场条件下，作为卖方的企业，还是应当主动去识别和选择自己的客户。

（一）客户识别的意义

一方面，每个客户都有不同的需求，需求的个性化决定不同的客户会向不同的企业购买产品。例如，劳斯莱斯是世界顶级的轿车，誉满全球，但并不是所有人都能够买得起，对没有足够购买力的人来说，他就不需要劳斯莱斯。

另一方面，企业的资源是有限的，无论是人力、财力、物力，还是生产能力、时间都是相对有限的，这就决定了企业不可能什么都做。没有哪家企业能提供市场上需要的所有产品或服务，没有哪家企业能把全世界的钱都挣到。例如，奔驰、宝马瞄准的是高端客户，而哈弗、吉利关照的是普通百姓。

此外，竞争者的客观存在，也决定了任何一家企业不可能"通吃"所有的购买者，不可能为所有的购买者提供产品或服务。

总之，由于需求的差异性、企业资源的有限性及竞争者的客观存在，每个企业能够有效地服务客户的类别和数量是有限的，市场中只有一部分购买者能成为购买本企业产品或服务的实际客户，其余则是非客户。既然如此，在那些不愿意购买或没有购买能力的非客户身上浪费时间、精力和金钱，将降低企业的效率。相反，企业如果准确选择属于自己的客户，就可以避免花费在非客户上的成本，从而减少企业资源的浪费。

（二）客户识别的内容

一些流行的观点认为，"客户是上帝""客户总是对的""客户越多越好"。特定的条件下，在强调客户的重要性时，可以这么说，但是并不等于可以无限夸大客户的作用和由他们带来的价值，因为他们有时候不但没有带来收益，反而还可能会给企业带来损失。甚至还有的客户会给企业带来负面的风险，如信用风险、资金风险、违约风险等，并且有时候这些风险可能会超过其给企业带来的价值。因此需要把握客户识别的内容，进而精准地识别客户。

客户大致分为两类：交易型客户和关系型客户。交易型客户只关心价格，没有忠诚度可言。关系型客户更关注商品的质量和服务，愿意与供应商建立长期友好的合作关系，客户忠诚度高。交易型客户带来的利润非常有限，结果往往是关系型客户在给交易型客户的购买进行补贴。

1. 识别有价值的客户

识别有价值的客户需要两个步骤：首先，分离出交易型客户，以免他们干扰你的销售计划；其次，分析关系型客户。将有价值的关系型客户分为以下三类。

（1）给公司带来最大利润的客户，进行客户关系管理营销，目标是留住这些客户。通过对这些客户进行客户关系管理，确保不把任何有价值的客户留给竞争对手。

（2）带来可观利润并且有可能成为最大利润来源的客户，开展营销同样重要。这类客户也许在竞争对手那里购买商品，所以针对这类客户开展营销的直接目的，是提高他们在本店购买的商品的份额。

(3) 现在能够带来利润,但正在失去价值的客户。经过分析,剔除即可。

2. 识别潜在客户

潜在客户是指存在于消费者中间,可能需要产品或接受服务的人。也可以理解为潜在客户是经营性组织机构的产品或服务的可能购买者。识别潜在客户需要遵循以下原则。

(1) 摒弃平均客户的观点。

(2) 寻找那些关注未来,并对长期合作关系感兴趣的客户。

(3) 搜索具有持续性特征的客户。

(4) 对客户的评估态度具有适应性,并且能在与客户的合作问题上发挥作用。

(5) 认真考虑合作关系的财务前景。

(6) 应该知道何时需要谨慎小心。

(7) 识别有价值客户。

3. 识别客户的需求

"需要"是生活中不可缺少的东西,"需求"则是想要得到满足的方面。过去人们往往认为必须满足客户的需要,但在今天竞争的社会中,满足需要是不够的,为了留住客户,应该让客户感到愉悦,因此,必须了解客户的需求,找出满足客户需求的方法。

(1) 会见重要客户。定期召集重要客户举行会议,了解客户的需求、想法和对服务的期望。

(2) 意见箱、意见卡和简短问卷。很多公司在客户看得见的地方设立意见箱;把意见卡和简短问卷放置到接待区、产品包装上、商品目录服务中心或客户易于接近的地方,以征求客户对产品或服务的意见。

(3) 调查。可以通过邮寄、打电话和网上发布等方法进行调查。

(4) 客户数据库分析。客户数据库提供了丰富的客户信息,可以通过分析客户信息,了解客户的需求。

(5) 个人努力。门店员工直接跟客户打交道,可以询问客户对自己和企业的看法。这些反馈将指导门店员工与客户的交流行为,并指导公司对产品或服务的选择。

(6) 考察竞争者。访问竞争对手可以获得有关价格、产品等有价值的信息。

(7) 兴趣小组。与重点客户联合访谈,以收集怎样改进特定产品或服务的信息,参加访谈的所有成员组成一个兴趣小组。

(8) 市场调研小组。市场调研小组为雇用他们的公司组织单独会面和团体会面。他们也会通过电话、邮件和互联网进行调查,以了解客户的需求。

 实例分享

航空公司的黑名单

2016年2月1日,中国国际航空、东方航空、南方航空、海南航空和春秋航空五家航空公司在三亚签署《关于共同营造文明乘机大环境的联合声明》,合力对不文明游客采取限制措施。按照声明要求,五家航空公司将建立"旅客不文明行为记录",把因扰乱航空公司航空运输秩序而受到行政处罚、刑事处罚,或被民航、旅游等相关行业管理机构列入"不文明记录"(业界称"黑名单")的旅客列入其中;建立信息共享机制,航空公司将掌握的扰乱航空运输秩序受到行政处罚、刑事处罚的事件信息,通报给民航、旅游等相关行业主管部门和行业协会;在信息保存期限内,五家航空公司对列入"旅客不文明记录"的相关当事人采取一定的限制服务措施。

(资料来源:http://www.chinanews.com/sh/2016/02-01/7743126.shtml)

(三) 客户定位

客户之间的需求也是有差异的。企业如果不识别客户,就不能为之量身定制产品或服务。同时,形形色色的客户共存于同一家企业,可能会造成企业定位模糊,导致客户对企业的印象产生混乱。

例如,一个为专业人士或音乐发烧友生产高保真音响的企业,如果触及"大众音响"的细分市场无疑是危险的,因为这样会破坏它生产高档音响的专家形象。同样,五星级酒店在为高消费的客户提供高档服务的同时,也为低消费的客户提供廉价的服务,就可能令人对这样的五星级酒店产生疑问。

相反,如果企业主动选择特定的客户,明确客户定位,就能够树立其鲜明的企业形象。

例如,新加坡航空公司和德国汉莎航空公司定位在高端市场,以航线网络的全方位服务和品牌优势为商务乘客服务;而美国西南航空公司和西方喷气航空公司定位在低端市场,为价格敏感型旅客提供服务。

主动选择客户是企业定位的表现,是一种化被动为主动的思维方式,体现了企业的个性,也体现了企业的尊严,更决定了一个企业的命运。

二、客户分类

客户分类是基于客户的属性特征所进行的有效性识别与差异化区分。客户分类以客户属性为基础应用,通常依据是客户的社会属性、行为属性和价值属性。

(一) 客户分类的意义

客户分类的目的不仅是实现企业内部对于客户的统一有效识别,也常常用于指导企业客户管理的战略性资源配置与战术性服务营销对策应用,支撑企业以客户为中心的个性化服务与专业化营销。

客户分类可以对客户的消费行为进行分析,也可以对顾客的消费心理进行分析。企业可以针对不同行为模式的客户提供不同的产品内容,对不同消费心理的客户采取不同的促销手段等。客户分类也是其他客户分析的基础,在分类后的数据中进行挖掘更有针对性,可以得到更有意义的结果。

(二) 客户分类的方法

客户分类可以采用分类的方法和聚类的方法。

1. 分类的方法

分类的方法是预先给定类别,例如,将客户分为高价值客户和低价值客户,或分为长期固定客户和短期偶然客户等。然后确定对分类有影响的因素,将拥有相关属性的客户数据提取出来,选择合适的算法(如决策树、神经网络等)对数据进行处理得到分类规则。经过评估和验证后,就可将规则应用在未知类型客户上,对客户进行分类。

2. 聚类的方法

聚类的方法则是一种自然聚类的方式,在数据挖掘之前,并不知道客户可以分为哪几类,只是根据要求确定分成几类。将数据聚类以后,再对各类数据进行分析,归纳出同类客户的相似性或共性。

例如,银行在长期的金融服务中,积累了大量的数据信息,包括对客户的服务历史、对客户的销售历史和收入,以及客户的人口统计资料和生活方式等。银行必须将这些众多的信息资源综合起来,以便在数据库里建立一个完整的客户背景。在客户背景信息中,大批客户可能在存款、贷款或使用其他金融服务上具有极高的相似性,因而形成了具有共性的客户群体。经过聚类分析,可以发现他们的共性,掌握他们的投资理念,提供有针对性的服务,进而引导他们的投资行为,提高银行的综合服务水平,降低业务服务成本,取得更高的收益。通过客户细分,可以使银行准确地把握现有客户的状况,采取不同的服务、推销和价格策略来稳定有价值的客户,转化低价值的客户,消除没有价值的客户。

(三) 不同类型顾客的特点

菲利浦·科特勒将一个有利益的客户定义为:能不断产生收入流的个人、家庭或公司,其为企业带来的长期收入应该超过企业长期吸引、销售和服务该客户所花费的可接受范围内的成本。

微课:连锁门店的"好客户"与"坏客户"

一般来说,"好客户"通常要满足以下几个条件。

1. 买得多、买得勤、买得贵

即购买欲望强烈、购买力强、购买频率高,有足够大的需求量来吸收企业提供的产品或服务,特别是对企业的高利润产品的购买数量多。

2. 能够保证企业盈利

对价格的敏感度低,付款及时,有良好的信誉。信誉是合作的基础,不讲信誉的客户,条件再好也不能合作。

3. 服务成本较低

最好是不需要多少服务或对服务的要求低。这里的服务成本是相对而言的,而不是绝对数据上的比较。例如,一个大客户的服务成本是200元,银行净收益是10万元,那这200元的服务成本就显得微不足道;而一个小客户的服务成本是10元,但银行的净收益只有20元,虽然10元的服务成本在绝对数值上比200元少了很多,但相对服务成本却大了很多倍。

4. 经营风险小,有良好的发展前景

客户的经营现状是否正常、是否具有成长性、是否具有核心竞争力、经营手段是否灵活、管理是否有章法、资金实力是否足够、分销能力是否强大、与下家的合作关系是否良好,以及国家的支持状况、法律条文的限制情况等都对客户的经营风险有很大的影响。企业只有对客户的发展背景与前景进行全面、客观、长远的分析,才能对客户有一个准确的判断。

5. 愿意与企业建立长期的伙伴关系

客户能够正确处理与企业之间的关系,合作意愿高,忠诚度高,让企业做擅长的事,通过提出新的要求,友善地引导企业怎样超越现有的产品或服务,从而提高企业的产品质量和服务水平。

例如,银行选择好的贷款客户的标准大致包括:法人治理结构完善,组织结构与企业的经营战略相适应,机制灵活、管理科学;有明确可行的经营战略,经营状况好,经营能力强,与同类型客户相比,有一定的竞争优势;有可供抵押的资产,贷款风险小;财务状况优良,财务结构合理,现金回流快;产品面向稳定增长的市场,与供货商和分销商的合作关系良好;属于国家重点扶持或鼓励发展的行业,符合产业技术政策的要求。

6. 有市场号召力、影响力

还有一类客户,虽然他们的订单量相对来说并不是很多,但由于他们有较好的市场影响力、知名度和龙头示范作用,能给企业带来非常好的市场效果,提升企业的诚信度和美誉度,毫无疑问,这样的客户也应该是好客户,因为它是具有战略价值的客户。

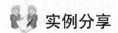

实例分享

九阳公司选择经销商的条件

济南九阳电器有限公司是一家从事新型小家电研发、生产与销售的民营企业,目前已发展成全国最大的家用豆浆机生产厂家。九阳公司在选择经销商时,并不是一味地求强求大,而是要求经销商满足三个条件。

一是经销商要具有对公司和产品的认同感。九阳公司认为,经销商只有认同企业和企业的产品,才会重视你厂家的产品和市场,才会将你的产品作为经营的主项,主动投入所需的人力、物力和财力,自觉执行企业营销策略,与企业保持步调一致。

二是经销商要具有负责的态度,即经销商要对产品负责、对品牌负责、对市场负责,那些虽然实力较强但缺乏这种负责态度的经销商,不在九阳公司的选择范围之内。

三是经销商要具备一定的实力。九阳公司在评价经销商实力时,采用一种辩证的标准,即只要符合九阳公司的需要,能够保证公司产品的正常经营即可,并不要求资金最多,关键是双方建立起健康的合作伙伴关系。

(资料来源:https://www.docin.com/touch_new/preview_new.do? id=48633487)

相对来说"坏客户"就是:只向企业购买很少一部分产品或者服务,但要求却很多,花费了企业高额的服务费用,使企业为其消耗的成本远远超过他们给企业带来的收入;不讲信誉,给企业带来呆账、坏账、死账及诉讼等,给企业带来负效益,是一群时时刻刻在消耗企业资产的"蛀虫",他们也许会让企业连本带利输个精光;让企业做不擅长或做不了的事,分散企业的注意力,使企业改变方向,与自身的战略和计划相脱离。

应当注意的是,"好客户"与"坏客户"是相对而言的,只要具备一定的条件,他们之间是有可能相互转化的,"好客户"可能会变成"坏客户","坏客户"也可能会变成"好客户",因此,不要认为客户一时好就会永远好,企业要用动态的眼光来评价客户的好与坏。企业如果不注意及时全面地掌握、了解与追踪客户的动态,如客户的资金周转情况、资产负债情况以及利润分配情况,等到"好客户"变为"坏客户"时,将为时晚矣,追悔莫及!

(四) 大客户的认定

通常,购买量大的客户被称为大客户,购买量小的则称为小客户,显然,大客户往往是所有企业关注的重点。但是,如果认为所有的大客户都是"好客户",而不惜一切代价吸引和保持大客户,就是一个误区,企业要为之承担风险,这是因为许多大客户可能存在以下劣势。

1. 财务风险大

大客户在付款方式上通常要求赊销,这就容易使企业产生大量的应收账款,而较长的账期可能会给企业经营带来资金风险,因而大客户往往也容易成为"欠款大户",甚至使企业承担呆账、坏账、死账的风险。

例如,曾经的能源巨头安然公司一夜之间轰然倒塌,为其提供服务的安达信公司受其牵连而破产。这个例子很好地说明了大规模有时候带来的可能只是更大的风险。

2. 利润风险大

大客户有大客户的通病,客户越大,脾气、架子越大。另外,大客户所期望获得的利益也大,某些大客户还会凭借其强大的买方优势和砍价实力,或利用自身的特殊影响与企业讨价还价,向企业提出诸如减价、价格折扣、强索回扣、提供超值服务甚至无偿占用资金等方面的额外要求。因此,这些订单量大的客户可能不但没有给企业带来大的价值,没有为企业带来预期的盈利,反而降低了企业的获利水平,使企业陷于被动局面。

例如,很多大型零售商巧立进场费、赞助费、广告费、专营费、促销费、上架费等费用,而使企业(供应商或生产商)的资金压力变大,增加了企业的利润风险。

3. 管理风险大

大客户往往容易滥用其强大的市场运作能力,扰乱市场秩序,如窜货、私自提价或降价等,给企业的正常管理造成负面影响,尤其对小客户的生存构成威胁,而企业却需要这些小客户起到拾遗补阙的作用。

4. 流失风险大

一方面,激烈的市场竞争使大客户往往成为众多商家尽力争夺的对象,因而很容易被腐蚀、被利诱而背叛;另一方面,在经济过剩的背景下,产品或服务日趋同质化,品牌之间的差异越来越小,大客户选择新的合作伙伴的风险不断降低。这两个方面加大了大客户流失的可能性,他们随时都可能叛离企业。

5. 竞争风险大

大客户往往拥有强大实力,容易采取纵向一体化战略,另起炉灶,经营与企业相同的产品,从昔日的合作伙伴变为竞争对手。例如,恒基伟业的老板原本是名人掌上电脑的经销商,结果其利用自身渠道优势自立了门户。

可见,大客户未必都是"好客户",为企业带来最大利润和价值的通常并不是购买量最大的客户。此外,团购也未必都是"好客户",因为团购客户未必忠诚于企业。像团购礼品,往往追求时尚,总是流行什么就买什么,而不能够持续、恒久地为企业创造利润。

实例分享:经销商榨干白酒厂

(五)小客户的作用

在什么样的客户是"好客户"的标准上,要从客户的终生价值来衡量。然而,许多企业缺乏战略思维,只追求短期利益和眼前利益,而不顾长远利益,对客户的认识只是着眼于眼前能够给企业带来多少利润,很少考虑客户在未来可预期的时间内能带来多少利润。因此,一些暂时不能带来利润甚至有些亏损,但长远来说很有发展潜力的客户没有引起企业足够的重视,甚至往往被遗弃,更不要说得到企业的扶持了。

事实上,小客户不等于劣质客户,有些小客户能够给企业带来较多的利润和较大的贡献,而占用企业的资源较少,给企业带来的风险也较小,所以小客户可能是"好客户"。过分地强调客户当前给企业带来的利润,很可能会错失未来的大客户,因为今天的"好客户"也经历过创立阶段,也有一个从小到大的过程。

例如,在20世纪80年代初期,个人计算机还是一个很小的市场,那时IBM最有价值的客户是主机用户,因此,IBM决定放弃个人计算机市场,虽然它在这个市场上拥有绝对的优势。然而后来的事实证明,个人计算机市场却是在近20多年中增长最快的市场之一,并且主宰了整个计算机市场。微软因生产个人计算机软件而成为世界上最大的公司之一,戴尔、联想和许多其他公司则因为生产个人计算机而享誉全球。相反,IBM则错失良机,在个人计算机市场上越来越落后于竞争对手,最终不得不主动出局。

又如,家电经销商国美在初创时并不突出,但它却有着与众不同的经营风格,如今已经成长为家电零售的"巨鳄"。同样,2000年成立的百度在短短数年间从一个名不见经传的小企业成长为一个大企业……它们都是从"蚂蚁式"的企业成长为"大象式"的企业的实例。

可见,小客户有可能是"好客户",对客户的评判要科学,不能只看眼前的表象,不能只根据某一时的表现就轻易否定,不要因为目前客户"小"就盲目抛弃,那样很可能使顾客被"误杀",看似丢了一个"芝麻",实际上是丢了一个"西瓜",而要用动态的眼光看其发展趋势。

实例分享

数字时代的客户识别

数字化技术以不可逆转的进程变革着商业社会,驱动着行业创新和重新布局,不断创造出新的业务、产品和市场,客户资产成为影响市场价值的关键因素之一,企业必须在产品创新和客户经营两个方面都表现出色,才能在数据智能时代脱颖而出。

2013年9月,名创优品(扫码查看彩图)在广州市花都区开设了中国市场第一家门店,店铺中大多售卖的是眉笔、充电线、小玩具等日常家居生活用品,看上去是再传统不过的日用杂货零售生意。

但是,在这个定倍率动辄十几倍的时代,名创优品把定倍率做到了1。也就是说,它的销售价格,基本就是别人的出厂价格。

名创优品

因此,短短6年时间,这家日用杂货经营店引发了世界零售业的狂潮。不仅完成了从零到一的蜕变,还迅速占领了市场,创造了营收百亿的超强吸金能力。公开数据显示,名创优品目前已与86多个国家和地区达成合作,全球门店扩张4 000多家,年销售额超过170亿元,成为名副其实的快消巨头。

在高速发展的同时,名创优品意识到标准化运营是效率提升的基础。这意味着名创优品需要有高效的店铺运营能力,总部需要能够管好大量连锁店。该如何统计店铺数据、分析客户画像,在标准化的同时,又做到个性化的服务呢?

名创优品在门店入口处和收银台安装人脸识别摄像头,对接其收银系统进行转化率统计和客群画像分析,所有门店的转化数据一目了然,哪些门店转化出现问题都可以及时得到调整。帮助名创分析各个门店存在的问题,从整个销售漏斗出发,关注每个转化细节,提升门店转化。

课后任务

数字时代下的客户识别管理

任务描述

客户识别除能够帮助企业实现客户的分类管理外,还能够指导企业优化资源配置和营销策略,使企业实现以客户为中心的个性化、精准化营销。某综合商城,位于国际化城市中心区域的十字路口处。商城区域一共由8个楼层组成,在经营方式上既有商城统一收银的大卖场及百货,也包括商户独立收银的租赁商铺,如个别服装品牌和大部分位于六七层的餐饮娱乐店铺,商城总经营面积超过8万平方米,商城共有近千个停车位,毗邻地铁站出入口,商城前共有15条公交线路通过。地下一层是一个大卖场和精品街;地上一层经营品类和业态主要以黄金珠宝、化妆品、服装名店、咖啡休闲、西式快餐店为主;二到五层以各式服装、鞋帽、针纺、家庭百货和家用电器为主;六层和七层经营餐饮、健身、影城等娱乐休闲业态。

该商城于2016年5月正式开业,《某综合商城30名顾客消费明细数据》是商城30名随机样本顾客(扫码查看数据)于2017年11月—2018年10月在该商城购物的消费及统计数据。数据提供期间的12个月内,商城统一收银部分的日均POS交易笔数为4 800笔,没有包括各个租赁业态店铺的数据。

结合上述信息及数据,识别客户并进行分类,从中筛选出重点客户,并制定匹配的回馈策略。

任务分析

进行客户分类,从中筛选重点客户,需要采集客户POS数据,包括购买渠道、购买金额等,通过对交易数据进行分析,从中筛选出符合企业

某综合商城30名顾客消费明细数据

条件的客户作为重点客户。采用数据透视表分析出每个客户的成交订单数和成交金额,然后对客户进行分类,将符合条件的客户划归到重点客户类型中。

任务操作

客户分类的操作步骤和关键节点如下。

步骤1:获取客户交易数据。

从二维码链接中获取商城30名随机样本顾客12个月的数据。

步骤2:客户交易数据分析。

使用数据透视表,对POS数据进行分析,通过分析得出每个客户的消费情况,包括消费数量和消费金额以及购买渠道。

操作时,在"数据透视表字段"选中区域对应的所有内容,将"会员ID"设置为"行",将"渠道"设置为"列","销售数量""销售金额"设置为"值",通过操作,得到数据透视表,如图4-1所示。

行标签	列标签 线上		线下		求和项:销售数量汇总	求和项:销售金额汇总
	求和项:销售数量	求和项:销售金额	求和项:销售数量	求和项:销售金额		
97485	251	97504.11	341.514	26426.79	592.514	123930.9
190695	55	8591	328.486	3599.56	383.486	12190.56
489376	1	1467	252.53	70373.14	253.53	71840.14
493834	22	15837.08	587.046	7925.41	609.046	23762.49
558903	186	14694	93	12638.7	279	27332.7
559569	27	10989.2	274.877	5584.5	301.877	16573.7
893869	12	59.88	425.979	3756.48	437.979	3816.36
1333727	5	71153.79	393.443	13790.43	398.443	84944.22
1893133	29.9	177.91	534.734	3418.52	564.644	3596.43
2263904	32	10032.5	374.345	13282.47	406.345	23314.97
2310007	108.9	961.06	268.334	11340	377.234	12301.06
2490531	46	17037.88	380.673	9032.76	426.673	26070.64
2689842	55	4090.4	707.607	15553.8	762.607	19644.2
2925852	126.54	70648.6	259.694	5069.64	386.234	75718.24
3061820	308.04	39705.99	431.343	20032.15	739.383	59738.14
3139245	33	140.98	611.044	28287.06	644.044	28428.04
3149821	10	10000	908.399	34622.53	918.399	44622.53
4153242	128.37	1404.71	331.472	4324.27	459.842	5728.98
4153485	22	108.3	248.737	5172.54	270.737	5280.84
4153595	96	6751.6	194.728	1235.2	290.728	7986.8
4290542	44	286.1	731.455	7892.32	775.455	8178.42
4313145	51	7636.68	352.802	9304.95	403.802	16941.63
4313496	23	22390.26	299.198	15081.54	322.198	37471.8
4372630	169	15801.28	655.222	21697.42	824.222	37498.7
4414023	41	43.71	358.604	3953.02	399.604	3996.73
4717133	48	30242.6	116.46	11342.81	164.46	41585.41
4741189	28	365	672.03	27323.39	700.03	27688.39
4855701	3	6561	776.351	96716.03	779.351	103277
4936166	30.62	101.22	247.193	3037.53	277.813	3138.75
5515369	94	15789.5	91.866	2495.37	185.866	18284.87
总计	2086.38	480573.34	12249.166	494310.33	14335.55	974883.7

图4-1 数据透视表

步骤3:顾客按消费数量和金额分类。

分别从线上、线下两个渠道入手,结合数据分别按销售金额和销售数量对30位顾客进行排序,并将排名填入表4-1和表4-2。消费金额和消费数量的重要性均为0.5,请据此进行顾客价值分析。

连锁门店店长实务

表 4-1 线上顾客价值分析

序号	顾客 ID	消费金额排名	消费数量排名	顾客价值	顾客价值排序
1	97485				
2	190695				
3	489376				
4	493834				
5	558903				
6	559569				
7	893869				
8	1333727				
9	1893133				
10	2263904				
11	2310007				
12	2490531				
13	2689842				
14	2925852				
15	3061820				
16	3139245				
17	3149821				
18	4153242				
19	4153485				
20	4153595				
21	4290542				
22	4313145				
23	4313496				
24	4372630				
25	4414023				
26	4717133				
27	4741189				
28	4855701				
29	4936166				
30	5515369				

表 4-2 线下顾客价值分析

序号	顾客 ID	消费金额排名	消费数量排名	顾客价值	顾客价值排序
1	97485				
2	190695				
3	489376				
4	493834				
5	558903				
6	559569				
7	893869				
8	1333727				
9	1893133				
10	2263904				
11	2310007				
12	2490531				
13	2689842				
14	2925852				
15	3061820				
16	3139245				
17	3149821				
18	4153242				
19	4153485				
20	4153595				
21	4290542				
22	4313145				
23	4313496				
24	4372630				
25	4414023				
26	4717133				
27	4741189				
28	4855701				
29	4936166				
30	5515369				

步骤 4：重点顾客分析。

结合该商城的信息和上述分析，根据 30 名样本顾客的顾客价值、消费金额、消费数量，进一步分类为重点客户、普通客户。

注意：本次任务中，顾客分类的主要指标为销售数量和销售金额，在实际业务中，可根据实际情况，尽可能结合更多指标，如购物频率、客单价等，维度越多，评价越精准。

任务思考

(1) 线上、线下的重点顾客是否一致？为什么？

(2) 重点客户、一般客户的偏好有哪些不同？

(3) 表4-3是客户经理在客户识别能力方面四个级别标准，根据任务完成情况，判断自己达到哪个级别了。

表4-3 客户识别能力标准

级别	行 为 描 述
一级	**客户识别**：能根据潜在客户明显的外在行为表现，运用一些方法和手段识别出部分目标客户
二级	**客户识别**：对不同客户群体的属性和规律有一定的认识，能根据潜在客户的外在行为表现，有效地辨认目标客户，挖掘潜在的客户资源
三级	**客户识别**：对不同客户群体的属性和规律有较深入的研究，能在较短时间内，根据潜在客户若干的表现和过往经验，准确有效地辨认目标客户群 **客户挖掘**：善于运用各类手段，利用现有的客户资源深入地挖掘目标客户，拓展客户范围 **机制管理**：能有效理解和执行客户识别体系，提出改进意见和建议，在实践过程中不断地完善
四级	**客户识别**：能根据客户特点细分客户群体，总结不同客户的偏好，根据关键事件及时、准确、有效地识别出客户及其风格和适合的商品 **客户挖掘**：能建立客户挖掘的有效机制，总结评估各类客户挖掘手段并灵活运用 **机制管理**：能根据产品和营销手段的不同建立各类不同的客户识别体系，并能指导进行正确的运用

任务二 顾 客 管 理

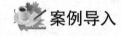 案例导入

微课：连锁门店的顾客管理

顾客定江山

多年来，随着中国的经济水平和开放程度越来越高，很多的国外大型连锁超市进入中国市场，对本土的连锁超市给予强烈的冲击。以哈尔滨为例，沃尔玛、家乐福等超市与本土的世纪联华、中央红超市之间展开了激烈的竞争。沃尔玛、家乐福等大型连锁超市有先进的经营理念和以顾客为中心的现代管理模式，并且有全球化的网络信息系统来支持其运营，具有很强的竞争力。世纪联华、中央红超市等本土连锁超市则希望降低经营成本、提供更加优质的产品和差异化服务来提升竞争力。

连锁门店的主体是顾客，顾客是决定企业生存和发展的关键力量。山姆·沃尔顿曾经讲过："我们的老板只有一个，那就是我们的顾客。"沃尔玛的营业场所总是醒目地写着其经营信条，"第一条：顾客永远是对的；第二条：如有疑问，请参照第一条。"以顾客为中心、低价格的经营理念位于沃尔玛超市核心竞争力的中心。连锁门店的市场竞争就是顾客竞争，争取和保持顾客是连锁企业生存和发展的使命。

(资料来源：https://max.book118.com/html/2020/1121/7065062141003021.shtm)

一、顾客关系开发

开发新顾客，对新开设的连锁门店来说至关重要。门店没有老客户的资源，其要生存、

就必须及时着手开发新顾客,然后通过一系列的举措,将新顾客变成老顾客,如此循序渐进,周而复始,才能使门店步入正常发展的轨道,所以说,新顾客的开发,首先是连锁门店生存的需要。新顾客的开发越多越快,门店的业绩增长也将越迅速。

1. 根据门店经营项目、区域划定顾客开发范围

开发新客户首先应根据市场细分的情况,结合所开设门店经营项目的类别,确定各类经营项目的可能销售对象。其基本办法是:先从大处考虑,确定新顾客的范围,然后从这个范围中具体寻找。如果经营的项目是综合超市,该门店相关工作人员应根据超市经营项目的类别、价格等因素,分析该产品应该满足哪个需求层次的顾客的需要。

在确定了经营对象是哪一类客户之后,在这一类客户中确定具体的销售对象,即可能购买的新客户。因此,要研究可能客户所在的地区、规模大小和具体详细的新客户名单。图4-2是几种常见的有效寻找新客户的方法与途径。

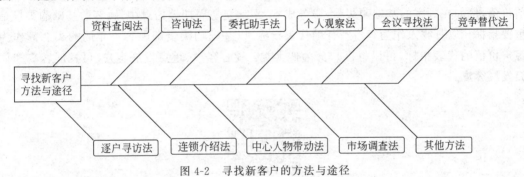

图4-2 寻找新客户的方法与途径

2. 通过多种渠道获取顾客数据

连锁超市的很多顾客对企业的了解程度有限,出于保护个人隐私的目的,大多不愿意留下自己的个人信息。虽然收集顾客数据比较困难,但可以运用一些方法和技巧,通过多种不同的渠道来获取顾客信息。

(1) 通过发行会员卡来了解顾客基本信息。通过降低成为超市会员的门槛,来吸引更多的顾客成为超市的会员,例如通过身份证和购物小票就可以成为会员。根据当地和超市自身的实际情况,丰富会员卡的功能来吸引更多的顾客办理会员卡。

(2) 通过超市中的销售系统、销售记录或管理信息系统中的记录(如通过顾客在购物时使用POS系统留下的记录等)来获得顾客信息。主要是获得顾客在超市所购买商品相关的信息,例如,顾客购买了什么商品、购买的时间、消费金额等信息。

(3) 通过在超市设立专门的顾客服务机构,例如顾客俱乐部、顾客投诉中心等,通过这些机构对顾客的信息进行收集。在这个过程中,相关的工作人员应该委婉礼貌地请顾客留下资料,并且向顾客保证资料的安全性,以此增加顾客的信任感,同时给留下信息的顾客一定的优惠或奖品。具体做法如下。

① 定期采用调查表及问卷收集信息。可以用多种方式公布调查表,例如,发布在邮寄给顾客的资料中或放置在产品包装里,也可以直接放置在服务台,顾客在服务台领取奖品或办理事务时自愿填写。

② 顾客服务机构定期召开顾客座谈会。定期邀请顾客会面,请他们对顾客服务提出相

应的意见,同时尽可能留下他们的详尽信息。

③ 邀请顾客参加超市举办的营销活动,如店庆活动,在活动中尽量温和地要求顾客留下姓名、住址、联系方式等相关信息。

3. 采用多元化的方法细化客户分类

客户分类是指根据任何一个或几个客户属性划分客户集合的过程。根据商业理论的80/20法则,企业的80%的利润来自20%的客户。大型超市需要采用更加多元化的标准进行客户分类,对于不同层次的顾客,为他们提供的服务和展示的商品也不尽相同,通过对顾客的分类使商品和服务更有层次感和针对性,使投入产出达到最大的比率。结合门店的特点,管理者可以根据不同的客户特征和客户价值对客户进行分类。客户特征是指年龄、性别、职业、教育程度、月收入等信息,其中月收入是影响顾客购买行为和价值取向的重要指标。客户的价值在于客户能给超市带来的利益的高低,一般来说客户价值主要是指客户当前价值,例如在顾客的基础购买量、服务成本、平均交易周期等信息中,顾客的基础购买量是重要指标。以月收入作为客户特征的代表指标,以基础购买量即顾客一年的购买总额作为客户价值的代表指标,可以将客户分为四大类:核心客户、重点发展客户、可发展客户和放弃发展客户。

思政园地:中央红•哈尔信慰问驰援湖北武汉医务人员家属

二、顾客关系的维系

一些高层管理人员经常诧异地说:"不久前与客户的关系还好好的,一会儿'风向'就变了,真不明白。"客户流失已成为很多企业面临的尴尬问题,当被问及企业客户为什么会流失时,很多企业老总则一脸迷茫,谈到如何防范,他们更是诚惶诚恐。

需求不能得到切实有效的满足往往是导致企业客户流失的最关键因素。一般来讲,企业应从以下几个方面入手,来堵住客户流失的缺口。

顾客追求的是较高质量的产品和服务,如果企业不能给客户提供优质的产品和服务,终端顾客就不会对企业感到满意,更不会建立较高的顾客忠诚度。因此,企业应实施全面质量营销,在产品质量、服务质量、客户满意和企业赢利方面形成密切关系。

另外,企业在竞争中,为防止竞争对手挖走自己的客户,战胜对手,吸引更多的客户,就必须向客户提供比竞争对手具有更多"顾客让渡价值"的产品,这样,才能提高客户满意度,并加大双方深入合作的可能性。因此,企业可以从两个方面改进自己的工作:一是通过改进产品、服务、人员和形象,提高产品的总价值;二是通过改善服务和促销网络系统,减少客户购买产品的时间、体力和精力的消耗,从而降低货币和非货币成本。下面几个方法可以帮助企业有效地留住或争取到更多客户。

（一）完善会员制度

中央红超市自成立之初就建立了会员制度，其中一家门店的会员数量为3万~5万人。会员制采用一卡一员制，不设主卡和副卡之分。所有会员拥有同等待遇、同等服务。会员制给会员提供了特价商品、按积分年终返利和礼品馈赠等优惠。会员不仅会定期收到由超市寄发的商品信息刊物，还能得知商品、促销活动及服务项目的最新信息，会员足不出户就能够获取超市最新、最全面的信息，超市给会员提供了实际意义上的好处。超市还会定期给会员提供会员价商品，非常优惠。根据会员在一定时期内累计的消费总额进行积分，用积分换购或领取特定的赠品，还可以进行抽奖活动。在这种会员制度的推动下，会员的销售贡献率每年都在提升。超市根据收集的会员卡所提交的信息，可以建立会员数据库，这样不仅可以掌握不同客户的消费动态和不同的兴趣爱好，还能作为依据来对超市的服务进行改进，增加顾客感知价值。沃尔玛和家乐福超市同样也有会员制度，而有的超市的会员制度的缺陷在于只有周一至周四的工作时间可以办理会员卡，这种设置并不十分科学，对很多上班族来说，没空闲时间去办会员卡，而这类人恰恰是贡献消费额的主力军。

（二）提升服务质量

沃尔玛超市设立了一系列的服务项目，对服务流程进行了一定程度上的规范。

（1）对顾客进行公开服务承诺，让顾客监督超市的商品和服务。如"我们的员工不可以拒绝您提出帮助的任何要求"等。

（2）注重常规服务项目，让顾客对细节满意。如规范退换货服务流程，为顾客提供各项方便的服务，并完善顾客投诉的处理方法。

（3）成立客服小组，收集顾客反馈信息。通过在超市内外进行的问卷调查，每个月召开由顾客参加的座谈会，来获取顾客对超市服务的不同意见和建议，对采集的售后反馈信息进行整理，可以有针对性地对超市的服务进行修正。

（三）倾听顾客的意见和建议

顾客与连锁门店之间是一种平等的交易关系，在双方获利的同时，门店还应尊重顾客，认真对待顾客提出的各种意见及抱怨，并真正重视起来，才能得到有效的改进。在顾客抱怨时，应认真坐下来倾听，扮演好听众的角色，有必要的话，甚至拿出笔记本将其要求记录下来，要让顾客觉得自己得到了尊重、自己的意见受到了重视。当然，仅仅听还不够，还应及时调查顾客的反映是否属实，并迅速将解决方法及结果反馈给顾客，提请其予以监督。

（四）分析顾客流失的原因

（1）对于那些已停止购买或转向另一个供应商的顾客，公司应该与他们接触，以了解发生这种情况的原因，区分顾客流失的原因。顾客流失的原因，有些是公司无能为力的，如顾客离开了当地，或改行、破产了；除此之外，其他的因素有顾客发现了更好的产品，供应商的问题或产品没有吸引力。这些都是公司可以改进的，如顾客流失是因为服务差、产品次、价格太高等。

（2）对流失的顾客进行成本分析。部分企业员工认为，顾客流失了就流失了，旧的不去，新的不来。而根本就不知道，流失一个顾客，企业要损失多少。一个企业如果每年降低5％的顾客流失率，利润就可增加25％～85％，因此对顾客进行成本分析是必要的。面对单个顾客的流失，很多企业或许会不以为然，而一旦看到流失顾客为企业带来的损失时，不由会从心里重视起来。

获取一个新顾客的成本是保留一个老顾客的6倍，而且一个不满意的顾客平均要影响6个人，以此类推，企业每失去一个顾客，其实意味着失去了一系列的顾客，其口碑效应的影响是巨大的。

（五）保证顾客利益

如窜货问题导致顾客无利可图，企业应迅速加以解决。某分销商是A品牌在东南地区的销售大户。有一段时间，该分销商为谋取年底丰厚的扣点返利，自恃在A品牌销售体系中的销售地位及预期利润回报，开始以低价向邻近省市窜货，给相邻的经销商带来了很大的损失。A品牌及时发现了该经销商"图谋不轨"的行为，并果断采取了断货的措施。除此之外，还以年终扣点向该分销商提出了严厉的警告。没想到A品牌会动真格，该分销商眼见自己的大批下游顾客因拿不到货便倒戈相向、另投明主，迫于内外交困的压力，迅速恢复了正常的区域分销及价格体系。而A品牌为了保证其他顾客的利益，承诺承担因窜货而导致的损失，有效防止了顾客的流失。

定期派出业务人员到市场上进行巡查，一旦发现窜货迹象，要及时向企业反映，以争取充足的时间来采取措施控制窜货的发生，从而降低经营风险。因为，在很多情况下，猖獗的窜货往往使顾客无利可图，最后顾客无奈放弃产品经营而远离企业。

对窜货的监督是必要的，而对业务员来说，检查顾客在产品使用方面是否得到了适当的指导、培训和技术性的帮助，也是其职责之一。

（六）建立投诉和建议制度

95％的不满意顾客是不会投诉的，仅仅是停止购买，最好的方法是要方便顾客投诉。一个以顾客为中心的企业，应为其顾客投诉和提出建议提供方便。许多饭店和旅馆都备有不同的表格，请客户诉说他们的喜忧。永辉超市、天虹数科、王府井百货等中国大部分的零售企业都开设了电话服务热线。很多企业还增加了网站和电子信箱，以方便双向沟通。这些信息流为企业带来了大量好的创意，使它们能更快地采取行动，以解决问题。3M公司声称它的产品改进建议超过2/3来自于顾客。

（七）建立预测系统，为顾客提供有价值的信息

商丘一个饲料厂的厂长曾谈到这个问题，企业真正为顾客着想，在预测到饲料价格短期内将上浮的消息时，总会及时告诉经销商，而了解到这个消息的经销商就会大批量地进货，以赚取更多的差价。而一旦预测到近期内，市场的需求量将下降，企业在减少生产量的同时，也会通知经销商降低库存，以减少不必要的资金积压和成本费用。信息就是财富，顾客对厂家自然是感激不尽的。

（八）深入与顾客进行沟通，防止出现误解

1. 将厂家的信息及时反馈给顾客

企业应及时将企业经营战略与策略的变化信息传递给顾客，同时把顾客对企业产品、服务及其他方面的意见、建议收集上来，将其融入到企业各项工作的改进之中。这样，一方面可以使老顾客知晓企业的经营意图，另一方面也可以有效调整企业的营销策略以适应顾客需求的变化。当然，这里的信息不仅包括企业的一些政策，如新制定的对顾客的奖励政策、返利的变化、促销活动的开展、广告的发放等，而且还包括产品的相关信息，如新产品的开发、产品价格的变动信息等。

2. 加强对顾客的了解

很多销售人员跳槽时会带走客户，主要原因就是企业对顾客情况不了解，缺乏与顾客的沟通和联系。企业应该详细地收集顾客资料，建立顾客档案，进行归类管理，并确保顾客的需求能正确及时地得到满足，收集顾客有关改进产品服务方面的意见，并将其反馈到企业的各个部门。

目前市场上流行的CRM（客户关系管理系统）给企业提供了了解顾客和掌握顾客资料的条件，主要是使用IT和互联网技术实现对顾客的统一管理，建立顾客档案，注明其名称、公司地址、资金实力、经营范围、信用情况、销售记录、库存情况等，做到对顾客的情况了然于心，并为其提供完善的服务，这样才能留住顾客。

3. 经常进行顾客满意度的调查

一些研究表明，顾客每四次购买中会有一次不满意，而只有5%的不满意顾客会抱怨，大多数顾客会少买或转向其他企业。所以，企业不能以抱怨水平来衡量顾客满意度。企业应通过定期调查，直接测定顾客满意状况。可以在现有的顾客中随机抽取样本，向其发送问卷或打电话咨询，以了解顾客对公司业绩等各方面的印象。也可以通过电话向最近的买主询问他们的满意度是多少，测试可以分为高度满意、一般满意、无意见、有些不满意、极不满意五档。在收集有关顾客满意的信息时，询问一些其他问题，以了解顾客再购买的意图，这将是十分有利的。一般而言，顾客越是满意，再购买的可能性就越高。衡量顾客是否愿意向其他人推荐本公司及产品也是很有用的，好的口碑意味着企业创造了高的顾客满意度。了解了顾客的不满意所在，才能更好地改进，赢得顾客满意，防止老顾客的流失。

（九）优化客户关系

感情是维系客户关系的重要方式，日常的拜访、节日的真诚问候、婚庆喜事、过生日时的一句真诚祝福、一束鲜花，都会使客户深受感动。交易的结束并不意味着客户关系的结束，在售后还需与客户保持联系，以确保他们的满意持续下去。某公司销售总经理会在每年的大年三十拿上漂亮的鲜花和丰盛的年货，到公司最优秀的客户家中拜访，并和客户家属围坐圆桌包饺子，畅谈公司远景。

对于那些以势相要挟的客户，企业一定要严肃对待，"杀一儆百"乃为上策。防范客户流失既是一门艺术，又是一门科学，它需要企业不断地去创造、传递和沟通优质的客户价值，这样才能最终获得、保持和增加客户，锻造企业的核心竞争力，使企业拥有立足市场的资本。

知识拓展：天虹线上线下齐发力

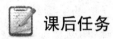 **课后任务**

微信+实体店的线上线下引流

任务描述

所谓线上线下一体化，是指传统零售商在发展实体店经营的基础上，借助移动互联网，通过线上与线下相结合，延伸推广销售的经营模式，这也是目前零售业在O2O方面探索的一种新模式。本任务就是通过微信帮助门店进行促销活动的线上线下引流，从而达到提升老顾客黏合度，吸引新顾客关注度，进而促进销售提升业绩的目的。

任务分析

促销活动是有成本的，所以大家一定要记住的就是要计算好成本，营销活动最终的目的是让企业盈利。

此外，活动的目的是吸引并留住客户，因此产品、服务都要围绕此目的展开，促销的方式、商品的选择都要服务于这个目的。这是线上线下引流成功的前提条件。

任务操作

线上线下引流的操作步骤和关键节点如下。

步骤1：种子客户的累积。

种子客户就是活动启动的第一批客户，裂变一定是基于基础客户进行一传十、十传百、百传千的指数增长过程。所以，前期需要有这样的种子客户积累。种子客户可从两个维度看，一个是看数量，另一个是看质量。

数量通过线下的获取+线上的裂变来获取，在线下的实体店中，每天光顾的老客户都是精准客户，最好能留存他们的微信号，为接下来的活动做准备。线上的裂变就是已加好友的客户，通过他们的宣传拓展微信群。

仅有数量的积累还远远不够，还要保证种子用户的质量，也就是社群活跃度。除了抽奖、抢红包等方式外，还可以通过_____
等方式来提高社群活跃度，保证种子客户的质量。

总之，第1步的种子客户累积要做好，才能为接下来的裂变启动做准备。

步骤2：裂变活动的启动。

当前期客户积累达到一定程度后，就可以开始启动裂变活动。在这个过程中应注意以下三点。

（1）启动话术。"喜迎女王节，美妆产品第二件3.8折"这就是很好的话术，短短一句话就向客户传递了促销活动的原因、时间、活动方式和参加活动的商品。请结合抽奖活动制定有效的启动话术。

___

___

(2) 借助工具。首先,建立社区微信群,设置机器人客服。一个群扫码进去后,满 100 人就要通过邀请才能进来,比较受限,所以根据预估应设立____个社区群,可以确保满足后续业务的开展。在社群中采用相应的工具,让机器人自动回复进群的人。

(3) 再看启动时间。大部分人 20:00—22:00 这个时间段是看微信、刷朋友圈的高峰期。而 20:00 开始就可以让第一批的种子客户开始刷屏,身边的朋友看到了也会继续分享刷屏,从而造成朋友圈都在刷屏活动。

话术、工具和启动时间,是启动时的关键因素。

步骤 3:客户参与的路径。

让客户参与的流程,是扫码进群后分享朋友圈,之后截图给工作人员领取奖品等路径。但不同之处就是用线下门店做客户裂变,可能这也是和其他裂变活动最不同的地方。

步骤 4:流量的转化留存。

毕竟在激活社群活跃度活动中抢到红包或中奖的用户是少数。剩下没中奖的,也不要浪费掉这来之不易的流量。

(1) 将未中奖的客户进行转化。很多人在参与这个活动和抽奖后,已经付出了"分享朋友圈"+"扫码进群+持续地关注自己有没有中奖"等沉没成本,客户就会有一种"我付出了努力,却没有中奖"的失望心理。所以在公布中奖结果后,针对没有中奖的人进行一个福利,独享线下优惠活动。

___

___

(2) 对全部参与的人要进行留存。把这些人吸引过来是来之不易的,不要轻易浪费这些流量。最好引流到个人微信号或社群上。

(3) 要让参与客户进行再传播。策划可以海报形式转发并向线下引流的促销活动。

___

转发海报就可以给客户这个权限。这样就可以让客户帮忙进行传播。虽然不会全部人都这样做,但是有很多人会因为想要得到再次购买的机会而转发朋友圈。

以上三点,就是对整个活动即将结束时进行的再次放大,让这个裂变活动效果最大化。

实操中的注意事项如下。

(1) 裂变的时候,机器人回复不能断,做到让客户进群后就能知道这是什么群、要干什么等信息。

(2) 启动时间很关键,最佳时间是 20:00。有些人做活动没有取得很好的效果,其主要原因就是启动时间没有选好。

(3) 启动客户的数量和质量,这个也很关键。没有一定的种子客户,活动很难取得想要的裂变结果。

（4）机器人回复的话术要清晰，参与方式、活动时间、抽奖方式与开奖时间等关键内容都要进行说明。

（5）促销形式和促销商品要与目标客户群匹配，才能最终实现吸引新客户、稳定老客户的目的。

（6）所有活动的前提一定是基于整个企业的团队执行、产品成本、服务、商圈特点等基础上，否则就会适得其反。

任务思考

（1）促销活动的参与性是否影响线下与线上引流的效果？

（2）关于启动时间，是否面向所有行业、顾客群体都是一样的？

任务三　客户投诉管理

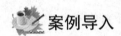 案例导入

微课：投诉处理

一盒牛奶引发的投诉

某购物广场顾客服务中心接到一起顾客投诉，顾客说从商场购买的晨光酸牛奶中喝出了苍蝇。投诉的内容大致是：顾客李女士从商场购买了晨光酸牛奶后，马上去一家餐馆吃饭，吃完饭李女士随手拿出酸牛奶让自己的孩子喝，自己则在一边跟朋友聊天，突然听见孩子大叫："妈妈，这里有苍蝇。"李女士循声望去，看见孩子喝的酸牛奶盒里（当时酸奶盒已被孩子用手撕开）有只苍蝇。李女士当时火冒三丈，带着孩子来商场投诉。正在这时，值班经理看见便走过来说："你既然说有问题，那就带小孩去医院，有问题我们负责！"李女士听到后，更是火上浇油，大声喊："你负责？好，现在我让你去吃10只苍蝇，我带你去医院检查，我来负责好不好？"边说边在商场里大喊大叫，并口口声声说要去"消协"投诉，引发许多顾客围观。

该购物广场顾客服务中心负责人听到后马上前来处理，并让那位值班经理离开，又把李女士请到办公室交谈，一边道歉，一边耐心地询问了事情的经过。

询问重点：①发现苍蝇的地点（确定餐厅卫生情况）；②确认当时酸牛奶的盒子是撕开状态而不是只插了吸管的封闭状态；③确认当时发现苍蝇是小孩先发现的，大人不在场；④询问在以前购买晨光酸牛奶时有无相似情况？在了解情况后，商场方提出了处理建议，但由于李女士对值班经理"有问题去医院检查，我们负责"这句话一直耿耿于怀，不愿接受道歉与建议，使交谈僵持了两个多小时，依然没有结果，最后商场负责人只好让李女士留下联系电话，提出换个时间与其再进行协商。

第二天，商场负责人给李女士打了电话，告诉她：我商场已与晨光酸牛奶公司取得联系，希望能邀请李女士去晨光酸牛奶厂家参观了解（晨光酸牛奶的流水生产线中，生产—包装—检验全过程都是在无菌封闭的操作间进行的），并提出，本着商场对顾客负责的态度，如果顾客要求，可以联系相关检验部门对苍蝇的死亡时间进行鉴定与确认。由于李女士接到电话时已经过了气头，冷静下来了，而且感觉商场负责人对此事的处理方法很认真严谨，

李女士的态度一下缓和了许多。这时商场又对值班经理的讲话做了道歉,并对当时李女士发现苍蝇的地点(并非是环境很干净的小饭店)、时间、大人不在现场、酸奶盒没封闭、已被孩子撕开等情况做了分析,让李女士知道这一系列情况都不排除是苍蝇落入(而非酸牛奶本身带有)酸奶中。

通过商场负责人的不断沟通,李女士终于不再生气,最后告诉商场负责人:她们其实最生气的是那位值班经理说的话,既然商场对这件事这么重视并认真负责处理,她们也不会再追究,她们相信苍蝇有可能是小孩喝酸牛奶时从空中掉进去的。李女士说:"既然你们这么认真地处理这件事,我们也不会再计较,现在就可以把购物小票撕掉,你们放心,我们会说到做到的,不会对这件小事再纠缠。"

(资料来源:https://wenku.baidu.com/view/652fb9794a73f242336c1eb91a37f111f1850df2.html)

一、门店客户投诉的产生

客户投诉,简称客诉,是指消费者在购买产品或服务的时候产生不满而导致的抱怨。客户投诉来自顾客在门店购物后心理的落差,有可能是因为有形的产品,也有可能是因为无形的服务。若此落差未能得到有效控制,则顾客会将此心理现象转变成抱怨。

二、门店客户投诉的原因

连锁门店的客户投诉主要来源于以下九个方面。
(1) 服务——主要是指由于员工服务不到位等问题产生的投诉。
(2) 质量——主要是指由于商品质量问题产生的投诉。
(3) 价格——主要是指由于商品价格问题产生的投诉,如价格标签与实际收银不符。
(4) 顾客——主要是指由于顾客自身问题产生的投诉。
(5) 商品——主要是指由于商品自身问题产生的投诉。
(6) 存包——主要是指由于存包问题产生的投诉。
(7) 安全——主要是指由于商品安全问题产生的投诉。
(8) 贵宾卡方面的投诉。
(9) 出租业务方面的投诉。

三、处理客户投诉的原则

1. 倾听客户的陈述
不要打断,适当提问,听出是否有弦外之音,用应答之音表示你在听。

2. 确认问题所在
你可以提问题,把事情弄清楚。

3. 表示感同身受
谅解对方的感受、认同对方。

4. 提出建议
如果可以马上解决,直接给出解决建议。

5. 征求对方的同意

征求对方对客户投诉处理方式的同意意见。

6. 立即解决

遇到客户投诉问题时,要及时解决,自己解决不了的,应尽早交给上级处理。

7. 追踪并了解客户是否满意

客户投诉处理完成后,再次电话确认客户对处理结果是否满意,以及对门店是否还有其他意见和建议。

四、门店客户投诉案例分析

下面通过案例分析门店产生的各种客户投诉。

微课:门店客户投诉案例分析(上)

微课:门店客户投诉案例分析(下)

(一)服务方面的投诉问题

1. 服务主动意识差

遇到顾客有购物需求,服务不主动,以自我为中心,忽视顾客的需求。

实例分享

(1)称重处找不到人,找到一位员工后,员工说不归她管,再问另一位员工,也说不知道,没有人给称重。

(2)顾客问员工三全水饺的价格,员工说:"上面有价签,你不会自己看吗?"顾客又问有没有便宜的馄饨,员工回复说:"便宜不便宜,你不会自己看价签吗?"

(3)顾客拿着两根油条差点掉在地上,被员工用裤子接住了,员工拿起来又重新称,顾客说:"都要掉地上了怎么吃?"顾客不买了,员工把这两根油条当着顾客的面混在一堆油条中继续销售。

(4)顾客要购买45号拖鞋,问导购员有没有这个号,导购员回复顾客说:"有,你自己找一下。"就很着急地去找同事聊天了。

(5)顾客购买的火腿在结算时收款员多算了一个,收款员回复顾客说:"你直接到楼上找卖火腿的,不关我的事。"

(6)收款台排队,好不容易排到顾客结账了,收款员什么也没说就离开收款台走了。

2. 言语不当

缺乏职业性的服务语言,服务忌语、禁语随口说,说话随意、呛人、粗鲁,不考虑顾客的感受;还有的认为和顾客熟悉了,随意开玩笑。

实例分享

（1）顾客要参加手机云闪付活动,收款员回复顾客说:"不知道有这个活动。"顾客问收款员:"你为什么不知道?"收款员说:"不知道怎么了?反正我也不打算干了。"顾客希望能找个明白人问一下,收款员告知顾客:"中午都去吃饭了,没有明白人。"并回复顾客:"你爱买不买,不买拉倒。"

（2）顾客要求把购买的大鸡腿再剁一下,员工回复顾客:"我都忙不过来,我还能有时间给你剁!"说完就不理顾客转身走了。

（3）顾客结完账,发现其中一种商品应该是特价,就问收款员,收款员朝顾客大喊:"你自己看,你不会自己算算吗?"

（4）香蕉皮上有黑点,员工说你要就便宜点给你,顾客没要走了,员工在后面说:"没钱还想吃个好香蕉?"

（5）由于上一位顾客购买的海鲜袋子漏水,收款员没有及时清理台面,下一位顾客买了两包菜豆,收款员扫完商品条码后直接扔在前面一摊海鲜水上,顾客嫌袋子沾上了海鲜水,收款员说:"你还吃袋子?"

3.态度不好

服务有时就在服务者和被服务者一问一答中体现,经常听到顾客抱怨,问员工三声换不出你们的一声,脸还拉那么长!

实例分享

（1）称菜员工态度不好,问有没有杭椒,员工大声说没有;顾客又问有没有精品葱,员工声音很大,又说没有,旁边顾客都转过来看,员工在称辣椒的时候嘴里还骂骂咧咧的。

（2）顾客想要和收款员咨询最新的促销活动,收款员态度不耐烦,回复顾客:"你手机上不是有吗,不能自己看吗?"

（3）顾客在交款时,需要购物袋并且希望收款员能帮忙装一下袋,可收款员把购物袋往顾客面前一扔,不给顾客装袋,态度还特别凶。

（4）顾客问:"鱼特价吗?"员工回复顾客:"开什么玩笑,今早刚来的鱼还能特价?"

4.行为不当

当着顾客的面摔打东西。

实例分享

收款员扫完商品条码后直接扔,还把顾客的购物小票扔在地上,一脸的不耐烦、不高兴。

5.提前下班

营业时间与店门公示时间不符。

实例分享

门店标明 21:30 关门,顾客在 21:15 左右进店购物,收款台员工告知顾客下班了,不准进,进去了也不给结账。

6. 银行卡多刷

银行卡、微信、支付宝等方式支付发生未成功后多刷,对于退款方面,收款员业务水平不同,有的回复顾客马上会收到退款,有的回复 24 小时后收到退款等。

7. 会员卡方面的问题

(1) 更改手机号。

(2) 解除绑定。

(3) 无法注册和绑定电子会员。

(4) 会员卡丢失后到门店补卡,员工直接让顾客绑定电子会员卡。正确的步骤应该是先给顾客补卡,再宣传绑定电子会员卡。

(5) 遇到会员卡绑定的手机号不好用等问题时,很多门店直接回复顾客:"弄不了,不会。"

处理投诉要点如下。

(1) 耐心倾听顾客诉说。

(2) 态度认真诚恳,多向顾客道歉。

(3) 有错就承认,不要找借口。

(二) 质量方面的投诉问题

质量方面的投诉问题,主要表现在以下几个方面。

(1) 商品过期。

(2) 商品变质。

(3) 商品生虫。

(4) 商品长毛。

(5) 商品质量差等。

商品质量是超市发展的基础,所以必须高度重视商品质量的投诉,维护超市商品质量可靠的企业形象。

处理投诉要点如下。

(1) 向顾客赔礼道歉。

(2) 查实购物小票和商品批次。

(3) 商品过期,最多按照《食品安全法》退一赔十的原则赔偿给顾客。

(4) 商品变质、长毛等问题,按商品具体情况与顾客沟通协商解决,厂家的问题及时与厂家联系处理。

(5) 农副产品质量问题给予顾客退换,最多给予 1~3 倍赔偿。

(6) 对顾客投诉的因吃了超市食品而导致上吐下泻,身体不适,必须有医院开具的检验报告单,如果怀疑商品有质量问题,必须有技术监督局的检验报告,检验费用,有问题超市负责,没有问题顾客负责。

(三) 价格方面的投诉问题

(1) 打错秤,如商品品名和价格打错。主要是责任心的问题,也是细节工作不到位的表现。

实例分享

黄瓜打成丝瓜,青椒打成尖椒,李子打成布朗等。

(2) 价签不相符,标价签价格与结账小票上价格不一致。

实例分享

君乐宝酸奶标价12.9元,结款22.9元。

主要是促销活动结束后没有及时撤标价签,或者是提前打出促销标价签标识。这种情况很多,这关系到超市对顾客的诚信问题,顾客失去对超市的信任是超市员工工作的失职。因此不能把这些问题看成小事,让顾客失去对超市的信心。

处理投诉要点如下。

(1) 态度诚恳,向顾客道歉,给予顾客退货。

(2) 如顾客不谅解,按标价签标识价格结账。

(四) 顾客承诺方面的投诉问题

诚信是基础,只要是对顾客的承诺一定要兑现。在卖场里出现此类投诉的情况有以下几种。

(1) 海报上的商品无货。

(2) 价格与海报上宣传的不符。

(3) 活动与宣传不符。

(4) 抽奖活动及奖品不符。

(5) 收款员多扫码。

处理投诉要点如下。

(1) 保证海报上刊登的商品如期到位。

(2) 抽奖活动的过程要保证诚信真实,抽奖结果出来之后,要在承诺的时间内通知顾客。

(3) 顾客经常会碰到在海报上看的商品价格和实际价格不一致,遇到这种情况,超市必须按照海报上的价格给顾客结算,差价由责任人承担。到期的商品一定要先撤海报再更换计算机价格,计算机价格更换到位后及时更换海报,最终海报的价格必须与收款机的价格相符。

(五) 贵宾卡方面的投诉问题

各店在销售购物卡时要注意以下六个问题。

(1) 现金购买购物卡一定要当场录入、审核,当晚对账、结账、点卡。

（2）支票购买时，一定要向顾客讲清楚要支票到账后才能将卡充值、使用。

（3）开发票时，一定要按公司要求操作，如实开具，有问题要及时与相关部门沟通。

（4）售卡人员要按卡的顺序出售，不能多给顾客卡，而没有输入金额。

（5）售卡必须一人一码，贵宾卡视同现金管理。

（6）贵宾卡在正常情况下是不记名、不挂失的，为了帮助消费者把损失降到最低，只有在被盗的情况下才可以办理挂失，办理挂失的条件必须是明确地知道卡号，并且已经报案的，可以让顾客拿着报案证明（要写明丢失的卡号）、至少一张购物小票（买卡单据）和本人身份证明亲自到客服部或区域店办理，且区域店必须手工登记、顾客亲笔签名、存档，等到客服部回复邮件，并确认做好后，方能让顾客离开（注意：提货单在任何情况下均不予挂失）。

处理投诉要点：店长要加强对售卡人员的管理，增加责任心。

（六）商品消磁方面的投诉问题

消磁的问题历来是顾客投诉较多、较难处理的一个环节。因消磁的问题导致顾客投诉，主要有以下几类。

（1）硬磁忘记取掉。

（2）软磁消磁没消好。

（3）处理时员工方法不当，给顾客造成心理上的不愉快，引起顾客投诉。

（4）软磁的重新恢复，导致报警器报警。

处理投诉要点如下。

（1）收款组长、店长一定要多加强收款员这方面的培训。各组放硬磁、软磁的时候，要加强与收款员的沟通；贴放的位置要提前与收款员沟通，但一定要注意保密。

（2）防损人员有礼貌地请顾客配合，重新消磁，但一定要注意说话时的语气和技巧，使用比较规范性的语言，争取顾客的配合，顾客配合完毕之后，要向顾客道谢。

（3）出现第三种情形，员工和店长要委婉地向顾客解释，求得顾客的谅解。

（4）出现第四种情形，处理的关键问题在于向顾客说明原因，对于商品消磁问题，各店店长要重视防损人员的培训，强调处理时的一些细节方法和技巧。

（七）存包方面的投诉问题

存包的形式有两种：人工存包和自动存包。

（1）人工存包，强调服务人员的态度问题，物品要轻拿轻放。

（2）针对自动存包引起的顾客投诉，可以协助顾客报警，也可以帮助顾客查找，但不承担赔偿责任。

处理投诉要点如下。

（1）顾客持有的密码条只能说明柜箱曾被他打开过，并不能证明他在里面存放过物品，也不能证明存放了什么物品。

（2）顾客使用自助存包柜存放商品，双方即构成自助存包柜的无偿借用关系，而非保管关系，存放的商品由顾客自存自取，由于自助存包柜本身没有损坏、没有撬痕，而且超市早有提示告知自助存包柜的使用方法和注意事项，因此超市不承担赔偿责任。

（3）对顾客存包遗留的商品的处理，每天营业结束时，必须彻底清柜，并对顾客没有取走的物品做登记,生鲜类物品保留2天,其他物品保留15天。

(八)安全方面的投诉问题

1. 物品丢失

在顾客投诉中,经常会遇到顾客在超市购物时丢失钱包、手机的情况,并问超市是否负责。

处理投诉要点。超市对顾客的答复是:"我们不能承担责任。"因为是第三方作案,并不是超市的责任,但超市有义务协助顾客报案,同时店长要提示店内播音员在高峰时期要多播一些友情提示。

2. 人身伤害事件

有时会遇到顾客在商场内碰伤、滑倒等人身伤害事件。

处理投诉要点如下。

(1) 24小时内必须报相关部门,要尽早处理,处理一定要公平合理。

(2) 对来超市购物的顾客,尤其是老年顾客,购买特价商品时,一定要排好队,按先后次序购买,不能人为地造成不必要的损失。

(3) 排除卖场内不安全隐患,对货架边等有容易挂住顾客衣服的不安全的地方,按分工检查好。堆头端头玻璃商品的摆放一定要安全,方便顾客行走。

(九)出租联营专柜方面的投诉问题

这是日常管理中容易忽视的一个环节。

(1) 员工的管理。店长应将出租柜台、联营柜台的员工视同店部员工一样管理,将公司的服务理念、服务意识传递给他们,因为他们的服务水平最终影响的是门店整体的形象。

(2) 商品的管理。店长应将出租、联营柜台的商品视同店部商品进行管理,对商品的品质、商品的促销活动等都要关注。

处理投诉要点:对于出租柜台的商品,也必须有正规的标识、出厂日期,三无产品绝对禁止上架。

客户意见是企业创新的源泉,因此有人说:"客户抱怨是一份礼物。"它可以让门店不断改进自身管理系统、优化流程、培训员工、完善评价考核。很多连锁门店都设有留言簿或可直接接待顾客的投诉,通过合理、迅速地处理客户投诉,我们可以得到有效的信息,并可据此对门店的商品和服务进行改进、创新,促进门店更好的发展,满足顾客的需求。

 思政园地

疫情下的行动——不惜成本保安全 攻坚克难保供应

2020年春节前,一场新型冠状病毒疫情的出现,让全国瞬间陷入疫情防控工作阻击战中。医护人员冲在一线,是防疫战斗的英雄,而超市则是疫情防控保民生的主战场,超市人也成为保障市场供应一线的无畏战士。

比优特集团党委在疫情初期的2020年2月22日成立了疫情防控指挥中心,集团党委书记、董事长孟繁中亲自担任总指挥,并明确提出了"保员工安全,保顾客安全,保供应,保物价"的四保工作方针。在落实"四保"的过程中,比优特集团在党委的领导下,不断利用"疫情下的思维"攻坚克难,不断出台新政策,采取新措施,走出了一条防控有成效,供应有保障的超市行业"保安全、保供应"的"逆行者"道路。

为了更有力地保障商品足量供应,从正月初二开始,比优特就要求基地采购人员立即大量调配蔬果货源,采购人员每天都在积极地联系发货,但困难重重。

比优特在外省蔬菜采购基地租的库房里储存了够一年销量的大蒜和洋葱,这次想要发回来保障市场供应,由于村屯封闭而出不来,因此他们只能再跑到其他城市重新寻找采购渠道,全力保障供应。

为了稳定市场价格,比优特集团在1月29日立即实行并对外承诺"天天开业,蔬菜按成本价销售"——百姓看了心稳了,这为疫情期间的保供应、稳物价打下了一个很好的基础。

蔬菜是春节期间,更是疫情期间百姓购买量最大的品类,把蔬菜价格调下来,按成本价销售,这使比优特各连锁超市平均每天损失毛利17万元,截至目前,损失已近300多万元。孟繁中说:"疫情期间,赚钱不重要,安全最重要。"

疫情还在继续,比优特利用"疫情下的思维"攻坚克难的脚步也在继续,比优特集团党委坚信,只要守住安全红线,保障供应底线,疫情一定会被战胜,雨后的彩虹会更加灿烂。

(资料来源:比优特提供,略改动)

课后任务

门店客户投诉处理

任务描述

一位顾客来到商场生鲜部购买商品,当时顾客带的小孩又哭又闹,一位员工看到后,就顺手拿了一个玩具递给小孩(卖场里装饰有许多玩具,但也是商品),并说:"送给你玩吧。"小孩拿到玩具后就不再哭了,顾客挑选好商品后,去收银台进行结算。顾客出收银台时,防损员发现小孩手中的玩具未买单,就对顾客进行提示,要求顾客补单。顾客很恼火:"是你们里面的员工把玩具送给我小孩玩儿,怎么现在又要求买单?"防损员说:"我们的员工没有权利把商品送给您。""哦,那你是说员工没送,是我偷了你们的东西?"顾客认为防损员的语气态度不好,反过来要求防损员向他道歉。防损员认为自己的做法没有错,未当面道歉。顾客就亮出了他的警察证,对防损员说:"你说我小孩偷了你们的东西,你侮辱了我,侵犯了我的权利,你必须向我道歉。"防损员认为自己没有做错,依旧没有当众向顾客道歉。顾客就去前台投诉,并扬言要将此事投诉到江门日报社。前台接待处给顾客留下了防损部的电话。顾客回去后又给防损部打电话,防损部主管向顾客解释:"不管当时事情是怎样的,我们的员工都没有权利赠送商品,但不管错误如何发生,只要您在我们商场出现不愉快,都是我们的服务没有做到位。我在此向您表示道歉,并欢迎您能再次光临我们商场。"最终取得了顾客的谅解。

这起客户投诉产生的原因有哪些?该商场客户投诉处理方式有哪些不当之处?应如何改进?

任务分析

在竞争激烈的零售行业,如果不加强从业人员的服务意识和技巧,那么,企业在竞争中将处于劣势。零售业同时也是服务业,每一位员工,都有让顾客"乘兴而来,满意而归"的责任,同时也肩负着保护公司财产的责任与义务。

(1) 作为营业员,为了安慰小孩,随手拿一个玩具给小孩的这种意识是对的,但是应向顾客讲明此玩具是商品而不是赠品。更不要随便承诺,让顾客产生误解。

(2) 收银员的防损意识有待加强,在顾客买单时未发现小孩手中的玩具,若每位收银员都这样粗心大意,商品的流失量可想而知。

(3) 防损员的防损意识较强,但与顾客沟通时不注重方式,最终导致顾客投诉。

任务操作

客户投诉处理的操作步骤和关键节点如下。

步骤1:找原因。

连锁门店的客户投诉主要来源于以下_____方面,具体来说是由于_____。

A. 服务——主要是指由于员工服务不到位等问题产生的投诉

B. 质量——主要是指由于商品质量问题产生的投诉

C. 价格——主要是指由于商品价格问题产生的投诉,如价格标签与实际收银不符

D. 顾客——主要是指由于顾客自身问题产生的投诉

E. 商品——主要是指由于商品自身问题产生的投诉

F. 存包——主要是指由于存包问题产生的投诉

G. 安全——主要是指由于商品安全问题产生的投诉

H. 贵宾卡

I. 出租等方面

J. 语言不当

步骤2:看过程。

在此次客户投诉处理过程中,与下述_____原则相悖。

A. 倾听客户的陈述

B. 确认问题所在

C. 表示感同身受

D. 提出建议

E. 征求对方的同意

F. 立即解决

G. 追踪并了解客户是否满意

步骤3:想办法。

(1) 请结合任务情境,拟定防损员的话术模板,以便后续培训,从而有效地降低客户投诉发生概率。

(2) 结合上述情境,分析如何完善客户投诉处理流程。

任务思考

通过以上操作,完成了客户投诉处理,在此基础上思考并回答以下问题。

(1) 怎样才能避免客户投诉的产生?

(2) 客户投诉处理是一个人或一个部门的工作吗?为什么?

任务四　供应商管理

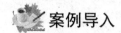

微课：连锁门店的
供应商管理

联华超市的供应商管理

联华超市是较早开始在供应商管理方面进行实践的连锁零售企业。早在1996年就进行了自动订货系统的开发与应用。2001年又在供应商管理系统中开发了颇具特色的"供应商综合服务平台"。随后又基于互联网技术建立起统一的供应商服务平台，在此平台上，供应商可以及时查询并下载订单信息，查询自己商品的销售、库存等信息，并进行自动结算对账操作。通过与供应商有效共享管理，建立起联华超市与供应商之间的紧密联系。

联华超市通过供应商平台采购的商品数量为2万～4万种，涉及3 000多家供应商。其中，像上海家化、达能饼干、雀巢公司等在内的1 000多家供应商已通过供应商平台来自动供货。联华超市的外部供应管理，主要解决核心企业与其可依赖的固定供应商及客户之间的交易流程和业务信息管理。通过联华超市构建的供应商综合服务平台，外部供应商可以清晰地看到自己商品的销售、库存情况，以便及时供货。

与外部供应链不同，联华超市内部供应链系统致力于解决企业总部与分支机构、下属门店、分公司、代理商之间的业务管理问题。现在联华超市的连锁店之间建立了统一的信息系统，总部可以通过网络对所有门店进行业务监控和管理。在上海总部的信息中心，工作人员轻点鼠标，分布于全国各地的各分店的订货、配送、调拨、验收、退货、结算等信息，都能够立刻清晰地显现出来。

目前，联华超市已建立了集中统一的数据仓库和数据交换平台，全面收集联华总部多业态、多地区的经营数据、管理数据、运行数据，以及供应商、顾客和外部竞争环境数据，建立完整的企业级数据仓库，形成了真正意义上的信息数据共享系统。联华超市在供应商管理的具体细节上也根据自身的特点，使其为我所用。

联华超市依靠信息管理技术的快速发展，推进了规模发展进程、管理现代化转型和零售技术的提升，实现了企业营运全过程的监控，随着企业的快速发展和公司信息建设五年规划的实现，市场监控工作质量将得到进一步提高，联华的核心竞争力也将不断得到增强。

（资料来源：https://baijiahao.baidu.com/s?id=1613806990683858832）

供应商管理是连锁门店客户关系管理中的一个重要组成部分，它也是连锁企业保证物资供应、确保采购质量和节约采购资金的重要环节。市场上的供应商何止千家，一个城市的综合超市潜在供应商可能上万家，全国范围内更是上百万家。如何开发最适合综合超市发展的供应商并与他们发展互利互惠的商业关系，是每一个地区公司采购部的重大战略任务。

从传统的供应商管理发展到现代的供应商管理，连锁企业有了很大的创新。现代的供应商管理中，企业只与少数的供应商合作，是一种长期的伙伴关系。双方进行多部门的沟通，分享多项信息，用合理的价格、完美的程序、双方对对方的建议和技术支持，最终实现双赢。

一、供应商管理分类

供应商管理可分为新供应商进场、旧供应商清场、旧供应商年度合同、旧供应商年度评估以及年度供应商表彰大会。

1. 新供应商进场

以常见的连锁企业超市为例,部分新供应商经营者经常向公司领导抱怨:"要见超市的采购不容易。"这句话说明了超市的部分采购人员已有了傲气,只喜欢或愿意与老供应商交往,把超市的进货大门关闭了,这是不对的。要知道超市的成长及永续发展,必须依靠供应商的支持,有些老供应商由于自身的原因,如财力、人力、广告、促销、研发、物流、质量等,无法跟上超市的发展步调,必须更换,因此需要补充新血。而且市场不乏好的热销商品,但因为种种原因没有采购,让超市错失了商机。同时,顾客也会抱怨超市缺少市场上热销的商品或品种不齐全等。

因此,采购人员引进新供应商是一个重要的课题,不可借故拒人于千里之外,超市应让新供应商有机会凭其实力与老供应商公平竞争。引进新供应商对超市有显而易见的好处:对老供应商有压力,俗话说有竞争才有进步,老供应商会对超市提供更好的交易条件,以保住其生意;新供应商可为超市增加较多的营业外收入,如果一家一万元,一年引进300家新供应商,就会为超市增加300万元的其他收入;新供应商可以弥补超市现有商品结构的不足,让超市的品种更齐全;最重要的是,新供应商的供货及交易条件通常会比老供应商更好,也能提供市场上热销的产品,为超市带来额外收益。

各地区公司采购部应采用以下方法引进新供应商。

(1)建立公司采购部网站,网站上有"新供应商进场程序"信息。

(2)在各地区公司总部接待柜台设置公告栏,公告采购部的网址,让新供应商可以上网浏览"新供应商进场程序"信息。同时,公告栏上应说明可以在接待柜台价购(如200元)"新供应商进场程序"及"供应商手册"。

在接待柜台设置"新供应商登记本",规定采购部在一周之内正式函复新供应商。

公告栏信息举例如图4-3所示。

新供应商朋友们:

1. 如果你们的产品有价格、质量、包装、品种或服务上的优势,超市采购部竭诚欢迎你们前来洽谈。
2. 你们可以经由采购部的网址"www.…….com.cn"了解与超市交易的程序。
3. 你们也可以在本接待柜台领取"新供应商进场程序"及"供应商手册"。
4. 在你们按"新供应商进场程序"把"供应商基本资料表""供应商简介""供应商报价单""新供应商问卷调查表""新供应商产品问卷调查表"及"目录或照片"交给本接待柜台的一周之内,采购部将正式函复你们是否需要进一步约定时间洽谈。

谢谢你们的合作　欢迎光临

图4-3　信息栏图示

采购部收到由接待柜台转来的"供应商基本资料表""供应商简介""供应商报价单""新供应商问卷调查表""新供应商产品问卷调查表"及"目录或照片"后,应设立一个登记本,登记日期、供应商名称及资料名称,然后交给采购总监。采购总监研究后作出批示,并交给相关的采购经理。采购经理做详细的调查并与采购主管研究后,呈报采购总监,由采购总监做出是否进一步洽商的决定,并正式函复供应商有关超市采购部的决定。正式的函复文件举例如图4-4所示。

```
尊敬的_____公司:
    感谢贵公司20__年__月__日所提供的资料,经采购部研究后,我公司的决定如下:
    •请尽快与我公司采购主管_____先生/小姐联系,电话为_____。
    •贵公司的产品在以下几方面没有优势,恕难合作。
    □价格    □质量    □包装
    □品种    □售前服务    □售后服务
    •我公司因以下原因暂时无法进一步联系。
    1._____。
    2._____。
    3._____。
    4._____。
    5._____。
    •贵公司若不同意本函的决定,还可以书面形式向我公司总经理申诉。

    采购部  敬启
                                        ×××超市有限公司
                                        20××年××月××日
```

图4-4 函复文件举例

以上函件发出后,采购部应通知接待柜台销案,否则接待柜台应负责追踪,如果超过10天采购部仍未发函,接待柜台应通知总办主任,由总办主任调查原因,最终应在14天之内函复,以示对新供应商的尊重,并维护超市的信誉。

若采购总监决定进一步与新供应商联系,采购主管应主动联系新供应商。经过几回合的洽谈,并初步筛选商品后,应填报"新供应商审批申请书"给采购经理与采购总监审批。申请审批时应附上"供应商基本资料表""供应商简介""供应商报价单""新供应商问卷调查表""新供应商产品问卷调查表""目录、照片或样品"及"供应商进场赞助同意书"。

采购经理与采购总监对于采购主管所推荐的供应商,应约谈其最高业务负责人,除了核实"供应商基本资料表""供应商简介""供应商报价单""新供应商问卷调查表"及"新供应商产品问卷调查表"的正确性外,还要把双方合作的利益进行充分沟通,并试探对方的虚实,毕竟两家公司的第一次合作需慎重。采购总监有最终审批权,经审批同意进场后,按正常进场程序,向财务部上交"进场赞助费"后,由采购主管正式建档,并下订单进货。

2. 旧供应商清场

有些供应商言行不一,表现欠佳,出现一些问题,例如,产品没有优势、促销不积极、产品质量不稳、包装不良、送货不及时、赞助费用少、拒绝退换货、供货价格经常调涨、账期太短、账额太小、沟通困难、服务不佳等。这些都是应该"清场"的征兆,但"清场"不能单凭采购主管说了算,否则容易因为个人恩怨,变成公报私仇、暗箱操作,这是采购工作的大忌。

为了让清场有凭有据,清场应该与进场一样有一个类似的程序。"旧供应商清场审批申请表"是用来决定清场的。采购主管鉴于某一个供应商的绩效不好,远不如预期,在开发替代供应商的同时,可填写"旧供应商清场审批申请表",经由采购经理与采购总监同意,正式办理清场手续。清场时,应先通知财务部暂缓付款,等与供应商谈妥库存清理办法后,例如,供应商补价差,或做清仓处理,才可做最后的货款结算。

3. 旧供应商年度合同

每年年底,除半年内的新供应商外,采购主管应与所有旧供应商谈下一年度的合同。"年度交易合作合同书"须在年底完成,否则视为自动延长一年。年度合同主要规范了价格、价格上涨、条码、交货天数、付款方式、付款账期、商品管理费用、进货奖励、节庆赞助、促销、广告意向、试吃演示、损耗补偿、食品及百货质量问题、退换货等项目。

采购主管在谈判年度新合同时,最好能请采购经理或采购总监一起参加,人多可集思广益、拾漏补遗。

4. 旧供应商年度评估

每年年底除要与供应商谈下一年度的交易合同外,采购主管还要对其管辖的所有供应商做一个"旧供应商年度评估表"。这个表的评估项目与"进场"及"清场"是一样的,只是增加了实际的年度总销售额及毛利率。

凭这个"评估表",采购部也可以在年底决定年度10%~20%应替换的供应商。若总数有500家供应商,则应在此时替换50~100家供应商,汰劣择优,形成一种"良性循环"。

5. 年度供应商表彰大会

每年年底,各地区公司可举办一个年度供应商表彰大会,其目的是:①感谢供应商一年来的配合与支持及辛劳。②借表彰大会的透明化,激发起供应商的攀比积极性。③展现超市的采购及销售实力,吸引新的、有实力的供应商前来洽商。

表彰大会可以是有偿的或无偿的,例如由供应商自费参加有餐宴的颁奖大会;也可以仅有精神奖励或同时给予物质奖励,精神奖励如奖状或奖牌,物质奖励如奖金或提前付款;更可以请新闻媒体参加报道,以扩大影响力。表彰的内容可以包括营业额、营业额增长率、毛利额、毛利增长率、准时交货率、低或无退货率、售后服务水平、商品创新、促销支持力度、广告支持力度、综合配合度等项目。

对于供应商的业务人员及超市的采购人员,可以颁发"最佳业务能手"及"最佳采购能手"等荣誉称号,以激励买卖双方关键人员,奖项可以是奖状、奖牌、奖金或国外旅游等。各地区公司在这方面的投入越多,下一年的回报肯定会越大。

二、供应商评估

当今社会,市场变幻莫测,为了生存,连锁零售企业必须选择一种新型的管理模式来提高自己的竞争力,这种管理模式必须使企业具备很强的应变能力及风险处理能力,必须以超越单个企业资源所提供的市场表现力来参与竞争。因此,建立行之有效的供应链系统是现代连锁零售企业的必然选择,而与上游供应商的紧密合作将是供应链建设中很重要的环节,对于供应商的选择和评价尤为重要。通常会从以下几个方面对其进行选择和评价。

1. 供应商的企业背景

(1) 企业运作是否合法、规范。
(2) 企业领导人是否优秀。
(3) 管理层是否高效。
(4) 员工是否稳定。
(5) 管理是否规范。

2. 供应商所提供的价格

(1) 是否是市场最低价。
(2) 是否在大批量销售的前提下能够让利。

3. 付款条件

是否能接受我方提出的付款条件并能积极配合。

4. 送货能力

(1) 是否能准时送货。
(2) 是否能按量送货。
(3) 是否有足够的运输条件送货。

5. 合作性

(1) 长期合作是否融洽。
(2) 突发事件的处理是否配合。
(3) 临时顾客的大量订单是否能够满足。
(4) 顾客投诉是否及时处理。

6. 充分合理的利润

(1) 供应商提供的进价是否使本超市有充分合理的利润。
(2) 供应商的通道费用是否大力支持。
(3) 在大批量销售的情况下,是否愿意让利或有返利的规定。

7. 可靠性和质量保证

(1) 供应商是否是该商品长期稳定的供应商。
(2) 供应商的产品质量是否有长期保证。
(3) 供应商是否有具体的售后服务措施。

8. 供应商的历史表现和成长性

(1) 供应商过去的表现如何、名声如何。
(2) 供应商的市场增长率如何。
(3) 供应商是否一直在不断成长。
(4) 供应商的新品开发能力如何。
(5) 供应商的市场推广能力如何。

三、供应商关系的维护与激励

(一)如何与供应商建立良好的伙伴关系

建立并维护良好的供应商关系可满足企业不断变化着的需求,并提高采购人员的作业效率。

过去,许多企业把自己的供应商看成对手,并在此基础上与他们共事。而在日本企业的经验里,好的供应商关系会带来许多好处,即得到能够接受交货的时间、质量、数量改变的灵活多变的供应商。另外,供应商还能帮助我们发现问题,提出解决建议。因此,单纯依据价格选择和变换供应商是一种很短视的方法,不能满足企业不断变化着的需求。

许多日本企业只用为数不多的供应商就能满足需求。相反,在国内许多采购企业却在和无数供应商打交道,他们认为,"鹬蚌相争,渔翁得利"。事实上,并非如此,供应商也没有那么愚蠢。所以,最好的办法是与供应商建立良好的伙伴关系。

这样,供应商能够进行高质量供应,严格按照交货时间运作,保持与生产规格变化、交付时间等相关的柔性。两种相反的供应商观点对比如表4-4所示。

表4-4 供应商作为伙伴与对手的对比

对比项目	对手关系	伙伴关系
供应商数量	许多;使他们互相争斗	一个或几个
关系长短	也许短暂	长期
低价格	主要考虑因素	适度重要
可靠性	可能不高	高
公开程度	低	高
质量	买方观点;可能不可靠	确保供应源;供应商认证
业务量	也许小,因为供应商多	大
位置	非常分散	由于供应与服务必须及时而强调亲近
柔性	比较低	比较高

通常,供应商可借鉴图4-5所示的九点建议方向,为采购企业提出建议并提高竞争优势。

连锁企业若与供应商关系良好,他们通常都会欣然接受供应商的意见。

供应商伙伴关系只有在共同压缩存货、计划和稳定生产时才能合作愉快。通常,买方或供应商应是大型企业,因为大型企业更有可能从合作关系中获利,而且这样的规模更有助于

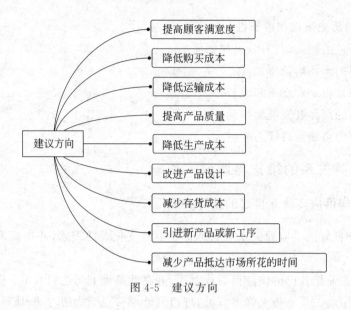

图 4-5　建议方向

合作。

供应商伙伴关系也存在许多障碍,由于利益大量涌向采购企业,供应商在加入这种关系时可能会犹豫不决。有时,供应商必须流出现金,增加设备的投资。另外还有一种可能,买卖双方文化差异太大,无法形成伙伴关系。

(二)供应商的激励

1. 信任激励

合作伙伴关系的前提就是相互信任,因此企业之间需要建立相互信任的机制,以维持长期合作,主要有以下几种。

(1)合作信任关系,主要是诚实守信,准时付账,保持信任度。

(2)竞争信任关系,取决于企业执行一项职能时技术和管理方面的竞争力。

(3)良好愿望性竞争关系。

2. 信息共享激励

信息交流有助于减少投机行为,有助于减少促进重要生产信息的自由流动。如果供应商能够快捷地获得需求信息,就能够主动采取措施提供优质服务。同时,如果超市能够及时了解供应商的信息,挑选到最优秀的供应商,这对双方建立信任也有着非常重要的作用。

3. 商誉激励

商誉是无形资产,对企业极其重要。因此即使没有显性激励合同,供应商也有努力工作的积极性。

4. 新产品的共同开发

新产品的共同开发可以让供应商全面掌握产品的开发信息,有利于技术在供应链企业中的推广和开拓供应商的市场。在这种情况下,整个产品开发的成败不仅影响超市本身,同时也关系到供应商。因此,这就构成了一种激励作用。

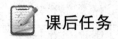

课后任务

供应商评价

任务描述

天悦商贸有限公司主要经营大型全国连锁超市,杨经理为天悦黑龙江地区某城市经理,全面负责该地区 10 家精品超市的经营管理。岁末年终,杨经理不仅要对供应商进行评价,同时还要根据评价结果,确定下一年度的供应商合作计划和激励政策。

杨经理首先要对该超市核心业务部门生鲜大类的供应商进行评价。表 4-5 是该超市统一的供应商评价表,其中各项目评价基准可以根据各部门特点灵活设置。结合黑龙江地区生鲜供应商合作的情况,需要调整的项目主要集中在账期和库存周转两个指标上,账期最高可达 60 天,最短 1 个月。库存周转率则恰好相反,尤其是绿色有机果蔬产品的库存周转率,一般在 10~15 天。

表 4-5 供应商评价表

评价项目	评价基准(评估分数)	评价分数				得分
供应商优势说明及影响力	供应商类型:生产商(3),总经销 1 级(3)/2 级(2)/3 级(1)	3	2	1	0	
	品牌/区域竞争力:全国(3)/区域(2)/北京+(1)/其他(0)	3	2	1	0	
	品质竞争力:优秀(5)/较好(3)/一般(2)/不足(0)	5	3	2	0	
	价格竞争力:进价低于竞争店(3)/持平竞争店(2)/高于竞争店 5% 以内(1)/高于竞争店 5% 以上(0)(以价格指数为计算依据)	3	2	1	0	
进店合作范围	国内全店(5),华北全店(3),北京单独(2),其他(0)	5	3	2	0	
销售数据 S(年/月/类别)	销售增长率:>10%(5),5%~10%(3),0~5%(2),0 以下(0)	5	3	2	0	
	销售 TOP:前 10(5),10~15(3),15~20(2),20 以上(0)	5	3	2	0	
利润数据 M(年/月/类别)	毛利增长率:>10%(5),5%~10%(3),0~5%(2),0 以下(0)	5	3	2	0	
	毛利 TOP:前 10(5),10~15(3),15~20(2),20 以上(0)	5	3	2	0	
	促销进价补偿方式:空进空退(3),库存补偿(2),销售补偿(1),无补偿(0)	3	2	1	0	
返利数据 B	返利提成点:TOP10%(5),TOP10%~20%(3),TOP20%~30%(2),TOP30% 以上(0)	5	3	2	0	
	物流费用:TOP10% 以内(3),TOP10%~20%(2),TOP20%~30%(1),TOP30% 以上(0)	3	2	1	0	
费用数据 C	促销费用投入(海报,堆头,陈列,新商品等)按照频次/费用/等级:费比 TOP10%(5),费比 TOP10%~20%(3),费比 TOP20%~30%(2),费比 TOP30% 以上(0)	5	3	2	0	
售后服务	售后保证金+交易保证金都收取,不良商品率 3% 以内(5),仅一项收取,不良商品率 3%~6%(3),无保证金,且不良率低于 3%(2),其他(0)	5	3	2	0	
新品折扣率	15% 以上,10%~15%,5%~10%,5% 以下,期间(3 个月/2 个月/1 个月/首单)	5	3	2	0	
账期	50 以上,40~50,25~40,25 以下(根据部门区分设置)	5	3	2	0	

续表

评价项目	评价基准（评估分数）	评价	分	数	得分
退货	可退货(5),不可退可换(2),不可退不可换(1),买断(0)	5	3	1	0
促销员	每店有促销员(5),部分店有促销员(3),均无促销员(0)	5	3	0	0
库存周转	20天以下,20～30天,30～45天,45天以上(根据部门区分设置)	5	3	2	0
拒收未纳率	5%以下,5%～10%,10%～15%,15%以上	5	3	2	0
合作配合度	优1,良2～4,一般4～6,较差7以上(根据各方面项目合作情况反馈)	5	3	2	0
与门店配合度	优1,良2～4,一般4～6,较差7以上(根据门店投诉次数或门店供应商评价)	5	3	2	0

备注：评分85以上为A级（重点合作），75～85分为B级（合作潜力），60～75分为C级（一般合作），60分以下为D级（淘汰）；以上各项目评价基准可以根据各部门特点灵活设置。

以该超市黑龙江地区最主要的绿色有机果蔬供应商G公司为例，合作账期为65天，库存周转率3～7天，合作过程顺畅。虽然G公司在新品上市的促销过程中投入少，影响了销售增长的表现。而且由于生产能力所限，目前只进行黑龙江地区的合作。随着顾客对于健康、口感和营养等方面越来越高的要求，东北黑土地孕育的绿色有机果蔬的市场潜力巨大。尤其是天悦公司华北地区急需稳定的有机果蔬供应商。因此G公司已经扩建了生态园，为下一步拓展华北市场做好了准备。

对G公司进行的供应商评价表中（表4-6），评价基准确定的项目，杨经理已评分完毕，请结合上述信息，帮助杨经理完善"账期"和"库存周转"的评价基准，给G公司评分。并结合评价结果制定针对G公司的激励政策。

任务分析

供应商管理是指对供应商了解、选择、开发、使用和控制等综合性管理工作的总称。此次任务，从超市经营过程的一个节点切入，主要通过供应商评价和供应商激励政策的制定、地位和作用，基于供应商在企业供应链中的地位和作用，从以下几个方面加以考虑：对供应商实施有效的激励，保持对供应商的动态管理，提高供应商的服务水平，降低公司采购的风险。

任务操作

供应商管理的操作步骤和关键节点如下。

步骤1：确定生鲜类供应商评价标准。

结合统一标准，依据哈尔滨地区同行业生鲜品类供应商在"账期"和"库存周转"方面的表现，制定评价标准，填入表4-6。

步骤2：完成对G公司的供应商评价。

结合任务描述列出的G公司资料，依据表4-5中各项目的评价标准，补充完成G公司的评分。

表4-6 ×××地区生鲜类商品供应商评价表(_____公司)

评价项目	评价基准(评估分数)	评价分数				得分
供应商优势说明及影响力	供应商类型：生产商(3)，总经销1级(3)/2级(2)/3级(1)	3	2	1	0	3
	品牌/区域竞争力：全国(3)/区域(2)/北京+(1)/其他(0)	3	2	1	0	0
	品质竞争力：优秀(5)/较好(3)/一般(2)/不足(0)	5	3	2	0	5
	价格竞争力：进价低于竞争店(3)/持平竞争店(2)/高于竞争店5%以内(1)/高于竞争店5%以上(0)，(以价格指数为计算依据)	3	2	1	0	2
进店合作范围	国内全店(5)，华北全店(3)，北京单独(2)，其他(0)	5	3	2	0	0
销售数据S (年/月/类别)	销售增长率：>10%(5)，5%~10%(3)，0~5%(2)，0以下(0)	5	3	2	0	2
	销售TOP：前10(5)，10~15(3)，15~20(2)，20以上(0)	5	3	2	0	2
利润数据M (年/月/类别)	毛利增长率：>10%(5)，5%~10%(3)，0~5%(2)，0以下(0)	5	3	2	0	5
	毛利TOP：前10(5)，10~15(3)，15~20(2)，20以上(0)	5	3	2	0	5
	促销进价补偿方式：空进空退(3)，库存补偿(2)，销售补偿(1)，无补偿(0)	3	2	1	0	3
返利数据B	返利提成点：TOP10%(5)，TOP10%~20%(3)，TOP20%~30%(2)，TOP30%以上(0)	5	3	2	0	5
	物流费用：TOP10%以内(3)，TOP10%~20%(2)，TOP20%~30%(1)，TOP30%以上(0)	3	2	1	0	3
费用数据C	促销费用投入(海报，堆头，陈列，新商品等)按照频次/费用/等级：费比TOP10%(5)，费比TOP10%~20%(3)，费比TOP20%~30%(2)，费比30%以上(0)	5	3	2	0	5
售后服务	售后保证金+交易保证金都收取，不良商品率3%以内(5)，仅一项收取，不良商品率3%~6%(3)，无保证金，且不良率低于3%(2)，其他(0)	5	3	2	0	5
新品折扣率	15%以上，10%~15%，5%~10%，5%以下，期间(3个月/2个月/1个月/首单)	5	3	2	0	3
账期		5	3	2	0	
退货	可退货(5)，不可退可换(2)，不可退不可换(1)，买断(0)	5	3	1	0	5
促销员	每店有促销员(5)，部分店有促销员(3)，均无促销员(0)	5	3	0	0	5
库存周转		5	3	2	0	
拒收未纳率	5%以下，5%~10%，10%~15%，15%以上	5	3	2	0	5
合作配合度	优1，良2~4，一般4~6，较差7以上(根据各方面项目合作情况反馈)	5	3	2	0	5
与门店配合度	优1，良2~4，一般4~6，较差7以上(根据门店投诉次数或门店供应商评价)	5	3	2	0	5

备注：评分85分以上为A级(重点合作)，75~85分为B级(合作潜力)，60~75分为C级(一般合作)，60分以下为D级(淘汰)；以上各项评价基准可以根据各部门特点灵活设置。

步骤3：确定G公司的供应商级别。

供应商共分为四个级别：评分85分以上为A级（重点合作），75～85分为B级（合作潜力），60～75分为C级（一般合作），60分以下为D级（汰换），结合表4-6得出G公司的供应商评价得分为_____分，为_____级供应商。

步骤4：制定对G公司的激励政策。

首先，依据G公司供应商评分表，分析得出可提升的项目销售增长、销售TOP、新品折扣率，结合任务信息制定G公司的激励政策。

任务思考

（1）供应商评价标准的依据是什么？

（2）制定对G公司的激励政策应注意什么？

课后练习

一、单项选择题

1. 在日益激烈的市场竞争环境下，企业仅靠产品的质量已经难以留住客户，（   ）成为企业竞争制胜的另一张王牌。
   A. 产品　　　　　B. 服务　　　　　C. 竞争　　　　　D. 价格

2. 关系营销认为产品的价值既包括实体价值，也包括（   ）。
   A. 产品的包装　　　　　　　　　B. 附在实体产品之上的服务
   C. 附在产品上的广告价值　　　　D. 产品的使用价值

3. 在客户关系管理中，客户的满意度是由以下（   ）因素决定的。
   A. 客户的期望和感知　　　　　　B. 客户的抱怨和忠诚
   C. 产品的质量和价格　　　　　　D. 产品的性能和价格

4. 在客户关系管理系统的功能当中，（   ）管理功能不在客户关系管理的范畴之内。
   A. 销售　　　　　B. 采购　　　　　C. 呼叫中心　　　　　D. 数据挖掘

5. 按客户重要性分类，客户可以分为（   ）。
   A. 潜在客户、新客户、常客户、老客户、忠诚客户
   B. 贵宾型客户、重要型客户、普通型客户
   C. 基本型、被动型、负责型、能动型、伙伴型
   D. 铅质客户、铁质客户、黄金客户、白金客户

二、多项选择题

1. 客户投诉的需求包含（   ）。
   A. 被关心　　　B. 被倾听　　　C. 服务人员专业化　　　D. 迅速反应

2. 门店客户购买的总成本包括（   ）。
   A. 货币成本　　　B. 时间成本　　　C. 精力成本　　　D. 体力成本

3. 客户关系管理的核心目标是（   ）。
   A. 提高客户满意度　　　　　　　B. 加强客户识别、细分、获得、忠诚
   C. 提高客户忠诚度　　　　　　　D. 加强对组织及其服务的理解

4. 维护良好的客户关系，使客户忠诚，给企业带来的效应包括（   ）。
   A. 长期订单　　　B. 回头客　　　C. 额外的价格　　　D. 良好的口碑

5. 客户满意的横向层面包括( )。
   A. 理念满意　　　B. 行为满意　　　C. 精神满意　　　D. 视觉满意

三、判断题
1. 只有大企业才需要实施客户关系管理。( )
2. 实施客户关系管理就是要购买一个 CRM 软件,并且在企业全面使用。( )
3. 维持老顾客的成本大大高于吸引新顾客的成本。( )
4. 需求量大重复消费的客户就是我们的大客户。( )
5. 客户满意＝实际感知效果－期望值。如果可感知效果低于期望值,客户就不会满意。( )

四、案例分析题
A 是一家颇具规模的综合超市。该超市地理位置优越,周边有学校、政府机关、企事业单位、银行、特色商店等,是一个小资、高尚定位人群密集的区域。几年来的经营过程中,该超市经营思路较正确,不断增加新的品类和各种网红产品,至今共有包括食品、百货、干调、粮油、生鲜等多个品类数万种商品,还有进口食品区和网红商品区。总的来讲,在零售行业竞争日益激烈的情况下,该超市还是取得了不错的业绩,在业界和消费者心目中也树立了较好的形象。但是,老板王女士近来却忧心忡忡地发现两个问题越来越严重。

1. 经营中新的项目不断推出,新老客户也都比较拥护,营业额上去了,但利润却徘徊不前。
2. 超市生意非常好,员工积极性也相当高,但消费者的满意度却没有提高,甚至出现客户流失的现象。

王女士十分担心,这两大问题如果无法尽快得到有效遏制,势必会影响超市未来的发展。

问题:
1. 王女士打算对超市客户进行客户优化。
(1) 当她对超市客户进行客户分类时,她要参考的客户信息有( )。
   A. 客户档案　　　B. 客户消费记录　　　C. 客户贡献度　　　D. 客户忠诚度
(2) 当她想要优化超市客户服务时,她应该( )。
   A. 对于超市忠诚客户提供更有针对性的服务,并进行个性化跟踪
   B. 建立客户信息管理系统,根据客户购买信息调整超市的出售商品
   C. 加强员工管理,建立服务规范、用语规范,进行专业化礼仪培训
   D. 建立网上销售平台,及时推送超市促销信息
2. 若她想精耕细作,努力提高客户的感知价值,她应该( )。
   A. 精心布置店堂环境　　　　　　　B. 承诺并公开所用物料的品牌档次
   C. 降低客户的感知成本　　　　　　D. 恰如其分地进行广告宣传
3. 该超市在收集客户信息时,衡量客户忠诚度的指标有( )。
   A. 客户重复购买的次数　　　　　　B. 从客户的角度出发
   C. 客户对产品的敏感程度　　　　　D. 客户需求的满足率
4. 若她要根据客户商业价值进行分类管理,应该分为( )。
   A. VIP 客户和主要客户的客户关系管理

B. 普通客户的客户关系管理
C. 小客户的客户关系管理
D. 不用进行分类管理

5. 她想提升超市客户的满意度，从而提高超市客户对该超市的忠诚度，提升超市利润，她应该(　　)。

　　A. 倾听客户的声音，不仅是在调查或者受到投诉的时候，而是所有与客户间的日常接触
　　B. 对客户反映的事实负责并且采取行动，当客户对超市商品、账单或服务存有疑问时，要将它作为一次客户关系恶化的情况来处理
　　C. 集中关注并把资源放在那些对客户有影响的项目上，从而提供更简单、快捷和有价值的服务
　　D. 调和部门之间的商业协助，能帮助有关员工处理客户关系，要系统化地做出即时性的协作

五、讨论题

1. 根据客户关系管理的四个战略关键要素，即细分客户、客户满意度、客户忠诚度以及客户状态，结合零售行业特点，讨论大型连锁门店应如何留住客户？
2. 实施客户关系管理能为企业带来哪些优势？
3. 常见的连锁门店客户流失的原因有哪些？

项目五

门店财务管理

 知识体系

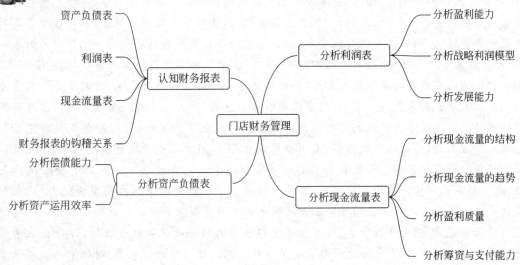

 知识目标

(1) 读懂常用的财务报表。
(2) 掌握财务报表的基本分析方法。
(3) 分析财务报表映射的经营问题。

 技能目标

(1) 能够结合财务报表分析，正确判断经营状况。
(2) 善用资产负债表进行偿债能力、资产运用效率分析。
(3) 善用利润表分析盈利能力和发展能力。
(4) 分析现金流量表，判断支付能力。

 课程思政

(1) 培养学生在连锁门店运用财务分析方法对财务报表进行分析的能力，进而科学理性地分析经营状况，作出精准的管理决策。

（2）培养学生在零售企业具有规范操作、标准化工作、良好的数据敏感度、吃苦耐劳的优良品质、严谨细致的工作作风。

任务一　认知财务报表

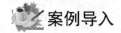

巴菲特的寻宝图——财务报表

　　股神巴菲特曾说过："别人喜欢看杂志，而我喜欢看公司财务报表。"可见在寻找股市宝藏的路上，财务报表就是巴菲特的寻宝图，那么财务报表究竟是什么呢？财务报表简称财报，是企业提供的反映企业在过去某段时间内经营和财务状况的会计表格，一套完整的财务报表应当包括资产负债表、利润表、现金流量表、所有者权益变动表及附注，其中最为重要的当属资产负债表、利润表和现金流量表，这三个表分别从不同角度展现了一家公司的财务状况、经营成果和现金流量，堪称财报界"三大天王"。资产负债表是企业在特定日期，如年末、季末、月末，所有资产与负债的对比表，详细描述了企业目前的财务状况，反映了企业的负债情况。如果一家公司负债过多，必然会限制将来的发展，作为股民或投资者自然不愿意购买该公司的股票或投资。利润表反映的是企业在一定时期所获得的利润，是企业盈利能力的体现。通常来说，公司盈利能力强，表明公司运作良好，股票在未来的升值空间大，因此盈利能力越强的公司越容易受到股民的青睐。现金流量表是一张反映企业流动资金情况的表格，是对利润表和资产负债表的补充，主要可以看出这家公司往来账户的现金流，以此来判断这家公司是否有足够的流动资金来开展新业务。财务报表全面系统地揭示了企业一定时期内的经营成果，它对于投资者、经营者等了解企业的财务状况和经营业绩，评价企业的偿债能力和盈利能力，制定经济决策都有着显著的作用。但从时效性来看，财报中的数据属于企业过去经营活动的成果，企业的未来更值得关注，所以不要仅仅盯住几个数字，要透过财报看企业的未来。

　　财务分析报告是以企业的财务报告和其他资料为基本依据，采用专门的分析工具和方法，从财务报告中寻找有用的信息，有效地寻求企业经营和财务状况变化的原因，从而对企业的财务状况、经营成果和现金流量进行综合分析与评价的过程。不同的财务报表展示不同的财务信息，如衡量企业目前财务状况，评价企业过去生产经营业绩，预测企业未来发展趋势。对企业内部财务信息使用者来说，利用分析财务报告所获得的各种信息，可以指出生产经营中存在的问题，进一步追查分析其原因，进而作出改进的决策。对企业外部使用者来说，可以在对企业财务状况、经营成果、现金流量的分析中，判断其相互间的关系，以寻求与决策相关的信息。

（资料来源：https://www.sohu.com/a/294088608_120022498）

　　财务报表是随着商业社会对会计信息披露程度的要求越来越高而不断发展的，主要有资产负债表、利润表、现金流量表等。财务报表是企业经营活动的缩影，是传递财务信息的载体。就财务报表本身而言，它并不能成为财务信息使用者决策的依据。由于财务环境的复杂多变，客观地要求财务信息使用者必须对财务报表所提供的信息加以整理分析，才能据以决策,衡量企业目前财务状况,评价企业过去生产经营业绩,预测企业未来发展。

一、资产负债表

资产负债表的雏形产生于古意大利,随着商业的发展,商贾们对商业融资的需求日益加强。高利贷放贷者出于对贷款本金安全性的考虑,开始关注商贾们的自有资产状况,资产负债表于是应运而生。1776年,亚当·斯密发表《国富论》,提出了收益概念,将其概括为"财富的增加"。

微课:资产负债表

直到20世纪前,收益的观念一直处于萌芽阶段,收益被认为是两个不同时期资本数额的变化。这一时期,企业的规模较小,组织形式简单,企业的所有者往往就是企业的经营者,他们关注的信息是企业拥有多少资产,拥有多少负债,企业的净资产是多少。企业的外部融资形式简单,主要是短期融资。债权人关心的主要是企业的偿债能力,是企业的财务状况而非企业的经营成果。直到20世纪初,收益的确认依然主要是遵循资产负债观,但企业的融资形式发生了改变,由早先的短期融资转向长期筹资,更多地采用股票和债券的形式,在持续经营的前提下,企业的收益才是按时还债的安全保障。

20世纪70年代起,世界范围的通货膨胀和经济萧条带来的经济危机,击垮了许多曾经迅速发展的公司,会计中长期坚持的币值稳定假设和历史成本原则造成财务报告信息前后各期没有可比性,不能反映企业真实的财务状况和经营成果,极大地影响了信息使用者的决策,人们开始关注资产的质量。迫于多方压力,美国财务会计准则委员会(FASB)认为,更好的方法是先确认交易或事项是否形成资产或负债,然后再据此确认收益。FASB在公告中定义了资产、负债,将其作为首要概念要素,并依照资产和负债的变化来定义其他要素。

1. 会计等式

在学习资产负债表之前,首先要认识会计等式。会计等式是揭示会计要素之间内在联系的数学表达式,又称会计方程式或会计恒等式。"资产=负债+所有者权益"这一平衡公式,体现了资产、负债、所有者权益之间的平衡关系。资产、负债、所有者权益是反映企业财务状况的会计要素,是企业财务状况的静态反映。

结合表5-1资产负债表,可以看到资产类的科目又具体分为流动资产和非流动资产。流动资产包括货币资金、短期投资、应收票据、应收账款、预付账款、应收股利、应收利息、其他应收款、存货、其他流动资产等会计科目;其中货币资金又包含库存现金、银行存款、银行汇票、银行本票等会计科目。会计科目是按照经济业务的内容和经济管理的要求,对会计要素的具体内容进行分类核算的科目。

当企业发生经济业务时,需要依据会计准则记入对应的会计科目,举例来说,沙僧开店案例中,家庭投入6万元现金,这体现为货币资金增加6万元,同时实收资本增加6万元。由此带来的变化就是其对应的资产和所有者权益同时增加6万元,会计等式左右两边相等。

2. 资产负债表的编制

资产负债表是反映企业在某一特定日期(如月末、季末、年末)全部资产、负债和所有者权益情况的会计报表,是企业经营活动的静态体现,根据"资产=负债+所有者权益"这一平衡公式,依照一定的分类标准和一定的次序,将某一特定日期的资产、负债、所有者权益的具体项目予以适当的排列编制而成。它表明企业在某一特定日期所拥有或控制的经济资源、所承担的现有义务和所有者对净资产的要求权。它是一张揭示企业在一定时点财务状况的静态报表。资产负债表利用会计平衡原则,将合乎会计原则的资产、负债、股东权益等会计科目分为"资产""负债及所有者权益"两大区块,在经过分录、转账、分类账、试算、调整等会计程序后,以特定日期的静态企业情况为基准,浓缩成一张报表。

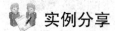 **实例分享**

沙僧开店——编制资产负债表

表 5-1 资产负债表

编制单位:沙僧餐饮　　　　　　　2021 年 12 月 31 日　　　　　　　　　　单位:元

资产	行次	期末余额	期初余额	负债和所有者权益（或股东权益）	行次	期末余额	期初余额
流动资产:				**流动负债:**			
货币资金	1	92 000.00	100 000.00	短期借款	30	40 000.00	40 000.00
应收票据	2			应付票据	31		
应收账款	3	20 000.00		应付账款	32	30 000.00	
预付款项	4			预收款项	33		
应收利息	5			应付职工薪酬	34	10 000.00	
应收股利	6			应交税费	35	17 925.00	
其他应收款	7			应付利息	36	300.00	
存货	8	50 000.00		应付股利	37		
其他流动资产	9			其他应付款	38		
流动资产合计	10	162 000.00	100 000.00	一年内到期的非流动负债	39		
非流动资产:				其他流动负债	40		
可供出售金融资产	11			**流动负债合计**	41	98 225.00	40 000.00
持有至到期投资	12			**非流动负债:**			
长期应收款	13			长期借款	42		
长期股权投资	14			应付债券	43		
投资性房地产	15			长期应付款	44		
固定资产	16	50 000.00		专项应付款	45		
在建工程	17			预计负债	46		
工程物资	18			递延收益	47		
固定资产清理	19			递延所得税负债	48		
生产性生物资产	20			其他非流动负债	49		
油气资产	21			**非流动负债合计**	50		
无形资产	22			**负债合计**	51	98 225.00	40 000.00
开发支出	23			**所有者权益（或股东权益）:**			
商誉	24			实收资本（或股本）	52	60 000.00	60 000.00

续表

资　产	行次	期末余额	期初余额	负债和所有者权益（或股东权益）	行次	期末余额	期初余额
长期待摊费用	25			资本公积	53		
递延所得税资产	26			减：库存股	54		
其他非流动资产	27			其他综合收益	55		
非流动资产合计	28	50 000.00		盈余公积	56		
				未分配利润	57	53 775.00	
				所有者权益（或股东权益）合计	58	113 775.00	60 000.00
资产总计	29	212 000.00	100 000.00	负债和所有者权益（或股东权益）总计	59	212 000.00	100 000.00

表内逻辑关系如下。

流动资产、流动负债、非流动资产、非流动负债、所有者权益（或股东权益）为列示项目，不需体现数据。

(1) 10＝1＋2＋3＋4＋5＋6＋7＋8＋9。

(2) 28＝11＋12＋13＋14＋15＋16＋17＋18＋19＋20＋21＋22＋23＋24＋25＋26＋27。

(3) 29＝10＋28。

(4) 41＝30＋31＋32＋33＋34＋35＋36＋37＋38＋39＋40。

(5) 50＝42＋43＋44＋45＋46＋47＋48＋49。

(6) 51＝41＋50。

(7) 58＝52＋53＋54＋55＋56＋57。

(8) 59＝51＋58。

流动资产合计、非流动资产合计、资产总计、流动负债合计、非流动负债合计、负债合计、所有者权益（或股东权益）合计、负债和所有者权益（或股东权益）总计为数字型，自动计算，不可编辑。

企业负责人必须掌握一些基础的财务知识，这有助于老板更好地了解自己的企业，从而制定合适的经营策略，带领企业快速成长。首先可以看到，取经归来后，沙僧一直的梦想是开家餐馆，力争进入《舌尖上的唐朝》，冲进50强，开餐馆需要创业资金，沙僧通过以下渠道筹集了100 000元：①家庭投入60 000元；②从银行贷款40 000元。沙僧餐饮于2021年12月1日正式开业了。如果要用更简单的语言来表达这一天的财务状况，它就是一个等式，货币资金100 000元等于银行借款40 000元，加上家庭投入60 000元，转换成财务语言，叫作资产等于负债加所有者权益，资产是100 000元，负债是40 000元，所有者权益是60 000元，具体如下。

资产＝负债＋所有者权益

货币资金100 000＝短期借款40 000＋实收资本60 000

开张后沙僧需要购买设备和材料，购买设备花费50 000元，购买材料花费30 000元，这个行为的结果是资产的内部发生了一些变化，一部分钱转化成设备和材料，于是有了一个新的等式,货币资金变成了 20 000 元,多了材料 30 000 元和设备 50 000 元,银行欠款 40 000 元和家庭投入 60 000 元不变,用财务语言表达,依然是资产 100 000 元等于负债 40 000 元加所有权益 60 000 元。

资产＝负债＋所有者权益
货币资金 20 000＋存货 30 000＋固定资产 50 000＝短期借款 40 000＋实收资本 60 000

沙僧餐饮开张,第一个月末沙僧结账,发现材料费 10 000 元,收入 100 000 元,其中有 20 000 元是师傅带二师兄吃的,但还没有给钱,也就是说,①这个月产生了营业收入 100 000 元,但其中有 20 000 元还没收到钱;②耗费的材料,即成本是 10 000 元,未分配利润是 90 000 元。接下来看等式的变化,等式左边将收入存入银行使货币资金增加了 80 000 元,又回到了 100 000 元,有一个应收师傅的债权是 20 000 元。但材料耗费 10 000 元,所以还剩下 20 000 元。设备没有变化,还是 50 000 元。等式右边银行借款还是 40 000 元,家庭投入还是 60 000 元,多了一个未分配利润 90 000 元,左右相等。用财务语言来表达,就是资产 190 000 元等于负债 40 000 元加所有者权益 150 000 元。资产增加了 90 000 元,负债没有变,所有者权益也增加了 90 000 元,即第一个月的未分配利润是 90 000 元。

资产＝负债＋所有者权益
货币资金 100 000＋应收账款 20 000＋存货 20 000＋固定资产 50 000
＝短期借款 40 000＋实收资本 60 000＋未分配利润 90 000

接下来,沙僧购买了 30 000 元的材料,材料款约定下个月支付。随着业务的扩展,人手不够用,沙僧聘请小白龙作为员工,工资 10 000 元下个月支付。接到银行结算单,本年度应付借款利息 300 元。一个月中支付广告费和业务宣传费 5 000 元、开办费 1 000 元、业务招待费 2 000 元。再来看看等式左、右两边是怎么变化的。等式左边:银行存款因支付广告费和业务宣传费、办公费、业务招待费减少 8 000 元,所以货币资金还剩 92 000 元;应收师傅的欠款没有变,还是 20 000 元;原材料由于增加 30 000 元而变成了 50 000 元,于是存货记为 50 000 元;设备没有变,固定资产还是 50 000 元。等式右边:银行的借款没有变,还是 40 000 元;增加了赊购材料的应付款 30 000 元;应付小白龙的工资是 10 000 元;计提的企业所得税税款是 17 925 元;家庭投入 60 000 元,没有变;未分配利润还剩 53 775 元,为什么是 53 775 元呢? 本来有 90 000 元的净利润,但是已经支付广告费和业务宣传费、办公费、业务招待费,共计 8 000 元,未来还要支付小白龙工资 10 000 元、交税 17 925 元,所以最终留存的净收益就只有 53 775 元。用财务语言表达,就是资产 212 000 元等于负债 98 225 元加所有者权益 113 775 元。

资产＝负债＋所有者权益
货币资金 92 000＋应收账款 20 000＋存货 50 000＋固定资产 50 000
＝短期借款 40 000＋应付账款 30 000＋应付职工薪酬 10 000＋应付税费 17 925＋
应付利息 300＋实收资本 60 000＋未分配利润 53 775

就这样,沙僧餐饮从最初的 100 000 元资产、40 000 元负债、60 000 元所有权益的规模,一个月之后变成了资产 212 000 元、负债 98 225 元和所有者权益 113 775 元的小型企业,企业规模就是这样慢慢做大的。

进一步看资产负债表,通过前面的案例可以总结出来,资产就是钱,或者是可以通过使用、销售能够变成钱的东西。负债就是欠别人钱,这些行为会造成未来有钱要流出去。所有者权益,顾名思义,是股东的投入以及真正能够留存下来的收益,加起来就是股东享有的权益。可以看到每个项目都有两列数据,左边的是期末余额,右边的是期初余额,期末余额代表的是2021年12月31日当天企业的各项资产、负债和所有者权益分别有多少,期初余额代表的是2021年1月1日当天企业的各项资产、负债和所有者权益分别有多少。该案例中沙僧餐饮成立于2021年12月1日,因此期初余额为0,这里把12月1日数据作为期初余额列示表中,这样数据呈现较为完整。

综上所述,资产负债表呈现的主要信息有以下几点。

资产负债表的右边:资本结构——财务风险。

资产负债表的左边:资产结构——经营风险。

资产负债表右边是企业资金来源,通过负债与所有者权益项目金额的对比、期末与期初的对比,基本可以判断企业的财务风险高低及变化趋势;资产负债表左边是企业资产分布,通过流动资产与长期资产项目金额的对比、期末与期初的对比,基本可以判断企业的经营风险高低及变化趋势。所以,拿到资产负债表后,一看资金来源,二看资产分布,三是进行前后期对比分析,即可判断企业财务风险与经营风险高低、资产资本结构是否合理。

资产负债表展示的是一个时点下企业的财务状况,图5-1体现了资产负债表的内部钩稽关系。

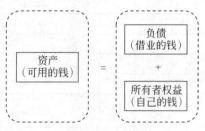

图5-1 资产负债表内部钩稽关系

二、利润表

利润表是反映企业一定会计期间(如月度、季度、半年度或年度)生产经营成果的会计报表。企业一定会计期间的经营成果既可能表现为盈利,也可能表现为亏损,因此,利润表也被称为损益表。它全面揭示了企业在某一特定时期实现的各种收入、发生的各种费用、成本或支出,以及企业实现的利润或发生的亏损情况。

微课:利润表

利润表是根据"收入－费用＝利润"的基本关系来编制的,其具体内容取决于收入、费用、利润等会计要素及其内容,利润表项目是收入、费用和利润要素内容的具体体现。从反映企业经营资金运动的角度看,它是一种反映企业经营资金动态表现的报表,主要提供有关企业经营成果方面的信息,属于动态会计报表。

实例分享

沙僧开店——编制利润表

作为三大财务报表之一,利润表(表5-2)就像为公司的经营活动拍摄了一段短片,清晰地记录了公司是怎么赚钱的。对投资者来说,这部短片该怎么解读呢?利润表又叫损益表,是指反映公司一定期间经营成果的财务报表。从利润表中的具体项目来看,公司有三大利润来源,分别为营业收入、投资收益和营业外收入。营业收入是公司从事经营性业务,例如销售商品、提供劳务所获得的收入,也就是公司自己的生意所挣的钱。以沙僧餐饮12月的利润表为例,营业收入为100 000元,且根据当地相关政策,暂不需缴纳增值税及附加。投资收益一般是公司投资其他企业的股权所赚的钱。营业外收入则是指政府补助等和业务无关的收入。沙僧餐饮的投资收益和营业外收入为0元。

表5-2 利润表

编制单位:沙僧餐饮　　　　　　　　2021年12月　　　　　　　　　　　单位:元

项　目	行次	本期金额	上期金额
一、营业收入	1	100 000.00	
减:营业成本	2	20 000.00	
税金及附加	3		
销售费用	4	5 000.00	
管理费用	5	3 000.00	
研发费用	6		
财务费用	7	300.00	
其中:利息费用	8	300.00	
利息收入	9		
加:其他收益	10		
投资收益(损失以"－"号填列)	11		
其中:对联营企业和合营企业的投资收益	12		
公允价值变动收益(损失以"－"号填列)	13		
信用减值损失(损失以"－"号填列)	14		
资产减值损失(损失以"－"号填列)	15		
资产处置收益(损失以"－"号填列)	16		
二、营业利润(亏损以"－"号填列)	17	71 700.00	
加:营业外收入	18		
减:营业外支出	19		
三、利润总额(亏损总额以"－"号填列)	20	71 700.00	
减:所得税费用	21	17 925.00	
四、净利润(净亏损以"－"号填列)	22	53 775.00	

表内逻辑关系如下。

(1) 17＝1－2－3－4－5－6－7＋10＋11＋13＋14＋15＋16。

(2) 7≥8＋9。

(3) 11≥12。

(4) 20＝17＋18－19。

(5) 22＝20－21。

"利息费用"项目,反映企业为筹集生产所需资金而发生的应予费用化的利息支出。该项目作为"财务费用"项目的其中项,以正数填列。"利息收入"项目,反映企业按照相关会计准则确认的应冲减财务费用的利息收入。该项目作为"财务费用"项目的其中项,以正数填列。

"二、营业利润(亏损以"－"号填列)""三、利润总额(亏损总额以"－"号填列)""四、净利润(净亏损以"－"号填列)"为数字型,自动计算,不可编辑。

利润表在记录各项收入的同时,也记下了企业的各种开支。首先是营业成本,一般包括进货成本、工人工资等,合计 20 000 元;其次是经营过程产生的税金及附加;再次是公司三大日常支出,即包括广告费、市场推广费用在内的销售费用 5 000 元,涵盖各种行政开支的管理费用 3 000 元,以公司贷款的利息支出为主的财务费用 300 元;最后还有营业外支出等。

利润表把各项收入和支出一一记录下来,从上到下逐行计算,先用营业收入减去营业成本、税金及附加、三项费用等各项开支,再加上其他业务利润,计算出营业利润 71 700 元,再将营业利润加上营业外收入、减去营业外支出计算得到利润总额 71 700 元。从利润总额中扣除所得税 17 925 元(不考虑先行优惠政策,所得税税率按 25%),就得到了净利润 53 775 元,净利润可直接反应公司最后到底赚了多少钱。

对投资者来说,分析利润表不仅看净利润有多少,更重要的是看懂公司利润的来源,进而能对公司的盈利能力作出判断。举例来说,如果营业收入大幅增长,说明公司正在飞速发展,市场占有率逐步提高。如果销售管理和财务等费用的增长速度大于营业收入,那么公司的管理水平就有可能存在问题。至于净利润,虽说净利润越多越好,这说明公司赚了很多钱,可如果投资收益和营业外收入在净利润中的占比太大,那么公司自身业务的盈利能力仍然值得怀疑。利润表中的数据并不多,但数据下面藏着丰富的信息,投资者仔细阅读便能有所收获。本案例中沙僧餐饮成立于 2021 年 12 月 1 日,因此本年累计金额与本月金额相同。

表内所得税税率为 25%,但在实际业务中,中小企业通常享有税收优惠政策,适用 5% 的税率。

利润表中主要透露的信息如下:可以判断企业利润的来源与构成前后期同项目对比分析,可以判断企业盈利的变化原因及发展趋势。所以,对于利润表一要进行结构分析,从而判断公司盈利质;二要进行前后各期比较分析,可以掌握公司盈利能力变化的原因及企业的发展能力。

三、现金流量表

现金流量表是反映一定时期内(如月度、季度或年度)企业经营活动、投资活动和筹资活动对其现金及现金等价物所产生影响的财务报表。现金流量表是原财务状况变动表或资金流动状况表的替代物。它详细描述了由公司的经营、投资与筹资活动所产生的现金流。

微课:现金流量表

作为一个分析的工具,现金流量表的主要作用是体现公司短期生存能力,特别是缴付账单的能力。它是反映一家公司在一定时期现金流入和现金流出动态状况的报表。其组成内容与资产负债表和利润表相一致。通过现金流量表,可以概括反映经营活动、投资活动和筹资活动对企业现金流入、流出的影响,对于评价企业的实现利润、财务状况及财务管理,要比传统的利润表能够提供更好的基础。

现金流量表提供了一家公司经营是否健康的证据。如果一家公司经营活动产生的现金流无法支持各项经营活动，从而它需用借款的方式满足这些需要，那么这就给出了一个警告——这家公司从长期来看无法维持正常情况下的支出。现金流量表通过显示经营中产生的现金流量的不足，揭示了公司内在的发展问题。

实例分享

沙僧开店——编制现金流量表

不尽钱财滚滚来是每一个企业的梦想，就像大坝要对水的流量进行监管一样，每个企业也都需要对现金的流量进行监控，以便掌握企业的财务状况，这就需要现金流量表，现金流量表是三大财务报表之一，反映的是企业在一定时期内现金增减变动的情况。从具体的表格内容来看，现金流量表详细罗列了企业的三种活动，分别是经营活动、投资活动、筹资活动所产生的现金流量。

接下来以沙僧餐饮12月的现金流量表为例（表5-3），经营活动产生的现金流量反映了企业业务产生的现金收支情况，例如，销售产品、提供劳务形成的现金流入80 000元。现金流出小计38 000元，其中：购买商品、接受劳务支付的现金30 000元、支付其他与经营活动有关的现金8 000元。购买固定资产等投资活动产生的现金流出50 000元。据此核算，沙僧餐饮经营活动产生的现金流量净额为42 000元。投资活动产生的现金流量来自购买土地使用权、建厂房及购买设备等，沙僧餐饮投资活动产生的现金流量净额为－50 000元。筹资活动产生的现金流量，一般是企业向银行借款、还款、接受投资和发行债券等的收支情况，沙僧餐饮筹资活动产生的现金流量净额为100 000元。在具体分析现金流量表时，应该认识到经营活动是企业的主营业务，来自主营业务的现金流量越多，表明企业发展的稳定性越强。投资活动是为闲置的资金寻找投资机会，筹资活动则是为企业筹集资金，这两种活动都是服务于主营业务，匹配企业的发展计划的，如果企业的现金流量过大，可能表明企业的财务状况不够稳定，相对于其他报表，现金流量表反映的是客观的现金收入和支出情况，人为估计的成分更少，数据造假的难度更高，所以能够较为真实地反映企业的运营状况，投资者通过分析现金流量表，可以判断一家企业是健康强壮还是病入膏肓，从而为规避投资风险，作出投资决策提供有效的参考依据。

表 5-3　现金流量表

编制单位：沙僧餐饮　　　　　2021年12月　　　　　　　　　　　　单位：元

项　目	行次	本期金额	上期金额
一、经营活动产生的现金流量：			
销售商品、提供劳务收到的现金	1	80 000.00	
收到的税费返还	2		
收到其他与经营活动有关的现金	3		
经营活动现金流入小计	4	80 000.00	
购买商品、接受劳务支付的现金	5	30 000.00	
支付给职工以及为职工支付的现金	6		
支付的各项税费	7		

续表

项　　目	行次	本期金额	上期金额
支付其他与经营活动有关的现金	8	8 000.00	
经营活动现金流出小计	9	38 000.00	
经营活动产生的现金流量净额	10	42 000.00	
二、投资活动产生的现金流量：			
收回投资收到的现金	11		
取得投资收益收到的现金	12		
处置固定资产、无形资产和其他长期资产收回的现金净额	13		
处置子公司及其他营业单位收到的现金净额	14		
收到其他与投资活动有关的现金	15		
投资活动现金流入小计	16		
购建固定资产、无形资产和其他长期资产支付的现金	17	50 000.00	
投资支付的现金	18		
取得子公司及其他营业单位支付的现金净额	19		
支付其他与投资活动有关的现金	20		
投资活动现金流出小计	21	50 000.00	
投资活动产生的现金流量净额	22	−50 000.00	
三、筹资活动产生的现金流量：			
吸收投资收到的现金	23	60 000.00	
取得借款收到的现金	24	40 000.00	
发行债券收到的现金	25		
收到其他与筹资活动有关的现金	26		
筹资活动现金流入小计	27	100 000.00	
偿还债务支付的现金	28		
分配股利、利润或偿付利息支付的现金	29		
支付其他与筹资活动有关的现金	30		
筹资活动现金流出小计	31		
筹资活动产生的现金流量净额	32	100 000.00	
四、汇率变动对现金及现金等价物的影响	33		
五、现金及现金等价物净增加额	34		
加：期初现金及现金等价物余额	35		
六、期末现金及现金等价物余额	36	92 000.00	

表内逻辑关系如下。

经营活动产生的现金流量、投资活动产生的现金流量、筹资活动产生的现金流量为列示项目，不需体现数据。

(1) 4＝1＋2＋3。

(2) 9＝5＋6＋7＋8。

(3) 10＝4－9。
(4) 16＝11＋12＋13＋14＋15。
(5) 21＝17＋18＋19＋20。
(6) 22＝16－21。
(7) 27＝22＋23＋24＋25＋26。
(8) 31＝28＋29＋30。
(9) 32＝27－31。
(10) 36＝10＋22＋32＋33＋34。

现金流量表呈现的主要信息如下。
(1) 经营活动产生的现金净流量。
(2) 投资活动产生的现金净流量。
(3) 筹资活动产生的现金净流量。
(4) 现金及现金等价物的净增加额。

其中经营活动产生的现金流量是根本。此外，要掌握经营活动、投资活动、筹资活动的现金流量之间的相互关系。如果经营活动有钱流进，投资才会有钱流出。如果经营活动流进的钱够多，就可以分红，还可以还债，筹资活动就会有钱流出。反之，如果经营活动不景气，经营活动的现金流萎缩，甚至会产生负数。资金不够怎么办？这时就要进行筹资活动。所以，筹资活动就会有钱流进。如果还不行，那么就处理闲置资产，这时，投资活动会有钱流进。还可以用更简单的方法来阅读现金流量表，先不要关注金额的大小，就关注经营、投资、筹资现金净流量是流进还是流出，是正数还是负数？再结合发展阶段、外部环境分析，就可以得出企业现金流转的基本状况。

四、财务报表的钩稽关系

钩稽关系是编制会计报表时常用的术语，它是指某个会计报表和另一个会计报表之间以及本会计报表项目的内在逻辑对应关系，在会计报表基本钩稽关系中，资产负债表、利润表及现金流量表的内部钩稽关系是基本平衡关系。

（一）表内的钩稽关系

1. 资产负债表

资产负债表主要告知出报表的那一刻，该公司的资产负债情况如何，这张表最重要的一个钩稽关系就是：

$$资产＝负债＋所有者权益$$

2. 利润表

利润表主要反映一段时间内公司的损益情况如何，这张表最重要的一个钩稽关系就是：

$$收入－费用＝利润$$

3. 现金流量表

现金流量表主要是反映在一段时间内公司流入多少钱，流出多少钱，还余下多少现金在银行。这张表最重要的一个钩稽关系就是：

流入现金—流出现金＝现金净流量

(二) 表间的钩稽关系

传统意义上对三大基本财务报表之间逻辑关系的认识,建立在对会计要素的不同定义方式之上,即按照时间维度将企业的资金运动划分为静态与动态会计要素,从而建立资产负债表和利润表之间的逻辑关系,为反映企业资产的变现能力,提高利益相关者对企业偿债能力的判断和分析,又进一步引入现金流量表,从而构成了现代财务报告的完整体系。三大报表分别提供了企业的财务状况、经营成果、现金流量变动情况的大量信息,报表之间存在着一定的钩稽关系(图5-2)。

资产＝负债＋股东权益＋(收入－成本费用)

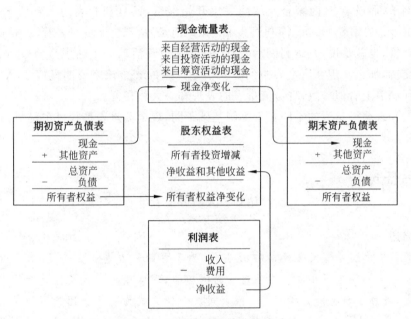

图5-2 财务报表间的钩稽关系

这一等式揭示了资产负债表与利润表之间的关系。资产负债表与利润表最简单的关系就是利润表的附表,利润分配表中的"未分配利润"项所列数字,等于资产负债表中"未分配利润"项数字。除这一简单的对等外,还有什么呢? 由会计等式可以看出,收入与成本费用之差(利润)并不是一个虚无的数字,它最终要表现为资产的增加或负债的减少。这也就是两个表之间深层次的联系。公司很多的经济业务不仅会影响资产负债表,也会影响利润表。

1. 资产负债表和利润表之间的钩稽关系

资产负债表中未分配利润的期末数－期初数＝利润表中未分配利润项

未分配利润就是企业取得收入,支付成本费用,减去税金,付完利息,将利润分给股东之后,最后余下的钱,是企业活动产生的所有经济效果。

资产负债表上的资产是可以为企业带来收入的,同时,企业在使用这类资产过程中,其耗用又会令资产逐步转化为利润表中的成本费用。以比较常见的以固定资产为例,当使用固定资产进行生产活动时,一方面其生产出产品,进而通过销售产生收入;另一方面固定资产的账面价值以折旧方式在资产负债表上逐步减少,而相应金额则以折旧费用的形式出现在利润表的成本或费用中。

2. 资产负债表和现金流量表之间的钩稽关系

资产负债表的现金、银行存款及其他货币资金等项目的期末数－期初数
＝现金流量表最后的现金及现金等价物的净流量

3. 利润表和现金流量表之间的钩稽关系

利润表和现金流量表之间的钩稽关系要通过很多运算才能说明,比较复杂。它们之间的相同点是同一个时期报表,反映一段时间内的活动情况。通过这两张报表,投资者可以从利润与现金流两个不同维度来观察评估企业的赚钱能力。

举个例子,假设A、B两家企业从同一年开始经营,而且利润表的大致情况基本相同:收入10 000元、费用8 000元、净利润2 000元。但是,从现金流量表来看,A企业通过赊销方式进行销售,也就是说,先赚利润后收钱,所以其经营活动产生的现金流较少;而B企业要求款到交货,那么其现金流量表中的经营活动产生的现金流就要明显好于A企业,这两家企业从利润表上看似一致,现金流量表的表现却是大相径庭。

利润表和现金流量表的不同在于编制基础不同,现金流量表是收付实现制,利润表是权责发生制。

 课后任务

认知三大财务报表

任务描述

连锁服装专卖店是蓝天集团的核心业务,为了更好地推进业务发展,集团开展合伙人制。傲寒从一名实习生逐步成长为独当一面的店长,现在成为蓝天集团连锁服装专卖店的一名合伙人,开办了自己的傲寒商贸有限公司。合伙方式为蓝天集团选取业绩稳定店铺作为合伙店铺,合伙人投入保证金即可取得经营权,年末核算利润分成。为了支持合伙人的业务发展,蓝天集团给出了信用政策:每月蓝天集团财务部会根据合伙店铺的运营情况编制单店的财务报表,并据此评估店铺的经营状况,确定信用等级,合伙人可按照店铺的信用等级赊销对应金额的货品月末结算,此项政策降低了合伙人的资金投入,同时也规避了相应的投资风险。同时良好的信用等级也是合伙人扩大进一步合作的基础。所以傲寒正在汇总数据编制3月的财务报表。

请帮助傲寒完成财务报表编制,将相关数据填入表5-4～表5-6的灰色框中。

表5-4 资产负债表

编制单位:傲寒商贸有限公司　　　　2021年12月31日　　　　　　　　　　单位:元

资产	行次	期末余额	期初余额	负债和所有者权益（或股东权益）	行次	期末余额	期初余额
流动资产：				流动负债：			
货币资金	1	153 323.41	1 797 086.04	短期借款	30		
应收票据	2			应付票据	31		

续表

资产	行次	期末余额	期初余额	负债和所有者权益（或股东权益）	行次	期末余额	期初余额
应收账款	3	441 867.69	78 738.92	应付账款	32		
预付款项	4	750 804.65	1 291 119.10	预收款项	33		
应收利息	5			应付职工薪酬	34		
应收股利	6			应交税费	35	−2 575 425.60	−2 059 462.71
其他应收款	7	543 300.00	328 100.00	应付利息	36		
存货	8	15 865 781.77	12 078 239.87	应付股利	37		
其他流动资产	9			其他应付款	38	19 967 347.74	17 349 414.75
流动资产合计	10	17 755 077.52	15 573 283.93	一年内到期的非流动负债	39		
非流动资产：				其他流动负债	40		
可供出售金融资产	11			**流动负债合计**	41	17 391 922.14	15 289 952.04
持有至到期投资	12			**非流动负债：**			
长期应收款	13			长期借款	42		
长期股权投资	14			应付债券	43		
投资性房地产	15			长期应付款	44		
固定资产	16			专项应付款	45		
在建工程	17			预计负债	46		
工程物资	18			递延收益	47		
固定资产清理	19			递延所得税负债	48		
生产性生物资产	20			其他非流动负债	49		
油气资产	21			**非流动负债合计**	50		
无形资产	22			**负债合计**	51	17 391 922.14	15 289 952.04
开发支出	23			**所有者权益（或股东权益）：**			
商誉	24			实收资本（或股本）	52	1 000 000.00	1 000 000.00
长期待摊费用	25	230 172.20	220 506.16	资本公积	53		
递延所得税资产	26			减：库存股	54		
其他非流动资产	27			其他综合收益	55		
非流动资产合计	28	230 172.20	220 506.16	盈余公积	56		
				未分配利润	57	−406 672.42	−496 161.95
				所有者权益（或股东权益）合计	58	593 327.58	503 838.05
资产总计	29	17 985 249.72	15 793 790.09	**负债和所有者权益（或股东权益）总计**	59		

表 5-5 利润表

编制单位：傲寒商贸有限公司　　　　2021 年 12 月　　　　　　　　　　　　单位：元

项　　目	行次	本期金额	上期金额
一、营业收入	1	3 632 138.80	1 362 843.29
减：营业成本	2	2 880 790.19	1 024 760.93
税金及附加	3	3 087.90	553.33
销售费用	4	533 850.84	248 613.27
管理费用	5	80 020.46	39 752.42
研发费用	6		
财务费用	7	15 070.00	4 193.24
其中：利息费用	8		
利息收入	9		
加：其他收益	10		
投资收益（损失以"－"号填列）	11		
其中：对联营企业和合营企业的投资收益	12		
公允价值变动收益（损失以"－"号填列）	13		
信用减值损失（损失以"－"号填列）	14		
资产减值损失（损失以"－"号填列）	15		
资产处置收益（损失以"－"号填列）	16		
二、营业利润（亏损以"－"号填列）	17	119 319.41	44 970.10
加：营业外收入	18		
减：营业外支出	19		
三、利润总额（亏损总额以"－"号填列）	20	119 319.41	44 970.10
减：所得税费用	21	29 829.88	11 242.53
四、净利润（净亏损以"－"号填列）	22		

表 5-6 现金流量表

编制单位：傲寒商贸有限公司　　　　2021 年 12 月　　　　　　　　　　　　单位：元

项　　目	行次	本期金额	上期金额
一、经营活动产生的现金流量：			
销售商品、提供劳务收到的现金	1	3 886 473.63	3 225 773.10
收到的税费返还	2		
收到其他与经营活动有关的现金	3	3 095 907.07	2 167 134.90
经营活动现金流入小计	4	6 982 380.70	5 392 908.00
购买商品、接受劳务支付的现金	5	7 145 792.03	6 073 923.23
支付给职工以及为职工支付的现金	6	115 842.00	90 356.70

续表

项 目	行次	本期金额	上期金额
支付的各项税费	7	545 792.80	436 634.20
支付其他与经营活动有关的现金	8	809 050.50	647 240.40
经营活动现金流出小计	9	8 616 477.33	7 248 154.53
经营活动产生的现金流量净额	10		
二、投资活动产生的现金流量:			
收回投资收到的现金	11		
取得投资收益收到的现金	12		
处置固定资产、无形资产和其他长期资产收回的现金净额	13		
处置子公司及其他营业单位收到的现金净额	14		
收到其他与投资活动有关的现金	15		
投资活动现金流入小计	16		
购建固定资产、无形资产和其他长期资产支付的现金	17	9 666.00	
投资支付的现金	18		
取得子公司及其他营业单位支付的现金净额	19		
支付其他与投资活动有关的现金	20		
投资活动现金流出小计	21	9 666.00	
投资活动产生的现金流量净额	22	−9 666.00	
三、筹资活动产生的现金流量:			
吸收投资收到的现金	23		
取得借款收到的现金	24		
发行债券收到的现金	25		
收到其他与筹资活动有关的现金	26		
筹资活动现金流入小计	27		
偿还债务支付的现金	28		
分配股利、利润或偿付利息支付的现金	29		
支付其他与筹资活动有关的现金	30		
筹资活动现金流出小计	31		
筹资活动产生的现金流量净额	32		
四、汇率变动对现金及现金等价物的影响	33		
五、现金及现金等价物净增加额	34		
加:期初现金及现金等价物余额	35	1 797 086.04	3 652 332.57
六、期末现金及现金等价物余额	36		

任务分析

编制财务报表的方法,主要是通过对日常会计核算记录的数据加以归集、整理,使之成为有用的财务信息。企业资产负债表各项目数据的来源,主要通过以下几种方式取得。

(1) 根据总账科目余额直接填列。

(2) 根据总账科目余额计算填列。

(3) 根据明细科目余额计算填列。

(4) 根据总账科目和明细科目余额分析计算填列。

(5) 根据科目余额减去其备抵项目后的净额填列。

本题中已经给出基础数据,因此只需要根据报表内部的钩稽关系计算填列即可。

任务操作

财务报表编制的操作步骤和关键节点如下。

步骤1:完善资产负债表。由负债和所有者权益(或股东权益)总计=负债合计+所有者权益(或股东权益)合计,可得

期末余额:_____

期初余额:_____

步骤2:完善利润表。由净利润=利润总额-所得税费用,可得

本期金额:_____

上期金额:_____

步骤3:完善现金流量表。

(1) 由经营活动产生的现金流量净额=经营活动现金流入小计-经营活动现金流出小计,可得

本期金额:_____

上期金额:_____

(2) 现金及现金等价物净增加额=经营活动产生的现金流量净额+投资活动产生的现金流量净额+筹资活动产生的现金流量净额+汇率变动对现金及现金等价物的影响,可得

本期金额:_____

上期金额:_____

(3) 期末现金及现金等价物余额=现金及现金等价物净增加额+期初现金及现金等价物余额,可得

本期金额:_____

上期金额:_____

任务思考

(1) 资产负债表中"资产总计"与"负债和所有者权益"的数字有什么特点?

(2) 尝试计算三个财务报表之间的钩稽关系。

任务二 分析资产负债表

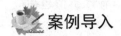

微课：资产负债表分析

请结合沙僧餐饮的资产负债表，以小组为单位，试对沙僧餐饮的经营情况进行分析。

资产负债表反映了公司在特定时点的财务状况，是公司的经营管理活动结果的集中体现。资产负债表分析，是指基于资产负债表进行的财务分析。通过分析公司的资产负债表，能够揭示出公司偿还债务的能力，公司经营稳健与否或经营风险的大小，以及公司经营管理总体水平的高低等。

一、分析偿债能力

短期偿债能力是一种资产、现金与流动负债的复杂关系，和长期偿债能力有所不同，它不考虑企业在一段时间内的获利能力，企业的获利能力对未来产生影响，显现的是一个企业资产进行变现的潜力和企业对于再融资或现款筹措的相关能力。通过不同比率分析，我们可以分析出企业的流动资产相对于流动负债的偿还能力，也可察看流动资产实际的变现能力的强弱。

（一）分析短期偿债能力

短期偿债能力又称变现能力，是企业以流动资产偿付流动负债的能力，它反映企业偿付日常到期债务的能力。它取决于近期可以转变为现金的流动资产的多少。

微课：短期偿债

短期债务的债务人和长期债务的债务人一样，都必须按照协议的规定到期偿还债务的本金并支付相应的利息。不同的是，短期偿债能力的分析主要是研究流动资产与流动负债之间的关系，不太强调获利能力的重要性，这是由于流动资产在短期内可以转化为现金用于偿付流动负债。而企业的盈利是按权责发生制计算出来的会计期末的盈亏结果，并不代表企业肯定有现金用于偿付债务。即使一个盈利的企业，也可能因为没有流动资产偿付债务而破产。因而短期偿债能力分析是判断企业稳健性非常重要的角度。反映短期偿债能力的财务比率主要有流动比率、速动比率、现金比率和营运资本。

1. 流动比率

赚钱是很重要的，但是如果公司将太多的钱投入非流动资产或背负太多的债务，公司就不会再挣到更多的钱了。如果公司能够持续经营，则必须拥有日常经营所必需的和偿还债务的现金。流动比率是衡量公司偿债能力的最常用工具之一，流动比率衡量公司计划在未来 12 个月内使用的资产和公司必须在 12 个月内偿还的债务。这个比率可以让你知道公司是否有能力利用手中的资产来偿还未来 12 个月内必须偿还的债务。计算流动比率需要下面两个关键数字。

(1) 流动资产。流动资产包括现金和公司所持有的其他资产(如应收账款、存货和交易证券),它可以在未来12个月内兑换成现金。

(2) 流动负债。流动负债是公司必须在未来12个月内偿还的债务。流动负债包括应付账款、短期票据、应付税项和其他所有公司必须在12个月内偿还的债务。

例如,依据沙僧餐饮的资产负债表计算流动比率。

$$流动比率 = \frac{流动资产}{流动负债} \times 100\% = \frac{162\,000}{98\,225} \times 100\% = 164.93\%$$

虽然,通常的标准是如果公司的流动比率为120%～200%,公司则有足够偿还债务的能力。但注意不同的行业会有不同流动比率标准,一般来说,商贸企业流动资金需求高,流动比率200%为最佳;而工业企业流动资金需求低,100%～200%可接受。通过计算可以得出沙僧餐饮流动比率为164.93%,可看出其短期偿债能力较好。

如果公司的流动比率低于100%,这对公司来说是一个很严重的危险信号。低于100%的流动比率代表公司正在负资产的情况下运营。换一种说法,公司的流动负债超过了公司可以利用来偿还债务的流动资产。公司的流动比率也可能过高,超过200%的流动比率代表公司没能很好地将资产进行投资。

但是因为公司的一些资产是不能轻易地转换成现金(如存货)的,公司在取得现金前,必须先将存货出售,所以,这要比使用公司银行账户中或应收账款的资金花费更多的时间。

2. 速动比率

比流动比率更加严格的一种衡量方法是速动比率,速动比率是考察一个企业在某一个时间点上让流动资产变现的能力,它剔除了企业流通能力和变现能力较差的存货,不包括销售存货的预期收入。这种计算方法只包括手中的现金和应收账款,同流动比率不同,它表现的是每1元流动负债有多少速动资产可以进行偿还,可以说速动比率是更能体现企业流动资产偿债能力的比率。

以下介绍计算速动比率的两个步骤。

(1) 计算速动资产。

$$速动资产 = 流动资产 - 存货 - 预付账款 - 待摊费用$$

(2) 计算速动比率。

$$速动比率 = \frac{速动资产}{流动负债} \times 100\%$$

速动资产是指流动资产减去存货、预付账款、待摊费用、待处理流动资产净损失等变现能力较弱的资产后的余额,包括货币资金、短期投资、应收账款、应收票据及其他应收款等。存货是流动资产中变现能力最弱的一项,平时出现短缺等情况时处理也可能不及时,除此之外,存货是以实际成本入账的,其账面价值与市场价值之间有时会相差甚远;而预付账款、待摊费用和待处理流动资产净损失几乎不具有变现能力,所以也将其剔除。因此,剔除了存货等变现能力较弱的资产后所计算出来的速动比率,与流动比率相比较,则更能反映企业的即期偿债能力。在实务中,由于预付账款等产生较少,为了计算方便,一般仅剔除存货。

例如,接下来计算沙僧餐饮的速动比率。

$$速动比率 = \frac{速动资产}{流动负债} \times 100\% = 112\,000 \div 98\,225 \times 100\% = 114.02\%$$

通过计算可以看出沙僧餐饮的短期偿债能力良好,但资金使用略显保守。速动比率114.02%与流动比率164.93%的差异,结合资产负债表可以看出主要是受存货的影响。

通常企业理想的速动比率为1。从债权人角度看,速动比率越大越好;但从企业经营角度看,过高的速动比率显得太过保守,不能及时将资金投资于存货等项目,有可能会失去获利机会。低于1的速动比率被认为企业短期偿债能力偏低,如果速动比率持续下降,将会导致企业破产机会增加,债权人和投资者的风险加大。与流动比率一样,不同行业对速动比率的要求也不尽相同,例如,大量采用现金销售的零售企业,其应收账款很少,所以低于1的速动比率对于这些企业而言是很正常的,因此,在分析时应结合行业来进行。除行业因素之外,应收账款的变现能力也是速动比率的重要影响因素,企业计提的坏账准备与实际可能产生的坏账损失数额之间的关系,是影响应收账款实际变现能力的关键。

3. 现金比率

现金比率又称负债现金比率,是衡量企业短期偿债能力的又一项重要指标。现金比率是用流动资产中的现金类资产除以流动负债的比值。现金比率的计算公式为

$$现金比率 = \frac{现金类资产}{流动负债} \times 100\%$$

4. 营运资本

营运资本是企业流动资产减去流动负债的差额。营运资本的计算公式为

$$营运资本 = 流动资产 - 流动负债$$

以上几个财务比率,都可以从会计报表资料中取得,但是还有一些会计报表中没有反映出来的因素,也会影响企业的短期偿债能力,甚至影响力相当大。报表使用者应该充分重视这些因素,了解这些不同的情况,从而作出正确的判断。

(1) 可以动用的银行贷款指标。银行已同意、企业未办理贷款手续的银行贷款限额,可以随时增加企业的现金,提高支付能力。

(2) 准备很快变现的长期资产。由于某种原因,企业可能将一些长期资产很快出售变现,增强短期偿债能力。

(3) 偿债能力的声誉。如果企业的长期偿债能力一贯很好,有一定的声誉,在短期偿债方面出现困难的时候,可以很快通过发行债券和股票等办法解决资金的短缺问题,提高短期偿债能力。

(二) 分析长期偿债能力

长期偿债能力是指企业偿付到期长期债务的能力。企业从事生产经营活动,除要有短期负债供生产经营使用外,同样还需筹借长期负债来增强企业未来的生存和发展能力。应结合下面两个方面进行长期偿债能力分析。

一要与企业的盈利能力分析结合起来。因为从长远观点来看,利润是企业货币资金的基本来源,货币资金的变动最终取决于企业利润的形成。

二要与企业的资本结构结合起来。评价企业的长期偿债能力的指标主要有资产负债率、产权比率、所有者权益比率、有形净值债务率、已获利息倍数等指标。

在评价一个企业的长期偿债能力时,计算得出的比率,分析的是企业不同权益数据中内

部的各种联系。通过这些计算出的比率,可以分析一个企业的资本结构是否处于一种合理的状态,接着通过不同权益的占比来最终分析出一个企业长期偿债能力的强弱。

1. 资产负债率

资产负债率又称举债经营比率,是用于衡量企业利用债权人提供资金进行经营活动的能力,以及反映债权人发放贷款的安全程度的指标。资产负债率反映了在总资产中有多大比例是通过借债来筹资的,也可以衡量企业在清算时保护债权人利益的程度。资产负债率是期末负债总额除以资产总额的百分比,也就是负债总额与资产总额的比例关系,也被称为举债经营比率。

$$资产负债率 = \frac{总负债}{总资产}$$

如果资产负债比率达到100%或超过100%,则说明公司已经没有净资产或资不抵债。

2. 所有者权益比率

所有者权益比率是表示长期偿债能力保证程度的重要指标,从偿债能力来看,该指标越高,说明企业资产中由投资人投资所形成的资产越多,债权人的利益也越有保障。

$$所有者权益比率 = \frac{所有者权益}{资产总额}$$

所有者权益比率与资产负债率之和按同口径计算应等于1。所有者权益比率越大,负债比率就越小,企业的财务风险也就越小。所有者权益比率是从另一个侧面来反映企业长期财务状况和长期偿债能力的。

二、分析资产运用效率

微课:资产运用效率

资产运用效率是指营业收入净额与各项营运资产之间的比例关系,是反映企业资产运用或管理能力高低的指标。从形式上来看,企业筹集的资金在企业经营活动中具体表现为企业拥有或控制的各项资产。如果一个企业的存货、应收账款周转速度慢,对其短期偿债能力必将造成重要影响;如果一个企业的资产周转速度快,则其获利能力也会随之增强。也就是说,只有有效地运用这些资产,才能尽可能多地获取收益,而收益的大小,又在一定程度上影响企业的偿债能力。因此,对企业资产运用效率进行分析是很有必要的,可以据以评价企业经营管理者管理水平的高低,反映企业的获利能力和偿债能力的强弱。资产运用效率分析指标主要有资产周转率、流动资产周转率、固定资产周转率、应收账款周转率和存货周转率等。

1. 资产周转率

资产是企业所拥有或控制的能以货币计量的经济资源。资产周转率是企业净销售额与总资产的比率,表示企业的资产在一定时期内(通常为一年)周转的次数,用来衡量企业全部资产的运用情况,以及企业通过运用全部资产创造销售额的能力。资产周转率的计算公式为

$$资产周转率 = \frac{净销售额}{总资产}$$

式中,总资产一般为当期期末余额,但为了更精准体现资产变化对资产周转率的影响,也可

以用资产平均余额来计算。资产平均余额=（期初资产总额+期末资产总额)÷2;净销售额是指销售收入扣除销售折扣、销售折让、销货退回等的金额,在现行的企业会计制度下,净销售额为利润表中"营业收入"项目余额。

资产周转率也可以用天数表示,其计算公式为

$$资产周转天数 = \frac{计算期天数}{资产周转率}$$

式中,计算期天数取决于实际计算期长短,通常为一年按360天计算。

以沙僧餐饮为例,2021年度净销售额为10万元,当年年末总资产额为21.2万元。

$$资产周转率 = \frac{净销售额}{总资产} = 10 \div 21.2 = 0.47（次）$$

资产周转天数=360÷0.47=766（天）

资产周转率反映总资产的周转速度,一般来说,资产周转率越高越好。资产周转率越高,表示其周转次数越多或周转天数越少,说明用同样的资产取得的收益越多,企业的营运能力越强,营运质量越高,进而使企业的偿债能力和盈利能力得到增强;反之,则表明企业利用全部资产进行经营活动的能力差,经营效率低,企业的营运能力弱,最终还将影响企业的盈利能力。

结合沙僧餐饮的资产周转率和资产周转天数来看,其利用全部资产进行经营活动的能力差,经营效率低,企业的盈利能力偏低。但结合沙僧餐饮的短期偿债能力流动比率164.93%,速动比率114.02%来看,短期偿债能力较好,排除了流动资产对资产周转率的不利影响,进而推测影响沙僧餐饮资金周转的主要因素是固定资产的投入。运用资产周转率进行分析时,应与本企业历史数据、同行业平均水平或先进水平相比较,以利于做出正确的评价。

另外,如果企业的资产周转率长期处于较低的水平,还应进一步分析固定资产周转率、流动资产周转率等指标,找出存在问题的原因,以便采取适当措施提高各项资产的利用效率。例如,上述计算结果表明,沙僧餐饮的资产周转率较低,平均两年多才能周转一次,说明其资产利用率较低,企业营运能力低下,可以进一步计算出固定资产周转率和流动资产周转率,如果发现流动资产周转率偏低,再进一步计算存货周转率等指标,进行深入分析,直到找到问题的关键所在。

实例分享

固定资产购置决策分析

资产运用效率分析不仅可以反映企业资产运用能力的高低,还可用于评估和比较管理人员使用资产的效率,并且可以帮助进行经营分析和决策。例如,当傲寒商贸重新装修商店时,陈旧的固定设施、地毯和灯具被撤走并换上了新的。虽然固定资产没有存货周转得快,但与存货一样,这些资产也会在商店里周转,不同的只是过程要慢得多。傲寒商贸店内固定资产的寿命大概是5年,而不是像存货中一件服装只有3个月的周转周期,但周转的概念是相同的。当决定对固定资产进行投资时,就应该考虑从该项资产中能够得到多少销售额。例如,傲寒商贸计划添置一个用来展示配饰的固定设施,有两个选择:一是以5 000元购买一个设计师款展架;二是以500元购买一个简单的展柜。如果使用设计师款展架,第一年的预期销售额是50 000元,而使用简单的展柜只会获得40 000元的销售额。忽略其他资产不计:

$$资产周转率 = \frac{净销售额}{总资产}$$

$$设计师款展架的资产周转率 = \frac{50\ 000}{5\ 000} = 10(次)$$

$$简单的展柜的资产周转率 = \frac{40\ 000}{500} = 80(次)$$

两项固定资产的周转率差异非常大,设计师款展架有助于营造一种氛围,以便出售那些进口配饰。单从市场营销的角度来看,选择设计师款展架似乎是对的,但它的成本比简单的展柜要高很多。从严格的财务角度来看,傲寒商贸应该考察资产中的额外支出会产生多少预期的额外销售额。很明显,如果只考虑资产周转率因素,简单的展柜是首选。所以,应将市场营销和财务因素结合起来考虑资产购买决策。

通过上述分析,我们发现对企业资产运用效率进行分析是很有必要的,不仅可以据以评价企业经营管理者管理水平的高低,评估企业资产运用能力的高低,还可以帮助企业进行经营决策。

2. 流动资产周转率

流动资产周转率是企业净销售额与流动资产平均占用额的比率,表示企业的流动资产在一定时期内(通常为一年)周转的次数,用于衡量企业流动资产的周转速度。流动资产周转率的计算公式为

$$流动资产周转率 = \frac{净销售额}{流动资产平均占用额}$$

式中,

$$流动资产平均占用额 = \frac{期初流动资产 + 期末流动资产}{2}$$

流动资产周转率也可以用周转天数来表示,其计算公式为

$$流动资产周转天数 = \frac{计算期天数}{流动资产周转率(次数)}$$

式中,计算期天数取决于实际计算期,通常一年按360天计算。

流动资产周转率越高,说明企业流动资产周转速度越快,周转次数越多或周转天数越少,表明企业以相同的流动资产完成的周转额越高,流动资产的利用效果越好,企业的经营效率越高,从而增加了企业的偿债能力和盈利能力;反之,则表明流动资产的利用效果差,企业的经营效率低。如果一个企业的流动资产周转率持续偏低,则说明企业的流动资产利用率较低,但若要找出问题的真正原因,还需进一步分析应收账款周转率、存货周转率等指标。

3. 应收账款周转率

应收账款周转率是指企业一定时期的净销售额与应收账款平均余额的比值,它意味着企业的应收账款在一定时期内(通常为一年)周转的次数。应收账款周转率是反映企业的应收账款运用效率的指标,其计算公式为

$$应收账款周转率(次数) = \frac{净销售额}{应收账款平均余额}$$

式中,

$$应收账款平均余额 = \frac{期初应收账款 + 期末应收账款}{2}$$

$$应收账款周转天数 = \frac{计算期天数}{应收账款周转率(次数)}$$

一定期间内,企业的应收账款周转率越高,周转次数越多,表明企业应收账款回收速度越快,企业应收账款的管理效率越高,资产流动性越强,短期偿债能力越强。同时,较高的应收账款周转率可有效地减少收款费用和坏账损失,从而相对增加企业流动资产的收益能力。

当对应收账款周转率进行进一步分析时,还需要注意以下问题。

(1) 影响应收账款周转率下降的原因主要是企业的信用政策、客户故意拖延和客户财务困难。

(2) 应收账款是时点指标,易受季节性、偶然性和人为因素的影响。为使该指标尽可能接近实际值,计算平均数时,应采用尽可能详细的资料。

(3) 过快的应收账款周转率可能是由紧缩的信用政策引起的,其结果可能会危及企业的销售增长,损害企业的市场占有率。

4. 存货周转率

存货周转率是一定时期的营业成本与存货平均余额的比率,表示企业的存货在一定时期内(通常为一年)周转的次数,它是反映企业的存货周转速度、存货是否适量和资产流动性强弱的指标,也是衡量企业生产经营各环节中存货运营效率的综合指标。存货周转率的计算公式为

$$存货周转率(次数) = \frac{营业成本}{存货平均余额}$$

为保证店铺的正常运行,企业必须储备适量的存货。无论是存货不足还是存货积压,都存在相关成本。例如,商品不足时,不能及时占领市场,从而失去销售的机会;商品积压,增加了资金占用成本、储存成本等。通过分析存货周转率指标,不仅可以考核存货周转情况、衡量存货储量是否合理,而且可以评价店铺存货的销售能力和企业的获利能力。一般情况下,存货周转率越高越好,存货周转率越高,表明店铺存货变现速度越快,店铺的经营管理效率越高,资产流动性越强,而且在其他条件不变的情况下,企业的盈利水平也必然得到提高;反之,存货周转率较低,可能是由于企业存货资金投入过多、产品滞销等原因造成的,表明存货变现速度慢,存货占用资金较多,存货的管理效率较低,盈利水平也相应降低。在进行存货周转率分析时,应注意以下事项。

(1) 存货周转率的高低没有统一的标准,应与本行业的平均水平、先进水平相比较,与本企业不同时期的该指标进行比较,才能做出正确的评价。

(2) 对存货周转率指标的理解应尽可能结合存货的批量因素、季节性变化因素等情况。

(3) 从存货的构成项目出发,进一步计算原购进商品、在产品等存货项目的周转,从不同角度、环节上找出存货管理中的问题。

(4) 如果企业存货资金投入过少,或企业在存货成本不变的情况下提高了销售价格,同样会有较高的存货周转率,而存货储备不足则会对生产和销售造成不利的影响。所以,存货周转率高,不能完全说明企业的存货状况很好,应结合具体情况做进一步分析。

实例分享：杭州解百财务分析报告

 课后任务

盘点资产与负债

任务描述

傲寒加入合伙人计划以来，从店铺的运营情况来看趋于稳定，且傲寒计划向蓝天集团申请第二家合伙经营店铺，但因为资金有限，需要尽可能提高信贷等级减少订货投入，以便投资新的店铺。蓝天集团回复，由于申请扩大合作的合伙人较多且为了保证后续的良性经营，所有合伙人需提交财务报表，进行财务分析，评估合格方可扩大合作。请帮助傲寒进行资产负债表分析。

任务分析

一家公司的资产负债体现的是他的实力，首先尝试结合资产负债表进行偿债能力和资产运营效率分析。利润表其实体现的就是资产负债表里面的一个科目，就是未分配利润的变动情况；现金流量表其实也只是体现了资产负债表里面的一个科目，就是现金的变动情况。从这个角度上来说，资产负债表是三个报表的核心，所以要做财务报表分析时，就先从资产负债表开始。

任务操作

资产负债表分析的操作步骤和关键节点如下。

步骤1：确定分析目的。

结合资产负债表进行偿债能力和资产运营效率分析，审视自身经营状况。

步骤2：收集所需资料。

汇总数据，编制资产负债表，参见表5-4。

步骤3：确定分析方法。

计算偿债能力和资产运营效率各项指标，通过横向对比分析经营状况。

步骤4：具体分析计算。

首先进行偿债能力相关指标计算。

1. 短期偿债能力分析

（1）流动比率。

（2）速动比率。

（3）现金比率。

（4）营运资本。

2. 长期偿债能力分析

（1）资产负债率。

(2) 所有者权利比率。

3. 进行资产运用效率相关指标计算。

(1) 资产周转率。

(2) 流动资产周转率。

(3) 应收账款周转率。

(4) 存货周转率。

步骤 5：报告分析结果。

据上述计算分析，可得出哪些结论？

任务思考

结合资产负债表的分析，给出具体经营建议。

任务三　分析利润表

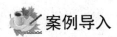
案例导入

以小组为单位，结合沙僧餐饮的财务报表分析其盈利能力和发展能力。

利润表分析也称损益表分析，是以利润表为对象进行的财务分析。在分析企业的盈利状况和经营成果时，必须要从利润表中获取财务资料，而且，即使分析企业偿债能力，也应结合利润表，因为一个企业的偿债能力同其获利能力密切相关。

利润表反映了企业在一定时期内的经营成果，解释了企业财务状况发生变动的主要原因。分析利润表，可直接了解企业的盈利状况和获利能力，并通过收入、成本费用的分析，较为具体地把握企业获利能力高低的原因。

一、分析盈利能力

盈利能力是指企业获取收益的能力。盈利能力分析是指运用销售净利率、销售毛利率、主营业务利润率、成本费用利润率、资产净利率、净值报酬率等财务指标，来分析判断企业当期或未来获利能力的大小的一种方法。不同的报表使用者，对盈利能力分析的侧重点不同。对投资者来说，盈利能力分析至关重要，因为他们的直接利益来源于所投资资产的增值程度，所以他们分析的重点在于企业盈利能力的大小、盈利能力的稳定性及其发展趋势。企业的短期债权人主要关心本期的盈利能力以及由此而形成的现金支付能力。而企业是否拥有高水平的、稳定的获利能力，是长期债权人的贷款本息能否按期足额收回的保证。企业盈利水平的高低、稳定持久性及盈利潜力分析，是企业管理部门做出经营决策的前提。有关管理部门通过考察企业盈利的多少，分析企业盈利能力对市场和其他社会环境的影响和贡献的大小。

微课：盈利能力

1. 销售净利率

销售净利率是净利占销售收入的百分比，销售净利率的计算公式为

$$销售净利率 = \frac{净利润}{销售收入净额} \times 100\%$$

式中,销售收入净额指销售总额中扣除销售退回、销售折让及销售折扣后的净额,净利润指税后利润,即等于利润表中的"利润总额"项目数额减去所得税后的余额。

例如,某企业2021年度净利润为100万元,销售收入净额为4 000万元,则

$$销售净利率 = 100 \div 4\,000 \times 100\% = 2.5\%$$

该指标表示每百元销售收入带来的净利润的多少,用以衡量企业销售收入的收益水平。从公式可以看到,净利润与销售净利率成正比关系,而销售收入净额与销售净利率成反比关系。可见,企业在增加收入额的同时,必须相应地获得更多的净利润,才能使销售净利率保持不变或有所提高。因此,通过对销售净利率的变动分析,可以促使企业在扩大销售的同时,注意改进经营管理,提高盈利水平。此外,在分析时还应注意到,由于净利润由营业利润加上投资收益、营业外收支净额等构成,其中投资收益和营业外收支净额在年际之间的变化相对较大。因此,假如只关心企业当期的获利能力,分析者可以直接使用该指标,但是,如果分析者需要考察企业的长期发展潜力,还应注意此类数据所造成的影响。销售净利率能够分解成为销售毛利率、销售税金率、销售成本率、销售期间费用率等。

2. 销售毛利率

销售毛利率是指毛利占销售收入净额的百分比,销售毛利率的计算公式为

$$销售毛利率 = \frac{销售毛利}{销售收入净额} \times 100\%$$

$$销售毛利 = 销售净额 - 销售成本$$

销售毛利率表示每百元销售收入扣除销售成本后,有多少剩余可以用于各项期间费用并形成利润。它反映企业营业活动流转额的初始获利能力,单位收入的毛利越高,抵补各项期间费用的能力越强,企业的获利能力也就越高。通过该指标与同行业的对比,可以了解企业在同行业中的地位,并且能够发现企业在产品定价、成本控制等方面是否存在问题。销售毛利率指标存在较明显的行业特点,因此,分析时除与本企业的目标毛利率、历史时期毛利率指标相比较之外,还应与同行业平均或先进水平相比较,才能做出较合理的评价。一般来说,营业周期短、固定费用低的行业,其毛利率水平也较低,例如商品零售行业;相反,营业周期长、固定费用高的行业,其毛利率也较高,例如重工业行业。

3. 营业利润率

营业利润率是指营业利润与营业收入的百分比,它表示每百元营业收入能获得的利润,反映企业主营业务活动的获利水平。营业利润率的计算公式为

$$营业利润率 = \frac{营业利润}{营业收入} \times 100\%$$

营业利润 = 营业收入 - 营业成本 - 税金及附加 - 销售费用 - 管理费用 - 财务费用

例如,某企业2021年度营业收入为10 000万元,营业成本为5 500万元,税金及附加为600万元,则

$$营业利润 = (10\,000 - 5\,500 - 600) \div 10\,000 \times 100\% = 39\%$$

该比率越高,表明企业盈利能力越强。也就是说,企业主营业务收入增加的同时,只有相应地获得更多的主营业务利润,才能使主营业务利润率保持不变或有所提高。影响主营业务利润率的因素有与主营业务活动直接相关的主营业务成本、费用等。因此,利用该指标还可以考察企业承受价格降低和销售量下降风险的能力,并通过分析该指标的升降变动,注意改进企业的经营管理,降低成本费用支出,提高盈利水平。

4. 成本费用利润率

成本费用利润率是指利润与各项成本费用的百分比,它反映每百元成本费用支出能获得的利润。成本费用利润率的计算公式为

$$成本费用利润率 = \frac{利润}{成本费用} \times 100\%$$

5. 资产净利率

资产净利率也称资金报酬率,是企业净利润与平均资产总额的百分比。资产净利率的计算公式为

$$资产净利率 = \frac{净利润}{平均资产总额} \times 100\%$$

$$平均资产总额 = \frac{期初资产总额 + 期末资产总额}{2}$$

例如,某企业2021年度期初资产为1 000万元,期末资产为2 000万元,净利润为200万元,则

$$资产净利率 = 200 \div [(1\ 000 + 2\ 000) \div 2] \times 100\% = 13\%$$

资产净利率指标用于反映平均资产的获利情况,表明了企业资产利用的综合效果。该指标越高,表明资产的利用效率越高,利用资产创造的利润越多,说明企业在增加收入和节约资金使用等方面取得了良好的效果;反之,该指标越低,说明企业资产的利用效率不高,企业的盈利能力较差,财务管理水平也较低。

影响资产净利率的因素主要有产品价格、单位成本、产品产量、产品销售结构及销售数量、产品销售费用、资金占用量大小等,分析时应比较前期各项数据,了解其变化情况。企业的资产是由投资者投入或举债形成的,净利的多少与企业资产的多少、资产的结构、经营管理水平有着密切的关系,为了正确评价企业的经济效益,可以用该项指标与本企业前期或计划水平、与本行业平均或先进水平进行比较,分析存在的差异及形成差异的原因。

二、分析战略利润模型

战略利润模型将利润表和资产负债表中的两个业绩衡量比率净利润率和资产周转率合并在一起。结合了两个领域的利润管理和资产管理,以便管理人员考察两者之间的内在联系。利用资产收益率作为计划和评估公司财务业绩的基本准则。由图5-3战略利润模型可以看出,资产收益率可逐层分解为关键的财务指标,那么这些指标又是如何指

微课:战略利润
模型分析

导经营决策的呢？先从净利润率、资产周转率和资产收益率三个指标入手。

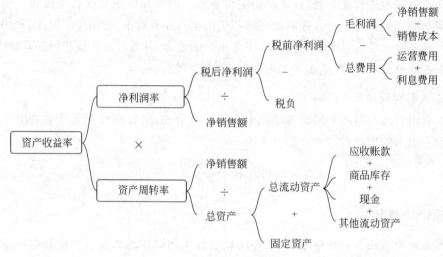

图 5-3　战略利润模型

(1) 净利润率的计算公式为

$$净利润率=\frac{净利润(税后)}{净销售额}$$

式中,净销售额是指总销售额减去给购买者的现金折扣,购买者退货额和其他折让的数额。

(2) 资产周转率的计算公式为

$$资产周转率=\frac{净销售额}{总资产}$$

(3) 资产收益率可分为两种表达方式,一种是净利润率×资产周转率,另外一种是用两个指标相乘,消去净销售额,就得到资产收益率。

$$资产收益率=净利润率×资产周转率=\left(\frac{税后净利润}{净销售额}\right)×\left(\frac{净销售额}{总资产}\right)=\frac{净利润}{总资产}$$

也就是说,如果从资产收益率的角度来看,采用提高净利润率的方式和提高资产周转率的方式都可以带来收益。

通过一组对比案例来说明这个情况,甜品店的净利润率为 1%,资产周转率为 10 次,所以资产收益率为 10%。该公司所处行业的竞争状况决定了该公司的利润率较低。又因为公司从不赊欠,没有应收账款,所以资金周转得很快。而且由于店面是租的,所以固定资产较少。公司存货的周转速度也很快,实际上,一天就周转 1 次。而相邻不远的珠宝店情况就不一样了,珠宝店的净利润为 10%,资产周转率只有 1 次,同样资产收益率也只是 10%。两家店铺的不同之处就在于即使珠宝店的运营成本很高,但它的毛利率还是要比甜品店高得多,因为珠宝店可以把珠宝的价格定为成本的两倍或更高。珠宝店的资产周转率与甜品店相比很低,因为珠宝店有昂贵的不动产、各种高价值的生产设备,并有可能要向客户提供信用贷款也就是应收账款,而且珠宝店的存货周转率极低,有时一年只周转 0.5~1 次。总之,这两种非常不同的零售商都获得了相同的资产收益率,其资产收益率模型如表 5-7 所示。

表 5-7　资产收益率模型

零售公司	净利润率×资产周转率＝资产收益率		
甜品店	1%	10	10%
珠宝店	10%	1	10%

可见,甜品店依靠很高的资产周转率获得了10%的资产收益率,这就是资产周转方式。相反地,珠宝店用的就是利润方式,即依靠较高的净利润率获取资产收益。

证明财务成功的方法之一,就是让公司所有者的投资得到好的回报。尽管零售商追求的是相似的财务目标,但他们采用的却是不同的战略。例如,世界知名的蒂凡尼珠宝公司就是通过扩展商品的分类、提高服务水平和优化购物环境来获取高利润率,而沃尔玛超市却采用了相反的途径。那为什么还有人愿意去沃尔玛购物?答案是该公司采取了每日低价战略。战略利润模型可以用来评估采用不同战略的零售商的业绩,就像蒂凡尼珠宝公司和沃尔玛这样。

接下来看某公司的资产收益率

$$资产收益率＝净利润率×资产周转率＝53.78\%×0.47＝25.37\%$$

由上述计算过程可见,该公司的资产收益率受净利润率的影响更大,因此是利润方式,即依靠较高的净利润率获取资产收益。所以,该公司在经营过程中需采取与提高利润率的策略匹配的经营方式,提高服务水平,优化购物环境,提高高毛利商品的周转率等措施。以上是从财务视角来看,如果结合经验的角度,大型商超业态需要客流量支撑来实现高的资产周转率,那么就要按照资产周转方式来调整其经营方式。

实例分享

傲寒商贸战略利润模型分析

通过战略利润模型,不仅可以分析企业目前的经营策略,还可以结合经营特质来判断企业经营策略的问题。战略利润模型利用资产收益率作为计划和评估公司财务业绩的基本准则,还可以有效预测某项业务失败的概率,因此可以用于新项目实施前的财务评估。接下来运用资产收益率进行投资决策分析。一笔投资于零售业的资金也可投资于任何其他项目,如存单或国库券。假设傲寒商贸开设新商店可获得25.37%的资产回报,而另一项几乎没有风险的投资可获得10%的资产回报,在开新店风险可控的情况下,傲寒应选择收益高的投资方式(即开新店),也就是选择有相似风险但回报较高的投资方式。一般来说,资产收益率更适用于评估个别资产投资,因为相似风险的投资收益容易比较。

此外,还可以运用战略利润模型来预测这某一方式对该模型中其他部分的影响。例如,傲寒商贸希望将销售额提高10%,为提高销售额,可以有多种选择。降低价格会减少毛利,傲寒商贸就不得不对产品进行宣传并雇用额外销售人员,因此就会增加运营费用。所以虽然销售额可以获得10%的增长,净利润率却会下降。再来看周转方式,在不大量改变存货的情况下,增加销售额会提高存货周转。当将较低的净利润率乘以较高的资产周转率时,所产生的资产收益率可能保持不变。由此可见,降低价格的方式虽然能提升销售额,但对资产收益率的提升却没有帮助,所以应通过进一步分析来选取其他更加有效的方式。

战略利润模型对零售商很有用,因为它结合了利润管理和资产管理两个领域的决策,便于考察两者之间的内在联系。

三、分析发展能力

发展能力分析是指通过对企业的资产、收入、利润等财务状况和经营成果的增长情况及潜力的分析,来研究企业财务状况和经营成果的发展趋势,帮助企业管理者规划未来,为股东和债权人提供决策依据。企业的成长和发展能力主要表现在资产、资本总额的扩大,收入、利润等的不断增长,其中收入和利润的增长速度是衡量企业成长和发展能力的最重要的标志之一。评价企业发展能力的指标主要有营业(销售)增长率、总资产增长率、利润增长率,以及各项指标完成率等。

(一)分析销售额

通过对销售额的分析,可以了解销售额的构成、变化及存在的问题,考核企业预期目标的实现情况。

1. 分析销售达成

对销售额进行分析时,可根据实际销售额与相应的计划销售额对比,计算出计划完成的百分比,据以评价企业当期业绩。销售达成率的计算公式为

$$销售达成率 = \frac{实际销售额}{计划销售额} \times 100\%$$

2. 分析销售增长速度

销售增长率是分析企业销售额增长速度、评价企业成长状况和发展能力的重要指标。销售增长率是指企业报告期的销售增加额与基期销售额的百分比,它表明企业报告期实现的销售额比基期实现的销售额的增长程度。销售增长率的计算公式为

$$销售增长率 = \frac{报告期销售增加额}{基期销售额} \times 100\%$$

$$= \frac{报告期销售额 - 基期销售额}{基期销售额} \times 100\%$$

$$= \frac{报告期销售额}{基期销售额} \times 100\% - 1$$

式中,报告期销售增加额是指报告期销售额与基期销售额之差。如果报告期销售额低于基期销售额,则销售增长率用"一"号表示。销售增长率是衡量企业经营状况和市场占有能力、预测企业经营业务拓展趋势的重要标志之一。该指标若大于0,则表示企业本年的销售收入较基期有所增长,指标值越高,表明增长速度越快,企业市场前景越好;若该指标小于0,则说明企业在产品质量、价格或售后服务等方面存在问题,导致市场份额萎缩,企业盈利的增长后劲不足。

(二)分析利润

利润反映企业生产经营活动最终的经济成果,其大小关系到企业经营者的业绩、投资者的报酬、企业的偿债能力和未来的发展前景。对利润进行分析,主要包括利润的计划完成情

况、利润的构成情况、利润的增长速度及影响利润的主要因素等。

1. 分析利润计划完成情况

本年利润与计划对比,一般是计算本年超计划利润额和利润的计划完成程度。其中,利润计划完成率,是指本年实际利润额与计划利润额的百分比,用以评价利润目标的完成程度。利润计划完成率的计算公式为

$$利润计划完成率 = \frac{实际利润额}{计划利润额} \times 100\%$$

2. 分析利润增长速度

可以通过计算利润增长率指标来分析利润的增长速度,预测企业未来的发展趋势和前景。从利润表结构看,利润包括主营业务利润、营业利润、税前利润和税后利润等多个层次。下面的利润增长率指的是税前利润增长率。

(1) 利润增长率。利润增长率是指企业报告期的利润增加额与基期利润额的百分比,表示企业报告期实现的利润额比基期实现的利润额增长的幅度,是评价企业经营业绩及其成长与发展的重要指标之一。利润增长率的计算公式为

$$利润增长率 = \frac{报告期利润增加额}{基期利润额} \times 100\%$$

$$= \frac{报告期利润额 - 基期利润额}{基期利润额} \times 100\%$$

$$= \frac{报告期利润额}{基期利润额} \times 100\% - 1$$

式中,报告期利润增加额等于报告期利润额与基期利润额之差。若报告期利润额小于基期利润额,用"一"号表示。利润增长率只是一个反映企业盈利趋势的总体指标,并不能提示企业利润增长的具体内容及其原因。企业的利润总额是由主营业务利润、投资收益、营业外收入等内容构成的,因此还应结合销售增长率、主营业务利润增长率等指标做进一步分析。

(2) 三年利润平均增长率。三年利润平均增长率是表示企业利润连续三年增长情况的指标,用于反映企业的利润增长趋势和效益稳定程度,体现企业的发展状况和发展能力。三年利润平均增长率指标越高,表明企业积累越多,发展潜力就越大。

(3) 分析营业利润因素。营业利润是综合反映企业营业活动最终财务成果的指标,该指标的高低,直接反映了企业经营和经济效益状况,因此,对营业利润进行因素分析是十分必要的。

营业利润因素分析可分为以下三个步骤。

第一,明确影响营业利润的各因素。

第二,通过计算,确定各因素变动对营业利润的影响程度。

第三,根据计算结果对营业利润完成情况进行分析评价。

营业利润可用公式表示为

营业利润 = 营业收入 - 营业成本 - 税金及附加 - 销售费用 - 管理费用 - 财务费用

影响营业利润因素分析可将本年实际数与上年数、计划数对比进行,具体运用的方法有品种计算法和综合分析法,其中,品种计算法是指按每一种产品进行分析,综合分析法是指不分产品品种而对企业的营业利润总额进行分析。

思政园地：全国工商联发布《中国民营企业社会责任报告(2020)》

 课后任务　　　　　　　利润表的财务分析

任务描述

傲寒分析资产负债表后对后续发展充满信心，但通过分析也让傲寒认识到以往凭感觉经营的方式行不通了，还是要借助科学的方法和专业的工具来具体分析，准确判断。傲寒公司近三年的营业收入及利润情况参见表5-8，请帮助傲寒进行利润表分析。

表 5-8　傲寒商贸近三年相关经营数据　　　　　　　　　　单位：元

项 目	报 告 期		
	2021年	2020年	2019年
营业收入	3 632 138.80	3 014 675.20	2 351 446.66
利润	89 489.53	76 961.00	63 108.00

任务分析

经营者关心自身的资产情况，而投资者更关心企业的收益是多少，利润是否丰厚。投资人考虑的主要是回报，因此第一眼扫描的可能是利润表而不是资产负债表。傲寒想要获得进一步的合作机会，利润表所呈现的信息就显得至关重要了。

任务操作

利润表分析的操作步骤和关键节点如下。

步骤1：确定分析目的。

(1) 了解企业利润的构成及主要来源。

(2) 了解成本支出数额及成本支出的构成。

(3) 了解企业收益水平。

步骤2：收集所需资料。

汇总数据，编制利润表，参见表5-5。

步骤3：确定分析方法。

计算盈利能力和发展能力各项指标，通过横向对比分析经营状况。

步骤4：具体分析计算。

首先进行盈利能力相关指标计算。

(1) 销售净利率。

(2) 销售毛利率。

(3) 营业利润率。

(4) 成本费用利润率。

(5) 资产净利率。

然后进行发展能力相关指标计算。

(1) 销售额分析。

(2) 利润分析。

(3) 营业利润因素分析。

步骤5：报告分析结果

结合对傲寒商贸的战略利润模型分析,已知其资产收益率受净利润率的影响更大,因此是利润方式,即依靠较高的净利润率获取资产收益。据上述计算分析,可得出哪些结论?

任务思考

结合利润表的分析,给出具体经营建议。

任务四　分析现金流量表

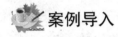案例导入

微课:现金流量表分析

以小组为单位,结合沙僧餐饮公司的现金流量表进行支付能力分析。

在企业经营过程中,购买商品、劳务等支付现金是必不可少的,如果没有足够的现金来支付这些款项,那么企业正常生产经营活动就不能顺利进行。现金流量表分析是指对现金流量表上的有关数据进行比较、分析和研究,通过现金流量表分析可以了解企业本期及以前各期现金流入、流出和企业结余情况,正确评价企业当期及未来的偿债能力和支付能力,发现企业在财务方面存在的问题;正确评价企业当期及以前各期取得的利润的质量,科学预测企业未来的财务状况,从而为其科学决策提供充分的、有效的依据。

现金流量表分析的内容主要有以下四个方面。

(1) 分析现金流量的结构。

(2) 分析现金流量的趋势。

(3) 分析盈利质量。

(4) 分析筹资与支付能力。

一、分析现金流量的结构

现金流量表的结构分析就是在现金流量表有关数据的基础上,进一步明确现金流入的构成、现金支出的构成及现金余额是如何形成的。现金流量的结构分析可以分为现金流入结构分析、现金支出结构分析及现金余额结构分析。

1. 分析现金流入结构

现金流入结构是反映企业的各项业务活动现金流入,如经营活动的现金流入、投资活动现金流入、筹资活动现金流入等,在全部现金流入中的比重,以及各项业务活动现金流入中具体项目的构成情况,明确企业的现金究竟来自何方,要增加现金流入主要应在哪些方面采取措施等。

$$现金流量结构比率 = \frac{单项现金流入（出）量}{现金流入量总额}$$

例如，某公司本期现金流入量为 2 100 262 元，现金流出量为 1 737 367 元，现金净流量为 362 895 元。在全部现金流入量中，经营活动所得现金占 74.86%，投资活动所得现金占 0.62%，筹资活动所得现金占 24.52%。这意味着维持公司运行、支撑公司发展所需要的大部分现金是在经营过程中产生的，这无疑是企业财务状况良好的一个标志。而收回投资、分得股利取得的现金以及银行借款、发行债券、接受外部投资取得的现金，对公司的运行和发展都起到了辅助性或补充性的融资作用。在本期现金流出量中，经营活动所付现金占 74.56%，投资活动所付现金占 5.95%，筹资活动所付现金占 2.21%。将此与现金流入量分析相结合，可以发现该公司的现金流入与流出主要来自经营活动所得，用于经营活动；公司进行固定资产投资，支付投资者利润等现金需要主要来源于外部筹资，特别是举债筹资。从总体上看，该公司的运行是健康的，发展是稳定的。但应特别注意公司以举债筹资扩大投资所带来的财务风险及其偿还能力。

2. 分析现金支出结构

现金支出结构分析是指企业的各项现金支出占企业当期全部现金支出的百分比。它具体地反映企业的现金用于哪些方面。

3. 分析流入流出比例

例如，某公司经营活动中，现金流入量 180 000 元，现金流出量 38 000 元，经营活动现金流入流出比为 4.74，表明 1 元的现金流出可换回 4.74 元现金流入。投资活动的现金流入流出比为 0，无筹资活动。

将现金流出与现金流入量和流入流出比例分析相结合，可以发现该公司的现金流入与流出主要来自经营活动所得，用于经营活动所支，其部分经营现金流量净额用于补偿投资。

二、分析现金流量的趋势

现金流量趋势分析是指对企业的现金收入、支出及结余发生了怎样的变动，其变动趋势如何，这种趋势对企业是有利还是不利进行的分析。包括经营活动产生现金流量、投资活动产生现金流量、筹资活动产生现金流量，分别占现金及现金等价物净增加额的比重以及各自结构的分析。通过结构分析，分析企业产生现金流量的能力。

现金流量的趋势分析通常是采用编制历年财务报表的方法，即将连续多年的报表，至少是最近二三年，甚至五年、十年的财务报表并列在一起加以分析，以观察变化趋势。观察连续数期的会计报表，比单看一个报告期的财务报表，能了解更多的信息和情况，并有利于分析变化的趋势。

三、分析盈利质量

盈利质量分析主要是根据经营活动现金流入量与销售收入、净利润等之间的关系，揭示企业保持现有经营水平，以及将来创造盈利能力的一种分析方法。分析企业的盈利质量指标主要有销售净现率、净利润现金比率和现金毛利率。

1. 销售净现率

$$销售净现率 = \frac{经营活动净现金流量}{销售收入}$$

该比率反映了企业本期经营活动产生的现金净流量与销售收入之间的比率关系,反映了当期主营业务资金的回笼情况。从理论上讲,该比例一般为1。但是在实际交易中,由于有赊账情况的产生,使实际产生的经营现金流量要小于销售收入,因此销售净现率通常要小于1。该数值越接近1,就说明企业资金回笼的速度越快,企业应收账款的数量越少;反之,则会造成企业大量的资金的挤压,加大筹集资金的成本和难度,更有可能造成大量的坏账损失。当然企业的销售净现率也并非越接近1就越好。因为高净现率可能是由于企业的谨慎性的信用政策,保守的销售方式所致,这样也从侧面影响企业的销售量的提升,影响企业的盈利水平。

例如,某公司2021年经营现金净流量142 000元,销售收入100 000元,现金比率为142%,此比率说明资金回笼速度快,但存在资金闲置问题。

2. 再投资比率

$$再投资比率 = \frac{经营现金净流量}{资本性支出}$$

例如,某公司2021年经营现金净流量为142 000元,资本性支出为50 000元,再投资比率为2.84,说明该公司在未来企业扩大生产规模、创造未来现金流量或利润的能力很强。

综合2021年的两项指标可以看出,该公司资金回笼速度快,在未来的盈利能力很强,经营活动现金流量很充足,可根据市场情况扩大生产投资,以取得更大的利润。

四、分析筹资与支付能力

强制性现金支付比率就是反映企业是否有足够的现金履行其偿还债务、支付经营费用等责任的指标。强制性现金支付比率的计算公式为

$$强制性现金支付比率 = \frac{现金流入总额}{经营现金流出量 + 偿还债务本息付现}$$

例如,某商贸公司2021年度现金流入总额为180 000元,经营现金流出量为38 000元,偿还债务本息付现为0元,其计算的此指标值为4.74,说明该商贸公司2021年创造的现金流入量,足以支付必要的经营和债务本息支出。表明其在筹资能力、企业支付能力方面较强。

综合以上量化分析,2021年该商贸公司在现金流量方面得出以下结论。

(1) 获现能力很强,但主要以经营活动获得且获现金额较大,其投资、筹资获现能力为0,这样造成企业以经营活动所产生的现金来补偿其投资、筹资所产生现金不能补偿其本身的部分支出,可以看出其闲置资金较多。建议可将部分闲置资金用于对外、对内投资以获得投资上的现金,提高企业的获现能力。

(2) 偿债能力很强,因为该商贸公司有充足的经营现金来源偿还借款。

(3) 该商贸公司盈利质量很高。

(4) 该商贸公司在发展能力方面,主要以经营活动来获取现金用于经营和投资、筹资支

出上,同时投资、筹资并未分担其本身相应的支出。建议在加大投资、减少举债的同时扩大生产,加大吸收外部投资,为企业更好、更长久地发展奠定基础。

当然上述结论仅是从财务角度出发,在企业的实际经营过程中,还应结合其他指标及企业的实际情况来进行综合判断。

知识拓展:财务报表分析报告

课后任务

现金流量表的财务分析

任务描述

傲寒分析资产负债表和利润表之后,觉得经营状况还不错,可是每次给员工发工资的时候就捉襟见肘,甚至会缩减订货额度、增加订货批次,就此他向专业人士请教,了解到需要通过现金流量表分析找出原因。请帮助傲寒进行现金流量表分析。

任务分析

在日益崇尚"现金至尊"的现代理财环境中,现金流量表分析对信息使用者来说显得更为重要。这是因为现金流量表可清楚地反映出企业创造净现金流量的能力,更为清晰地揭示企业资产的流动性和财务状况。

任务操作

现金流量表分析的操作步骤和关键节点如下。

步骤1:确定分析目的。

结合现金流量表进行盈利质量和支付能力分析。

步骤2:收集所需资料。

汇总数据,编制现金流量表,参见表5-6。

步骤3:确定分析方法。

通过现金流量的结构分析、现金流量的趋势分析和支付能力分析,透视傲寒公司的支付能力。

步骤4:具体分析计算。

首先,进行现金流量的结构分析。

(1)现金流入结构分析。

(2)现金支出结构分析。

(3)流入流出比例分析。从傲寒商贸的现金流量表可以看出:

经营活动中:现金流入量_____元,现金流出量_____元,经营活动现金流入流出比为_____,表明1元的现金流出可换回_____元现金流入。

通过上述计算结果,可以进一步分析傲寒商贸正处于_____(发展/衰退)时期,将现金流出与现金流入量和流入流出比例分析相结合,可以发现该公司的现金流入主要来自_____(经营活动/投资活动/筹资活动),用于_____(经营活动/投资活动/筹资活动)支出,其余部分经营现金流量净额用于补偿投资。

之后,进行盈利质量分析。

(1) 销售净现率＝经营活动净现金流量÷销售收入。

傲寒商贸 2021 年经营现金净流量_____元,销售收入_____元,现金比率为_____。

(2) 再投资比率＝经营现金净流量÷资本性支出。

傲寒商贸 2021 年经营现金净流量为_____元,2019 年资本性支出_____元,再投资比率为_____。

最后,进行筹资与支付能力分析。

强制性现金支付比率＝现金流入总额÷(经营现金流出量＋偿还债务本息付现)。

傲寒商贸 2021 年度现金流入总额_____元,经营现金流出量_____元,偿还债务本息付现_____元,其计算的此指标值为_____。

步骤 5:报告分析结果。

据上述计算分析,可得出哪些结论?

任务思考

结合现金流量表的分析,给出具体经营建议。

课后练习

一、单项选择题

1. 短期偿债能力又称( )变现能力,是企业用短期债到期可以产生的现金偿付流动负债的能力。它取决于近期转变为现金的流动资产的多少。

A. 周转能力　　　B. 变现能力　　　C. 偿债能力　　　D. 还款能力

2. 资产负债表右边是企业资金来源。通过负债与所有者权益项目金额的对比,期末与期初的对比,基本可以判断企业的( )及其变化趋势。

A. 财务风险高低　　　　　　　B. 经营能力强弱

C. 偿债能力强弱　　　　　　　D. 周转能力强弱

3. ( )是一种反映企业经营资金动态表现的报表,主要提供有关企业经营成果方面的信息,属于动态会计报表。

A. 资产负债表　　B. 利润(损益)表　　C. 现金流量表　　D. 财务报表

4. 资产负债表和利润表之间的钩稽关系可以体现为资产负债表中未分配利润的期末数—期初数＝( )。

A. 利润表的营业收入　　　　　B. 利润表的营业外收入

C. 利润表的未分配利润项　　　D. 利润表的营业成本

5. 存货周转率(次数)＝( )÷存货平均余额。

A. 营业收入　　　B. 营业外收入　　　C. 营业成本　　　D. 营业外成本

二、多项选择题

1. 流动资产包括货币资金、短期投资、应收票据、( )、其他应收款、存货、其他流动资产等会计科目。

  A. 应收账款　　　B. 应收利息　　　C. 预付账款　　　D. 应收股利

2. 现金流量的结构分析可以分为（　　）分析。

  A. 现金流入结构分析　　　　　　B. 现金支出结构分析
  C. 现金余额结构分析　　　　　　D. 期初余额结构分析

3. 利润表和现金流量表的不同在于编制基础不同，现金流量表是（　　），利润表是（　　）。

  A. 时点报表　　　B. 时期报表　　　C. 收付实现制　　　D. 权责发生制

4. 通过现金流量表，可以概括反映（　　）对企业现金流入流出的影响，对于评价企业的实现利润、财务状况及财务管理，要比传统的利润表提供更好的基础。

  A. 经营活动　　　B. 投资活动　　　C. 筹资活动　　　D. 融资活动

5. 反映短期偿债能力的财务比率主要有（　　）。

  A. 流动比率　　　B. 速动比率　　　C. 现金比率　　　D. 营运资本

三、判断题

1. 现金比率越高越好。（　　）
2. 一般来说，营业周期短、固定费用低的行业，其毛利率水平也较低，如商品零售行业；相反，营业周期长、固定费用高的行业，其毛利率也较高，如重工业行业。（　　）
3. 销售增长率指标值越高，表明增长速度越快，企业市场前景越好。（　　）
4. 经营活动现金流入流出比为4.74，表明4.74元的现金流出可换回1元现金流入。（　　）
5. 利润表反映了公司在一定时期内的经营成果，解释了公司财务状况发生变动的主要原因。（　　）

四、案例分析题

某公司2021年有关资料见下表。

某公司2021年有关资料　　　　　　　　　　　　　单位：万元

项　目	金　额	项　目	金　额
货币资金	3 000	短期借款	3 000
短期投资	2 000	应付账款	2 000
应收票据	1 020	长期负债	6 000
应收账款	980（年初820）	所有者权益	10 250（年初7 750）
存货	4 800（年初4 800）	主营业务收入	30 000
待摊费用	200	主营业务成本	24 000
固定资产净值	12 860	税前利润	900
无形资产	140	税后利润	540

1. 根据上表中信息，计算该公司2021年的流动比率、速动比率和资产负债率。
2. 假设该公司同行业的各项比率的平均水平如下表所示，试根据问题1的计算结果，对该公司的财务状况做简要评价。

同行业比率

比率名称	同行业水平分析
流动比率	1.0
速动比率	1.0
资产负债率	40%

3.从流动比率和速动比率分析看,企业偿还短期债务能力较强,资产流动性较好。从资产负债率分析看,其高于同行业水平,财务风险较大,影响企业未来筹资。

五、讨论题

讨论企业投资者进行财务分析的目的。

项目六

门店防损及安全管理

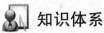 知识体系

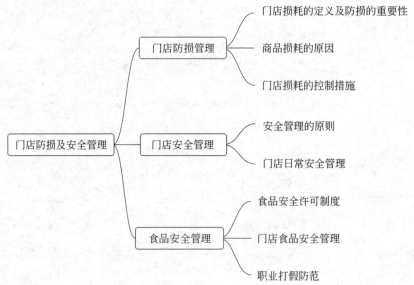

 知识目标

(1) 理解门店损耗的成因,掌握控制损耗的措施。
(2) 了解门店突发事件的种类,掌握突发事件的处理方法。
(3) 如何做好食品安全管理及防范职业打假人。

 技能目标

(1) 能够根据不同原因的损耗制订防损方案。
(2) 能够根据不同的突发事件做出恰当的处理。
(3) 能够制定并实施食品安全管理制度。

 课程思政

(1) 提升防损意识,具备事前预防的前瞻性。
(2) 提升社会责任感。

任务一　门店防损管理

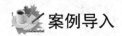

门店防损的重要性

"开源节流,挖掘利润"是摆在每位门店管理者面前一道亟需创新的课题。众所周知,超市是一个典型的微利业态,但是却面对着数额庞大的损耗数据,损耗每时每刻都在吞噬着超市的利润。例如,上海某超市第一个月的营业额为60多万元,而商品损耗却超过10万元,最终只能无奈歇业,所以如何防损是控制损耗的最大课题。

据中国连锁经营协会资料显示,我国每年零售业损耗额高达数百亿元。许多优秀的企业案例证明,只有最大限度减少损耗,才能提升超市的管理水平。

一、门店损耗的定义及防损的重要性

损耗是指门店进货时正常售出应该获得的商品零售值与商品售出后实际零售值之间的差额,包括商品数量的损耗和价值的损耗。损耗是一个在零售企业经营过程中经常被提到的字眼。全世界零售业每年的商品损耗高达1 600亿美元,在我国,这一数字也高达250亿元。

微课:防损的概念及意义

损耗一般会受到一个或几个因素的影响,门店作业中出现其中任何一个影响因素,都会减少利润额,从而诞生"损耗"。有关统计资料显示,在各类损耗中,88%是由员工作业错误、员工偷窃和意外损失所导致的,7%是顾客偷窃,5%则属厂商偷窃,其中由员工偷窃所导致的损失最大。

以美国为例,美国全年被员工偷窃造成的损失高达4 000万美元,比顾客偷窃高出5~6倍;再如,中国台湾,员工偷窃的比例占60%。这些资料表明,防止损耗应以加强内部员工管理为主。因而,了解门店商品损耗发生的原因,并严格地加以控制,是提高企业绩效的重要保证。因此,防损工作对企业来说至关重要。

1. 防损的定义

根据本单位的人流、物流、信息流的活动规律和特点,通过合理的人员安排、流程规定、管理制度,对可能产生损耗的不安全因素的每一个环节进行监督和控制,从而达到全面控制损耗和保障安全的目的。

2. 全员防损的定义

防损不仅是超市防损部门的工作,也是超市全体员工的责任和义务。因此,防损是员工工作中不可缺少的重要组成部分。要确立全员防损的目标。员工积极配合并遵守防损管理规定,积极参与防损监督和举报,及时为防损部门提供损耗线索。

3. 全过程防损的定义

任何一项工作流程中的错误都会直接或者间接导致损耗。因此,超市应要求对每一个可能出现损耗的环节进行有效监控。它的关键是流程合理高效,员工都能按质按量完成工作。

防损与营运是紧密联系、互相依存的,防损等于纯利润。

(1) 商品损耗是公司的敌人,降低损耗是取之不尽的利润源泉。

(2) 商品销售带给公司是销售毛利,但商品损耗不仅会损失商品的价格,还会损失运输成本、包装成本、人工成本等。因此,损耗损失的是纯利润。

4. 防损管理理念

防损工作以"防"为主,防损工作的重点在"防"字,防患于未然。控制损耗在发生之前才是成功的防损。事后的防损主要在于尽量地弥补损失,其目的是防范和避免类似损耗。

二、商品损耗的原因

连锁企业门店商品损耗的原因主要表现在以下几个方面。

(一) 员工的不当行为造成的损耗

微课:商品损耗的原因

1. 收银员操作不当造成的损耗

收银员与顾客借着熟悉的关系,故意扫漏部分商品或私自录入较低价格抵充;收银员因同事熟悉的关系而发生漏打、少算的情形;由于价格无法确定而错打金额;对于未贴标签、未标价的商品,收银员打上自己臆测的价格;误打后的更正手续不当;收银员虚构退货而私吞现金;商品特价时期已过,但收银员仍以特价销售。

2. 验收不当造成的损耗

门店员工搬入的商品未经点数,造成短缺;仅仅验收数量,未做品质检查而造成的错误;进货的发票金额与验收金额不符;商品验收时点错数量;进货商品未入库。

3. 作业手续上的不当造成的损耗

商品调拨造成的漏记;商品领用未经登记或使用无节制;商品进货的重复登记;漏记进货的账款;坏品未及时办理退货;退货的重复登记;销售退回商品未办理进货退回;商品有效期检查不及时;商品条码标签贴错;新旧价格标签同时存在;POP或价格卡与标签的价格不一致;商品促销结束未恢复原价;商品加工技术不当产生损耗。

4. 商品管理不当造成的损耗

未妥善保管进货商品的附属品;进货过剩导致商品变质;销售退回商品未妥善保管;卖剩商品未及时处理,以致过期;因保存商品的场所不当而使商品价值减损;因商品知识不足而造成商品价值减损;姑息扒窃。

5. 盘点不当造成的损耗

数错数量;看错或记错售价、货号、单位等;盘点表上的计算错误;盘点时遗漏品项;将赠品计入盘点表;将已填妥退货表的商品记入因不明负责区域而做了重复盘点。

（二）顾客的不当行为造成的损耗

顾客不当地退货；顾客将物品污损；顾客将物品打碎。

（三）偷窃造成的损耗

1. 员工偷窃造成的损耗

随身夹带；皮包夹带；购物袋夹带；废物箱（袋）夹带；偷吃或使用物品；将用与顾客兑换的奖品、赠品据为己有；与亲友串通，购物未结账或少打；利用顾客未取的账单作为废账单退货而私吞账款；将商品高价低标，卖给亲朋好友。

2. 顾客偷窃造成的损耗

随身夹带商品；皮包夹带；购物袋夹带；将扒窃来的商品退货而取得现金；将包装盒留下，拿走里面的商品；调换标签；高价商品混杂在类似低价商品中，使收银员受骗。

实例分享

超市抓内鬼

A超市是一家1997年建立的大型超市，经过20多年的发展，已经形成了一套比较完善的超市标准作业流程。例如，8:00之前有一个值班的保安，8:00之后各作业人员开始到门店，8:30全部人员到岗，例行工作安排（20分钟）。之后各作业人员到各自岗位，9:00门店准时营业。

一日，糖饼课的课长向门店总经理报告，该月妙芙蛋糕和果奶存在大量损耗，损耗率已经大幅超过超市原先设定的5‰的标准。门店总经理立即会同防损课长，一起调阅了近一个月的监控录像。从监控录像中发现该地区为监控盲区。由于这两类商品为低单价的商品，所以没有像高单价商品那样采用磁条或者磁扣。从防损部调阅的反盗防损记录中，也未发现大批量的被偷窃记录。门店总经理、防损课长、糖饼课长商议，先不传开这个消息。在接下来的几天中，门店总经理与糖饼课长通过对日常销售的检查，排除了收银员飞单的可能。但是从调查中发现，两件商品每天都在损耗，而且损耗的量在20~25件。

门店总经理怀疑是开店前有人提前进入营业区所致。次日，门店总经理与糖饼课长在早上7:00进入超市悄悄守候。终于发现了情况，原来在早上8:30之前就有人进入超市营业区，进一步确认为新进的一批收银员。通过对部分收银员的调查询问，收银员坦白了作案过程。因为知道超市的视频监控存在作业盲区，一个收银员初次作案后，并没有被察觉，就告诉了另外一个收银员，同时买通了出入门监控的保安，所以一个多月未被发现。

在事情真相查明之后，该门店总经理对所有参与偷盗的人员（含收银员10多人，保安2人）作了开除的决定。

内部员工利用超市在货物管理上的漏洞，偷吃物品或盗窃物品加以变卖，而且还存在串通舞弊现象，如收银与保安岗位的串通、库管与保安的串通等，说明即便公司已经设定了措施，也需要对可能发生的串通舞弊现象加以防范。

（资料来源：http://www.360doc.com/content/15/0917/00/27742362_499689649.shtml）

（四）供应商的不当行为造成的损耗

误记交货单位（数量）；供应商套号，以低价商品冒充高价商品；擅自夹带商品；随同退货商品夹带商品；暂时交一部分订购的货，而造成混乱；混淆品质等级不同的商品；与员工勾结实施偷窃。

（五）意外事件造成的损耗

（1）自然意外事件：水灾、火灾、台风、停电等。
（2）人为意外事件：抢劫、夜间偷窃、诈骗等。

三、门店损耗的控制措施

在门店运营过程中，产生一定的损耗是在所难免的，关键是要采取系统、科学、有效的措施，将损耗降到最低。要降低门店损耗，应从以下几个方面着手。

（一）树立全员参与的防损意识

从损耗产生的原因分析可以看出，损耗可能发生在门店运营的各个环节，牵涉顾客及门店各个岗位的员工。因此，要从根本上落实防损目标，应该做到"全员参与"。要实现全员参与，首先要做好宣传教育工作，加强对员工的实际工作技能、职业道德、安全等方面的教育，使员工意识到损耗给企业带来的危害，认识到防损工作的重要性和必要性。其次，应该打造良性的激励机制，从物质、精神方面予以奖励，以促进、提高员工参与防损工作的积极性。例如，制订合理的损耗率，将防损目标作为对相关人员绩效考核的重要方面，将考核结果与人员的奖惩结合起来。

（二）提高门店运营管理水平，落实全程控制

要实现全程控制，应该认真分析门店运营的各个环节，找出易发生损耗的关键环节，采取有针对性的预防措施。为提高门店的整体运营水平，应堵住损耗产生的漏洞，定期进行运营流程梳理和优化，通过明确的条文、规范告诉员工在实际工作过程中应如何操作，明确具体的操作原则和细节，使员工做到"有法可依"。同时，还要通过激励和约束相结合的手段，确保各项作业流程。

1. 进货验货作业

（1）厂商应出示订货单，验收人员根据订货单统一检查核对，查看商品与订单是否一致，检查包装外观是否有拆箱痕迹。

（2）商品验收无误后，应立即转移至暂存区或卖场；已收商品和未收商品应严格区分，避免混淆。

（3）问题商品一律拒收。

2. 理货作业

（1）合理陈列商品，应避免商品陈列方法不当引起的损耗。

(2) 商品一物一签,清晰明了。

(3) 不得随意标价,定期核对 POP 价格与价签是否一致,价签与商品是否明确对应。

(4) 标价机应由专人负责,专人管理。

3. 收银作业

(1) 规范收银员收银基本动作。

(2) 收银员每天轮换不同收银台,避免滋生事端。新进收银员应由老收银员陪同,防止其因紧张等发生错误。收银主管应随时巡视,注意是否有异常状况,发现异常应及时停止该人员及收银机工作,进行调查核实。

(3) 避免收银员使用退货键或立即更正键来消除已登录商品的记录。收银、发票记录纸卷收回存档时,应注意是否有断裂或短少等情况。

4. 盘点作业

(1) 定期或不定期地组织盘点。

(2) 按照规定组织盘点,事前制订计划;盘点过程中注意方法的科学性与合理性,主管应随时了解盘点进度是否按照计划执行;盘点结束,经主管验收无误后,相关人员方可离开。

5. 变价作业

(1) 制订明确、清晰的变价作业流程。

(2) 价格变动时,必须填写变价表,并及时通知财务等相关部门。

(3) 价格变动前和变动后,均应盘点库存数量,并报财务等相关部门。

6. 坏品管理

(1) 每天各部门负责人均应填写坏品登记表,并加注原因说明,由门店经理确认。

(2) 及时处理坏品,与供应商办理退货手续或进行报废登记。

(三) 做好门店防盗等安全工作

员工偷窃是全世界企业面临的一个主要问题,员工内盗占门店总损耗的28%,与顾客偷窃比例接近。员工偷窃与顾客偷窃有区别,顾客偷窃往往是直接拿取商品而不结账,而员工偷窃则有多种表现形态,如内外勾结、监守自盗、直接拿取货款、利用上下班或夜间工作直接拿取商品等,因此连锁企业总部应制定严格的内部管理措施并要求门店遵守。

微课:门店防盗管理

1. 预防员工偷窃的举措

(1) 建立严格的偷窃处理制度,形成有效的制度威慑力,具体包括以下几点。

① 检查现金报表,主要有现金日报表、现金损失报告表、现金投库表、营业状况统计表、换班报告表、营业销售日报表、营业销售月报表等。

② 检查商品管理报表,主要有商品订货簿、商品进货统计表、商品进货登记单、坏品及自用品统计表、商品调拨单、商品退货单、盘点统计表等。

③需针对员工的监守自盗制定处罚办法,并公布周知,严格执行。

(2)建立内部举报和举报人奖励制度,保证举报人的个人利益和人身安全不受侵犯,加强内部监督和制约。

(3)严格员工上下班检查制度。上下班员工必须通过专用通道进出,并自觉接受检查。上班员工不得携带皮包进场,不得在当班期购买商品,员工在非当班期购买商品应有发票和收银条以备检查。

(4)建立完善的人事制度,健全员工绩效考核和激励、约束机制,加强员工职业道德教育和培训。

(5)装置电子监控系统。

2. 预防顾客偷窃的措施

(1)加强技术防护,做到技术防护与人员防护并举,互相结合,取长补短。

①电子商品防盗系统。国内目前常用的电子商品防盗系统是由检查门、标签和消码器构成的。

②闭路电视监控系统。闭路电视监控系统能监控商场内发生的情况和可疑人员,还能起到威慑作用。

(2)加强员工防盗知识培训。明确防盗职责,增强员工防盗意识和技能。

①禁止顾客携带大型背包或手提袋入内,请其存放于服务台或自动寄存柜。

②顾客携带小型背包袋入内购物时,应留意其购买行为。

③加强卖场巡视,尤其要留意死角和多人聚集之处。

④注意由入口处出去的顾客。

⑤顾客边走边吃东西时,应委婉口头提醒,请其至收银台结账。

⑥有团体客人结伴入店时,店员应随时注意,有可疑情况时,可主动上前服务。

⑦条码纸要妥善保管,以免给人以可乘之机。

(3)加强作业流程管理,将防盗思想融入各作业流程的具体实践。

 实例分享

超市解决自家闹乌龙

在某购物广场,顾客杨小姐购买化妆品,在收银台付完款准备离开时,一边的警报器突然响起,闻声而来的防损员跑过来,马上从杨小姐手中夺过她的包进行搜查。这时许多正在购物的顾客也纷纷向这边张望,投来好奇的目光,后经防损员检查,原来是由于收银员失误,没将一瓶化妆水消磁而引发报警器鸣响。由于当时围观的人很多,杨小姐羞愤交加,顾不上听防损员的解释,扔下已买单的商品气愤地夺路而逃,跑出了商场。当天下午,商场就接到杨小姐哥哥(以下简称杨兄)打来的投诉电话,杨兄在电话里非常气愤,要求商场对早晨的事件做出合理解释,并要求就此误会对其妹付20万元的精神损失赔偿费,原因是其妹在此事件中受到了常人难以想象的精神打击,原来杨小姐是名退役军人,以前在部队服役期间,在一次意外的事故中被火烧伤,至今脸部还因烧伤严重变形,留下了永久的疤痕,为此她很少出门。这次意外事故给杨小姐的心灵造成了极大的创伤,今天购物的不愉快经历无疑是雪上加霜。杨兄还对"商场强行对顾客搜包的行为"表示愤慨,声明商场若不予以赔偿,他们会诉诸消费者协会和相关法律部门。

(资料来源：https://wenku.baidu.com/view/258a8070a417866fb84a8ea8.html)

3. 顾客偷窃事件的处理方法

目前，国内一些连锁企业私下实行"偷一罚十"的规定，这是不具备法律效力的。依据行政处罚法，只有国家机关才能进行处罚，任何门店没有处罚权。即使是顾客偷了商品，门店也绝不能以非法手段对待"小偷"，擅自处罚。通常，门店可以实施这样的处理方法：在认定偷窃之前给顾客"购买"的机会。具体的办法是对隐藏商品的顾客说"您要××商品吗""让我替您包装商品"等，若在收银台时则说"您是否忘了付款"等，再一次提醒客"购买"；如果提醒之后顾客仍无购买的意思，则要以和蔼的态度将顾客带入办公区会客室，并作适当的处理。在处理此类事件时，不要把顾客当作"窃贼"，讲话要冷静、自然，尽可能往顾客"弄错"的角度引导其"购买"，不要以"调查"的态度对待顾客，不要让店内的其他顾客有不愉快的感觉。经过与顾客交流，如果误会了顾客，应向顾客郑重表示歉意，并详细说明错误发生的经过，获得顾客的理解，必要时应亲自到顾客家中致歉；如果顾客是真正的"小偷"，门店首先可以将偷窃者送到公安机关接受处理，其次向法院提起民事诉讼，要求偷窃者赔偿。尽管这样做很"麻烦"，但只有通过合法的程序才能完成连锁企业对自身权益的合法保护。

门店日常防范偷窃不能仅依靠一种方法，必须综合利用各种有效的防范方法。

(1) 卖场布局和设计。首先无论顾客是否购买了商品，通道的设置都要使顾客必须通过统一结账处和服务处。其次，在留有紧急出口的情况下，要注意防范偷窃者从无人照看区域的出口溜走。

(2) 防盗式的商品陈列。体积小、价值高的商品，如化妆品，可以在卖场内单独设置收银台；香烟等商品，可以放置在服务台售卖。

(3) 理货员要具备防盗能力。某些超市缺乏对理货员的防盗训练，在管理上没有将理货员当作防损工作人员。门店应该对理货员进行培训，使其掌握防止卖场偷窃所应采取的步骤和指施。当发现卖场出现可疑者时应知道采取何种有力的防范措施。

(4) 收银主管和前台巡视人员防窃能力训练。

① 及时将停止收款的出口关闭，使顾客从有收银员值班的收款台通过。

② 提醒顾客进店前将包寄存。

③ 应特别留意一些可疑的顾客，必要时可派专人紧随其后。

课后任务

商 品 防 损

任务描述

小莉是某门店的一名仓库管理员，经人介绍进入大卖场，主要负责超市仓库的货物管理。在最初入职时，小莉一直对这个整天和货物打交道的工作抱有成见。成天灰头土脸的，比不上那些促销员光鲜。可一个月下来，小莉不仅彻底扭转了自己的想法，上起班来也不再那么无精打采的了。

原来，小莉发现自己手头上的这个库管工作，虽说看起来没那么"体面"，可其中的"油水"不少。且不说卖场内的那些破损商品，就算是正常商品，她也可以轻易地弄到手。小莉分管的物资是洗化区商品,主要经手各类品牌洗发水的进出货。自从接手洗化区的工作以来,小莉再也没有自己花钱买过洗发水。大量的"残次品"被用来当洗手液。而那些自己手上处理不完的"报损"品,还可以和其他品类的库管交换。例如,上个月她就用两瓶洗发水和对面库管换了一些卫生巾。而且,小莉发现在卖场里做事,各类人之间都有办法搞到一些所谓的"残次品",有些部门还把处理这些卖场内的"残次品"当成是部门的福利发放。而所谓的"残次品",有时候是卖场内部人员故意制造出来的。真正属于商品销售中的残次品其实很少,大部分都是一些冒牌的"残次品"。开始的时候,小莉还有点后怕,可看到大家都那么"照章办事",也就见怪不怪了。

总之,用小莉的话讲,自己每个月工资就那么点,不利用自己手上的权利捞点,也太对不起自己了。逢年过节,她也时常可以顺带着捎些东西回家,好歹也算是给自己的"补偿"!

对于门店来说,每年店内商品的"损耗"可是一笔相当大的开支。几乎每个门店都试图把卖场内过高的商品"损耗"降下来,可实际上的收效却并不理想。这其中的主要原因在于,卖场由于把注意力都放在了"攘外"上——对付消费者和供应商,却忽略了"攘外"必先"安内"——因卖场内部管理不善而导致的商品损失。通常来说,卖场管理方总是试图从供应商送货的频率和数量上来控制商品的正常损耗,从如何减少消费者偷盗来控制人为因素造成的损耗,却很少从卖场内部查找"高损耗"的真正原因。

(资料来源:http://www.linkshop.com.cn/(g535z5fooo3lga45b1wnk345)/web/ShopBell_Info_print.aspx? nbr=9276)

上述情况正在困扰着大多数卖场管理者,请对周围的大卖场进行调研,并结合调研结果,分析如何通过有效的管理和事前预防措施降低损耗?

任务分析

在门店的运营管理过程中,如果防损管理不到位,就会影响店铺的利润,损耗越大,门店的利润越低,因此有效控制损耗,就是增加盈利。预防在时间上可以划分事前、事中、事后三个阶段,所以防损确切的描述应该是在损失产生的事前、事中、事后三个阶段运用内部控制的手段进行管理的过程。其中事前预防与事后挽回损失相比,更能从根本上降低损失、提能提效。

任务操作

防损管理的操作步骤和关键节点如下。

步骤1:分析防损的主要场所。

(1) 易发生外盗的场所。

(2) 易发生内盗的场所。

(3) 门店的收货场所。

(4) 收货时造成损耗的行为。

(5) 收银前台损耗的行为。

(6) 收银时造成损耗的行为。

步骤2:分析防损的关键时段。

(1) 开业前防控时段。

(2) 闭店时防控时段。

(3) 高峰时段。
(4) 吃饭等人力不足时段。

步骤3：汇总现有防损系统应用情况。

步骤4：结合调研结果和上述分析，帮助门店制订防损措施和管理方案。

任务思考

(1) 如果你是防损员，应该怎么做？
(2) 如果你是店长，应该如何处理此事？
(3) 作为店长，在防损工作中应该注意什么？

任务二　门店安全管理

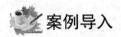

致命大门带来的思考

2019年1月，某广场商场区域内发生紧急情况：一扇厚重的大玻璃门突然倒塌，当场将一名女子砸在下面。被砸的女子头部受伤，想要站起来却没有做到，再次倒在一片碎玻璃中。事发后，有人迅速报警求助，辖区警方和"120"急救人员迅速赶来救援。随即受伤女子被紧急送往医院抢救，医院初步诊断，该女子受了严重的脑外伤，最终该女子不幸离世。

自从1962年3月15日，美国总统约翰·肯尼迪在向国会提出的《关于保护消费者利益的国情咨文》中表达了消费者的安全权利以来，迅速引起了世界各国的强烈响应，受到了广大消费者的赞赏。于是，如何有效地保护消费者利益，成为当今的一个世界性主题。世界各国为保护消费者人身及财产安全正在做出努力。我国于1993年10月31日通过了《消费者权益保护法》，从此我国消费者便有了自己的"权利宪章"，其人身与财产不再置于任意受经营者侵害而不受保护的状态。

《消费者权益保护法》第七条规定："消费者在购买、使用商品和接受服务时享有人身、财产安全不受损害的权利。"这是对消费者安全权利明确的法律表达。为了保障安全权利的实现，消费者有权要求经营者提供的商品和服务，尤其是那些可能危及人体健康、人身安全和财产安全的商品与服务，必须符合安全要求。《消费者权益保护法》的这条规定当然也包括消费者在购买商品或接受服务时，有权要求有关服务环境、服务设施等符合安全要求，不存在安全隐患。如果经营者在经营过程中未向消费者提供安全服务环境，致使消费者的人身及财产遭受损害，应承担法律责任。

由此可见，一家良好的门店除满足消费者的购物需求之外，还必须提供消费者一个安全舒适的购物环境。尤其是越来越多的连锁商店（如连锁超级市场便利店），由于需长时间营业和现金交易，而且主要采用散开式销售方式，因而安全管理绝对不能放松。有效预防卖场的各项安全管理作业是门店不可推卸的责任。

一、安全管理的原则

安全管理的基本原则可以概括为"预防为主，责任明确，程序清晰，措施得当，全员参与"。尽管大多数安全事故的发生都属于临时状况，但是如果能够针对可能存在的安全问题，事前做好预案，事发时由专责人员按照正确的作业程序来处理，事发后按照正确的程序做好善后工作，则可将突发安全事故的损害降到最低程度。安全管理是门店全体员工的共同责任，应该"全民参与，全民预防"，做到防患于未然。门店全体员工均有责任在维护消费者购物安全和员工工作安全的同时，减少公司的财务损失。除依据政府相关法规、规定正确设置各项安全措施并定期检查之外，还应定期对员工进行安全意识教育或举办安全事故应对演习，提高员工的灾害意识和警觉性，规范事故处理流程，提高员工处置突发事故的能力。

二、门店日常安全管理

门店安全管理所包括的项目相当广泛。以地点而言，除卖场购物区之外，还包括购物区以外的公共场地及员工工作的场所；在对象上，除人之外，还有财物的安全；在事件上，除突发的意外事件之外，还有日常的例行作业；至于时间，更是随时都可能发生。因而，门店必须做好经常性的安全作业管理，门店安全管理的重点项目有消防、防抢、防偷、防骗、预防意外事件发生等。

实例分享

门店防火非常重要

2004年2月15日11:00，吉林省吉林市中百商厦发生特大火灾，大火于当日15:30被扑灭。火灾造成54人死亡，70人受伤，直接经济损失达426万元。

中百商厦隶属市商业委员会，属国有商业企业，1995年投入使用，建筑面积4 328m^2，耐火等级为二级。商厦一层（含回廊）经营五金、百货，二层经营服装、布匹，三层为浴池，四层为舞厅和台球厅，由146家个体商户承租经营。经国务院调查组技术专家组勘察确定，火灾系中百商厦伟业电器行雇工于洪新，于当日9:00向3号库房送包装纸板时，将嘴上叼着的香烟掉落在仓库中，引燃地面上的纸屑、纸板等可燃物引发的。

中百商厦，一是没有按照《消防法》规定和《机关、团体、企业、事业单位消防安全管理规定》（公安部令第61号）要求，认真落实自身消防安全责任制，消防安全法律责任主体意识不强，没有依法履行消防安全管理职责。火灾发生后，没有及时报警，也没有在第一时间组织人员疏散。二是没有认真履行《消防法》第十四条规定的组织防火检查、及时消除火灾隐患等消防安全职责。对于当地公安消防部门查出的违章搭建仓房等火灾隐患，没有按要求拆除。三是没有按照《消防法》有关规定，认真组织开展对从业人员的消防安全宣传教育和培训，员工消防法制观念淡薄，消防安全意识较差，缺乏防火、灭火常识和自防自救基本技能，致使符合规范标准的消防设施设备没有充分发挥作用。四是虽有灭火和应急疏散预案，但没按《消防法》规定组织开展灭火和应急疏散演练。

（资料来源：https://www.renrendoc.com/paper/121284757.html）

（一）消防安全管理

1. 事前预防

火灾猛于虎,无情的大火不知会给人们带来多少损失,商店一定要时刻警惕,做好防火工作。其主要防范措施如下。

微课：消防安全管理

(1) 将"防火器材位置图"和"人员疏散图"张贴在店内的指定位置。

(2) 设立紧急出口及安全门,并随时保持通畅,若该店无其他出口,则大门口应保持畅通。

(3) 依消防规定在门店的明显处设置足够的灭火器,并定期保养及检查各项消防设备。

(4) 安全小组负责人定期对全体员工进行培训,讲解灭火设备的功能、使用方法及防火注意事项,考试合格后方可上岗。

(5) 门店内醒目处悬挂禁止吸烟牌,若顾客吸烟,要及时提醒。

(6) 定期(如每半年一次)实施消防演习(含灭火器使用)。

(7) 消防安全人员随时检验插座、插头的绝缘体是否脱落、损坏。

(8) 提醒负责打扫卫生人员,随时注意有无火种等易燃物,并且电器、插座、电动机附近应该经常清扫,不留杂物。

(9) 门店全体人员皆应知道总电源开关的位置及使用方法。

(10) 店内不能存放易燃物,店内的装饰材料也要选用耐火材料。

2. 事中处理

火灾的发生有轻有重,如果发生的是轻度火灾,报告店长,召集店员一起灭火。如果发生的是重大火灾,则必须按以下程序进行。

(1) 立刻拨打"119"火警电话,报告店长,除电灯外,关掉所有电气设备。

(2) 告知全店员工,立即根据"安全管理小组"的编制执行任务,并保持镇定,按平时消防演习的程序行动。

(3) 疏散组人员立即分散到店内不同位置,疏通安全通道,打开安全门,指挥店内顾客迅速离开现场;当有浓烟出现时,应匍匐在地上爬行,迅速离开现场;尽量避开电气设备,不要用手或身体触摸;不要使用电梯,尽量由楼梯疏散。

(4) 医疗组及时救助受伤顾客及员工,并将受伤者立即送到医院。

(5) 通信报案组随时与消防人员保持联系,并在他们来到之时介绍店内情况,帮助消防人员救火。

(6) 安全管理组长或负责人应指挥店员按平时消防演习抢救金钱、财物和重要资料等,并迅速将现金及贵重财物转移到安全位置。但要注意的是,人身安全放在第一位,不要因收集现金或救火而危及自身安全。

3. 事后处理

(1) 离开卖场后,到附近指定地点集合,并迅速清点人数,告知店员在未经许可的情况下不得进入火灾现场。

(2) 如有必要,可向公安部门报案,并协助公安人员在现场调查取证。

(3) 店长组织员工清点财物的损失,并编列清单,向上级领导汇报。

(4）安全管理总指挥仔细调查火灾发生的原因，分析责任及应变处理过程。

(5）评估事件损失，检讨并提出整改措施。

（二）防抢管理

由于商店的现金流量相当庞大，来往的人员也非常复杂，一些超市的收银柜台又邻近出入口的位置，在金钱一进一出的同时，难免引起不法之徒心生歹意而发生抢劫事件。抢劫的对象，除商店本身外，也会发生歹徒在卖场抢劫顾客的事件，这会对商店的形象和声誉造成极坏的影响。

微课：卖场安全管理、防骗防抢安全管理

1. 事前预防

（1）装置监视器或安全系统。

（2）建立投库制度，应规定收银机内的现金不得超过一定金额；超过则需投库。

（3）收到大额钞票后则应立即投入保险柜内。

（4）尽量保持店内明亮度及店内外的整齐，不凌乱。

（5）大门、玻璃上不得张贴太多海报、POP，不得堆置太高的物品，以免降低柜台区的能见度。

（6）提高警惕，发觉可疑人物时，应尽快通知全体营业人员。

（7）与警务机构或保安公司建立紧密合作关系并张贴告示。

（8）平时要对店员进行教育与训练。

2. 事中处理

遇到抢劫时，应保持冷静沉着，具体要注意以下几点。

（1）不做任意的惊叫及无谓的抵抗，以确保顾客和店员的人身安全为主要原则。

（2）双手动作应让歹徒看得清楚，以免歹徒误解而造成伤害。

（3）不必试图说服歹徒。

（4）为避免意外伤害，应告诉歹徒，仓库、厕所或其他地方是否还有同伴。

（5）在不影响人身安全的情况下，应尽可能拖延时间，假装合作。

（6）可乘歹徒不备时，迅速按下报警器。

（7）尽力记住歹徒的特征。

3. 事后处理

（1）歹徒离开后应立即报警，并尽快通知连锁企业总部相关人员。

（2）小心保持犯罪现场的完整性，不要破坏歹徒双手触摸过的物品及设备的现场。

（3）立即填好歹徒特征表。

（4）将遇抢过程写成报告，并呈送上级相关主管单位。

（5）被抢之店往往很容易再度成为歹徒目标，故更须针对事前防范的各项重点，改进原有的缺陷。

（三）防骗管理

1. 事前预防

（1）店员应避免与客人过于接近，以免发生意外。

（2）不要背对或离开已打开的钱财放置处或保险箱。

（3）视线不要离开已打开的钱财放置处或保险箱。

（4）收到顾客所付钱财时，应待确定顾客给付金额符合后，方可将钱放入钱财放置处。

（5）收到大额钞票时，应注意钞票上有无特别记号及辨识假钞。

（6）注意顾客以"零钱掉落法"及"声东击西法"骗取已打开的钱财放置处或保险箱中的钱财。

（7）收款一定要按既定程序进行，且必须唱收唱付。

（8）在便利店中，若门店店员只有一位，且进仓库搬货无法照顾到收银机，那么除固定熟客外，尽量不要离开卖场，并婉拒顾客。

（9）对各种骗术手法，应实施在职训练，以熟练防范技巧。

2. 事中处理

切记不可因人手不够、顾客拥挤等原因而自乱阵脚，疏忽了上述防范措施。

3. 事后处理

（1）损失较大，报警处理。

（2）做成示范个案，通报门店注意，以免再中圈套。

（四）停电的处理

1. 事前预防

（1）店内备有紧急照明灯、手电筒等应急照明工具，有条件的店铺可装置自动发电机。

（2）了解电力公司有计划的停电信息，并做好各项准备。

微课：停电安全管理

2. 事中处理

（1）应迅速查明停电原因，以便做出相应的对策。

（2）若长时间停电，应启用自动发电机，并立即与连锁企业总部主管部门联系。

（3）若停电是在晚上，且时间很长，可考虑停止营业。

（4）停电时收银机无法打出发票，此时可利用空白纸张填上购买金额，并盖上发票章，请消费者下次来店时凭证兑换发票。

（5）店长应立即将门店的保险箱和店长室锁好。

（6）收银人员迅速将收银机抽屉关好。

（7）店长应迅速将人员分配至收银台附近及卖场内，以保证现金及商品的安全。

（8）以客气的语调安抚顾客，并请顾客谅解因停电带来的不便。

（9）指派店长或其他干部两人以上，在后门把关，以防止员工在此时发生不良行为。

3. 事后处理

(1) 检查门店内外是否有异常状况。

(2) 清查门店内的财物和商品。

(3) 待一切恢复正常之后再开始营业。

知识拓展:某超市设备安全检查指引

(五) 设备安全管理

通过上述案例不难看出,门店设备安全管理不仅关系到顾客,还涉及员工的安全,因此必须给予足够的重视。

1. 事前预防

(1) 明确操作规范,专人负责。个别涉及专业设备的岗位应持证上岗。

(2) 定期维护检修设备,确保安全。

2. 事中处置

(1) 按照操作标准和要求,停止操作。

(2) 检查现场安全隐患,将风险降到最低。

3. 事后处理

(1) 关心受伤人员,了解康复状况。

(2) 若顾客的意外伤害属门店的责任,客户服务部等相关部门要积极和顾客商谈善后赔偿事宜,同时与保险公司取得联系。

(3) 检讨事情发生的原因,及实际处理的结果。

(4) 总结教训,当天将发生的情况填写"门店严重事故报告书"报告总部营运部处理。

(六) 卖场环境安全管理

1. 事前预防

(1) 店里店外打破的玻璃碎片应立即清扫干净。

(2) 受损或有裂痕的玻璃器具有刮、割之处时,应先用胶布暂时贴住,或暂停使用。

(3) 发现走道上有任何障碍物,应立即清除,以免撞到或跌倒,其他物品的陈列架或POP架,有凸出的尖锐物,应调整改善,以免伤到人。

(4) 考虑店内的装潢设计和各项设施是否影响顾客行动的安全,尤其是老年人、残疾人、孕妇及儿童等。

2. 事中处置

(1) 顾客如有晕倒或意外伤害,附近的员工应马上伸出援助之手,并表示出对顾客的深切关心,同时立即通知卖场办公室人员和总服务台人员携带医药箱到现场予以检查处理。

(2) 若为轻微伤害,及时处置即可。若为严重伤害,应迅速拨打"120"急救电话或打"110"寻求帮助,不得搬动伤者。如有突发病发生和重大伤害时,应立即现场救护,并迅速拨打急救电话,请派救护车支援,切勿轻易搬动伤者。

(3) 现场要尽快清理,以免影响营业或再度发生意外。

(4) 以抢救、送医治疗为第一优先,不要在现场争吵或追究责任。

(5) 顾客到医院就医必须有店内人员陪同。

3. 事后处理

(1) 关心顾客,了解康复状况。

(2) 若顾客的意外伤害属门店的责任,客户服务部等相关部门要积极和顾客商谈善后赔偿事宜,同时与保险公司取得联系。

(3) 检讨事情发生的原因,及实际处理的结果。

(4) 总结教训,当天将发生的情况填写"门店严重事故报告书"报告总部营运部处理。

 课后任务

门店安全管理

任务描述

门店安全管理细则

1. 总则

为了保护公司和员工的生命财产安全,为维护正常的经营秩序,结合门店实际情况,特制订本细则。

2. 安全责任与意识

店长及店员必须具备安全管理意识,各项安全管理工作宗旨是"预防为主,消除隐患"。

3. 管理细则

3.1 店长责任制

3.1.1 店长根据公司授权,全面负责门店的安全管理工作,当门店的财产、人员的人身安全受到损害时,店长应承担相应责任。

3.1.2 店长要做好门店的安全管理的指导、培训工作,提高员工安全管理的意识和能力。

3.2 消防安全

3.2.1 门店设置消火栓,每个消火栓配备2个灭火器。定期检查使用情况。

3.2.2 门店内严禁吸烟,清理垃圾时,应确保没有火种或易燃易爆物品。

3.2.3 照明设备不能放置于易燃物品旁。

3.2.4 消除安全隐患,门店歇业前应检查电源开关是否关闭。

3.2.5 随时留意并检查插座、插头、线路的绝缘体是否脱落或损坏,及时更换。

3.2.6 全体员工应知晓总电源开关和灭火装置的位置和使用方法。

3.2.7 如遇漏水、水淹、火情,应及时关闭总开关电源,并上报总部维修。

3.2.8 火灾发生时,如有顾客或员工在场,应第一时间疏散人员,急速打电话"119"灭火,并将情况告知总部。

3.2.9 火灾发生时,抢救的财物应由专门人员负责看管,防止趁火打劫。

3.3 门禁安全

3.3.1 门店要经常性地检查门锁使用情况,门店应使用两把门锁,一个是卷帘门锁,另一个是手推门的门锁,由两个人分开保管,并在《门店表格汇总册》里及时填写钥匙保管人员信息。

3.3.2 要经常检查门店窗户、防盗窗、玻璃是否破损,是否牢固。

3.3.3 门店歇业前应认真检查,确保窗户关好,店门上锁。

3.3.4 收银台钱箱的钥匙只能由收款员保管。

3.4 设备管理

3.4.1 门店所有设备的说明书、保修单据、遥控器等随带物品由门店保管。如有遗失,由门店负责。

3.4.2 所有设备尤其是电器应按照使用说明书的操作标准执行,不准在未关机的情况下,关闭电源。

3.4.3 所有设备应保持清洁,防止灰尘污染,缩短使用寿命。

3.5 防止意外伤害

3.5.1 店内店外打碎的玻璃碎片等尖锐物品应立即清扫干净;货架、柜台、活动道具等有突出棱角的,应先用胶带包好。如有需要,报行政部处理。

3.5.2 登高必须使用牢固的梯子,不要站在纸箱或其他不稳定的物品上进行操作。

3.5.3 不可在店内快速奔跑,发现走道上有任何障碍物或易滑倒的物品时,应立即清理干净。

3.5.4 玻璃柜台不应放置过重的物品,也不可将双手及上身压在上面。

3.5.5 若顾客在店内受伤,先为顾客做简单处理,并由门店经理或组长赠送小礼品道歉。如果需送医治疗,应上报总部,视情况处理;现场事故以抢救治疗为优先考虑,不应与顾客发生争吵或追责以免延误治疗时机。

3.6 防偷盗

3.6.1 随时注意店内可疑人员,营业员可特意巡视卖场,以整理商品、询问服务等方式来接近、防范有心之人。

3.6.2 不在人多眼杂处清点营业额,营业款应及时放进钱箱。

3.6.3 如钥匙保管员行为可疑,或突然提出离职,应尽快更换门锁钥匙。

3.6.4 若在卖场发现并确认偷盗者,须在顾客离开卖场,走出大门的时候,由门店人员2名(最好有一名男性员工)给予礼貌阻拦,并将其请至办公室内处理。

处理方式以收回被盗物品或金钱即可。处理方式包括:礼貌提醒"对不起,我忘了提醒您去收银台付款了!"等委婉方式进行。

3.6.5 偷盗者暴力抵抗或遇到抢劫等严重事态时,应立即报警。

3.6.6 店经理应收集防盗、防骗案例,加强培训,提高门店防盗意识。

3.7 现金安全管理

3.7.1 营业期间应保证收银台有专人看管,离开收银台应及时上锁,并随身携带钥匙。

3.7.2 现金收银时应使用验钞机,避免收到假币。

3.7.3 各店营业款应按照财务规定存入银行,店里不准存放大额现金过夜。

3.7.4 夜间营业突然停电,收银员应马上将钱箱上锁,由店长或组长到店门口安排疏散并监督顾客。

3.8 赠品安全管理

3.8.1 活动赠品应放在门店的指定位置,并由专人负责看管,确保不丢失,账货相符。

3.8.2 赠品应定期盘点,确保赠品使用质量,确保不受潮、不损坏。

3.9 信息安全

3.9.1 门店的活动促销方案、门店的销售数据、目标达成情况不得向门店以外的人员透露。

3.9.2 门店计算机里的任何销售数据,公司下达的各项文件制度、群文件等均不得向外传播。

(资料来源:https://wenku.baidu.com/view/435b3a09d1f34693dbef3e5d.html)

以上为某大型超市的《门店安全管理细则》,请结合你对该行业的了解,进一步帮助该门店补充、完善安全管理细则。

任务分析

所谓连锁门店的安全管理,是指连锁门店运用各种管理手法或制度,在意外事件尚未发生前,极力预防门店内各种可见的或潜在的危险,以降低门店的营业及财物损失,更重要的是确保员工、顾客及其他相关第三者的人身安全。

安全管理牵涉的主要对象包括:人,主要是顾客和员工;物,主要是产品和设备;责任,主要是对顾客、员工或其他第三者的责任。

总体来说,安全管理主要涉及防抢、防偷、防意外和防火等。

任务操作

安全管理的操作步骤和关键节点如下。

步骤1:分析门店安全管理细则中缺少的部分。

步骤2:补充完善门店安全管理细则中缺少的部分。

任务思考

如何提升全员的门店安全管理意识?

任务三 食品安全管理

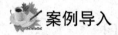
案例导入

过期的代价

8月6日,沈阳市民李某在一家超市购买了10袋某品牌香辣牛肉干,单价显示每袋22.6元。但是,李某发现包装袋上的生产日期为上一年8月5日,保质期为12个月,李某购买该牛肉干时,正好过了保质期。李某因此认为超市销售过期食品,遂向法院提起诉讼,要求10倍赔偿。

法院审理认为,食品销售者负有保证食品安全的法定义务,应当对不符合安全标准的食品及时清理下架。这家超市销售超过保质期的牛肉干,是不履行法定义务的行为,应当认定为销售明知不符合食品安全标准的食品。法院支持消费者李某提出的退还货款以及10倍赔偿金的请求,法院判决超市向李某赔偿2 260元。

随着经济全球化的发展、社会文明程度的提高,人们越来越关注食品的安全问题,为了提高公众对食品供应的信心,更有效和更有目的地进行食品监控,我国政府实施了食品安全管理体系制度,改变传统的食品监管方式,使政府从被动的市场抽检,变为政府主动地参与企业食品安全体系的建立,促进企业更积极地实施安全控制的手段。作为门店负责人,要掌握食品质量与食品安全涉及的相关政策。

一、食品安全许可制度

微课:食品安全许可制度

获得食品质量安全生产许可证的企业,其生产加工的食品经出厂检验合格的,在出厂销售之前,必须在最小销售单元的食品包装上标注由国家统一制定的食品质量安全生产许可证编号,并加印或加贴食品质量安全市场准入标志"QS"(quality standard,生产许可)。食品质量安全市场准入标志的式样和使用办法由国家质检总局统一制定,该标志由"QS"和"质量安全"中文字样组成。标志主色调为蓝色,字母"Q"与"质量安全"四个中文字样为蓝色,字母"S"为白色,使用时可根据需要按比例放大或缩小,但不得变形、变色。加贴(印)有"QS"标志的食品,即意味着该食品符合质量安全的基本要求。

《中华人民共和国食品安全法》根据2021年4月29日第十三届全国人民代表大会常务委员会第二十八次会议《关于修改〈中华人民共和国道路交通安全法〉等八部法律的决定》第二次修正。《食品生产许可管理办法》于2019年12月23日经国家市场监督管理总局2019年第18次局务会议审议通过,自2020年3月1日起施行。食品生产许可证编号由SC(生产的汉语拼音字母缩写)开头,意味着被大家广为熟知的QS认证退出了历史舞台。《食品生产许可管理办法》给予企业最长不超过三年过渡期,即2018年10月1日前,食品生产企业可继续使用原包装和产品标签。这就意味着,2018年10月1日前,市场上食品包装会有两个标志并存的时间段。而在此之后,市场上食品包装上的"QS"标志将正式退出历史舞台,新的食品生产许可证编号由字母"SC"加上14位阿拉伯数字组成,如图6-1所示。

图6-1 新旧标志

知识拓展:ISO9000质量管理体系

二、门店食品安全管理

超市负责人是食品安全第一责任人,应当依照法律、法规和食品安全标准组织开展食品经营活动。超市应建立起严格的食品安全制度并保证实施。

1. 进货索证索票制度

(1) 严格审验供货商(包括销售商或直接供货的生产者)的许可证和食品合格的证明文件。

(2) 对购入的食品,索取并仔细查验供货商的营业执照、生产许可证或流通许可证、标注通过有关质量认证食品的相关质量认证证书、进口食品的有效商检证明、国家规定应当经过检验检疫的食品检验检疫合格证明。上述相关证明文件应当在有效期内首次购入该种食品时索验。

(3) 购入食品时,索取供货商出具的正式销售发票;或按照国家相关规定索取有供货商盖章或签名的销售凭证,并留具真实地址和联系方式;销售凭证应当记明食品名称、规格、数量、单价、金额、销货日期等内容。

(4) 索取和查验的营业执照(身份证明)、生产许可证、流通许可证、质量认证证书、商检证明、检验检疫合格证明、质量检验合格报告和销售发票(凭证)应当按供货商名称或食品种类整理建档备查,相关档案应妥善保管,保管期限自该种食品购入之日起不少于2年。

2. 食品进货查验记录制度

(1) 每次购入食品,如实记录食品的名称、规格、数量、生产批号、保质期、供货者名称及联系方式、进货日期等内容。

(2) 采取账簿登记、单据粘贴建档等多种方式建立进货台账的,食品进货台账应妥善保存,保存期限自该种食品购入之日起不少于2年。

(3) 食品安全管理人员应定期查阅进货台账系统和检查食品的保存与质量状况,对即将到保质期的食品,应当将食品集中陈列或向消费者做出醒目提示;对超过保质期或腐败、变质、质量不合格的食品,应当立即停止销售,撤下柜台销毁或报告工商行政管理机关依法处理,食品的处理情况应当在系统中如实记录。

知识拓展:ISO22000食品安全管理体系

3. 库房管理制度

(1) 食品与非食品应分库存放,不得与洗化用品、日杂用品等混放。

(2) 食品仓库实行专用并设有防鼠、防蝇、防潮、防霉、通风的设施及措施,并运转正常。

(3) 食品应分类、分架、隔墙、隔地存放。各类食品有明显标志,有异味或易吸潮的食品,应密封保存或分库存放,易腐食品要及时冷藏、冷冻保存。

(4) 贮存散装食品的,应在散装食品的容器、外包装上标明食品的名称、生产日期、保质期、生产经营者名称及联系方式等内容。

(5) 建立仓库进出库专人验收登记制度,做到勤进勤出,先进先出,定期清仓检查,防止食品过期、变质、霉变、生虫,及时清理不符合食品安全要求的食品。

(6) 食品仓库应经常开窗通风,定期清扫,保持干燥和整洁。

4. 食品销售卫生制度

(1) 食品销售工作人员必须穿戴整洁的工作衣帽,洗手消毒后上岗,销售过程中禁止挠头、咳嗽,打喷嚏用手捂口。

(2) 销售直接入口的食品必须有完整的包装或防尘容器盛放,使用无毒、清洁的售货工具。

(3) 食品销售应有专柜或专间,要有防尘、防蝇、防污染设施。

(4) 销售的预包装及散装食品应标明厂名、厂址、品名、生产日期和保存期限(或保质期)等。

5. 食品展示卫生制度

(1) 展示食品的货架必须在展示食品前进行清洁消毒。

(2) 展示食品必须生熟分离,避免食品交叉感染。

(3) 展示直接入口食品必须使用无毒、清洁的容器,保持食品新鲜卫生,不得超出保质期。

(4) 展示柜的玻璃、销售用具、架子、灯罩及价格牌不得直接接触食品,展示的食品不得直接散放在货架上。

(5) 展示食品的销售人员必须持有有效健康证明上岗,穿戴整洁的工作衣帽。

6. 从业人员健康检查制度

(1) 食品经营人员必须每年进行健康检查,取得健康证明后,方可参加工作,不得超期使用健康证明。

(2) 食品安全管理人员负责组织本单位从业人员的健康检查工作,建立从业人员卫生档案。

(3) 患有痢疾、伤寒、病毒性肝炎等消化道传染病的人员,以及患有活动性肺结核、化脓性或渗出性皮肤病等有碍食品安全疾病的人员,不得从事接触直接入口食品的工作。

7. 从业人员食品安全知识培训制度

(1) 认真制订培训计划,定期组织管理人员、从业人员参加食品安全知识、职业道德和法律、法规的培训以及操作技能培训。

(2) 新参加工作的人员包括实习生,实习生必须经过培训,考试合格后方可上岗。

(3) 建立从业人员食品安全知识培训档案,将培训时间、培训内容及考核结果记录归档,以备查验。

8. 食品用具清洗消毒制度

(1) 食品用具、容器、包装材料应当安全、无害,保持清洁,防止食品污染,并符合保证食品安全所需的温度等特殊要求。

(2) 食品用具要定期清洗、消毒。

（3）食品用具要有专人保管，不混用、不乱用。

（4）食品冷藏、冷冻工具应定期保洁、洗刷、消毒，专人负责、专人管理。

（5）食品用具清洗、消毒应定期检查、不定期抽查，对不符合食品安全标准要求的用具，要及时更换。

9. 食品卫生安全检查制度

（1）制订定期或不定期卫生检查计划，将全面检查与抽查、问查相结合，主要检查各项制度的贯彻落实情况。

（2）卫生管理人员负责各项卫生管理制度的落实，每天在营业后检查一次卫生，检查各岗是否有违反制度的情况，发现问题，及时指导改进，并做好卫生检查记录备查。每周1~2次全面现场检查，对发现的问题及时反馈，并提出限期改进意见，做好检查记录。

（3）对销售的商品保质期、有效期进行每天一小查，每周一大查，严格按照《商品临近保质期规定》执行，属人为因素的，追究当事人的责任，部门主管负连带责任。

（4）对在保质期内的商品出现变质、漏气、胀包等现象，要及时下架处理，不得将这些商品销售给顾客，一经发现，必须追究当事人及部门主管的责任。

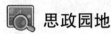
思政园地

天虹与你"疫"路相伴

2020年春节是一个特殊的春节，全国大部分地区都沉陷新型冠状病毒感染疫情的阴霾之中。天虹人一直在线，与全国人民一道，共抗疫情。积极进行防控管理，守护一方平安；坚守岗位，尽全力保障民生。

1. 保障民生，供应充足

天虹为保障民生，超市及物流团队初三开始全面返岗复工，采购和物流中心员工加班加点，除保障平时的每天早、中、晚三个时段上货外，增加了生鲜供应配送频次，物流配送24小时不停歇，确保充足供应。

天虹所有门店超市内的粮油副食区商品满满当当，生鲜区摆满了西兰花、包菜、草莓、猕猴桃等各种果蔬以及鸡蛋、牛奶、肉类及冻品。天虹超市的工作人员也在巡查货架上商品情况，及时补货。

据天虹超市负责人介绍：春节期间，天虹超市除按顾客近期作息时间，调整了部分门店的营业时间外，都是正常营业状态。

由于大年初二出现了市民非计划大量购买商品的情况，天虹增加了订货量，供应量是同期的10倍，配送频次达到一天3~4次。蔬菜已经从海南、福建、深圳近郊天虹合作基地锁定货源，安排调货。肉类年前已经锁定货源，现在联络储备供应商进行快速供应。确保每日供货充足，并合理定价，满足市民日常所需。

2. 天虹防控管理

节前，天虹较早认识到这次新型冠状病毒感染疫情的严重性，第一时间成立了疫情防护专项小组，由公司安委会统筹管理，制定并落实各项防控措施，统筹各部门执行。中航国际深圳公司领导和本公司领导在节日期间巡店督查，落实疫情防控执行情况。

日前,全国上下一心,共渡难关,各级政府部门领导也在节日期间到访天虹,了解并指导天虹对疫情的防控工作以及生鲜食品和清洁消毒等民生用品的备货和销售情况。

领导们对于天虹为疫情所做的防控工作,如消毒、测体温、戴口罩等防护措施,以及商品价格稳定、民生商品备货充足等情况表示高度认可,并提出要求,保证物资充足,让市民有东西可买,买得起,买得放心。

3. 营业现场防控管理

天虹要求各门店对营业现场进行疫情防控管理,包括对电梯、服务台、收银台等与顾客接触频繁的区域每2小时消毒一次,并记录在案;在服务台、休息区、洗手间等位置增加摆放免洗洗手液,供工作人员和顾客随时取用;为来商场的顾客测量体温,确保商场内顾客的安全;给没有佩戴口罩的顾客免费发放口罩。

4. 员工防控管理

第一时间拟定《关于天虹同事自我防护预防新型冠状病毒感染的温馨提示》《新型冠状病毒预防专项预案》《员工出行信息填报表》,对员工的自我保护和防范进行培训,严格要求员工必须戴口罩上班;同时,在员工通道安排专人负责测量体温,员工体温正常方可进场。

针对员工春节期间的返乡、访友等情况进行登记,对于返回湖北过节的员工、有湖北亲友来访或接触的员工进行登记和跟踪。

1月29日,天虹人力资源部反馈,已对数万名员工按照"确诊、疑似新冠肺炎员工;和疑似或确诊病例同航班、车次、聚会员工;由湖北返深或经由湖北返深的员工"等分为7类,全部统计排查完毕,记录在案,并将按分类措施严格进行防范工作。

5. 共克时艰

天虹与各位供应商朋友坚守职业使命,共同奋战一线,在关键时刻率先保障民生。

风雨当下,同舟共济。共渡难关的同时,天虹也将为供应商朋友提供相应的支持与优惠。

零售是一个温暖的行业,这个特殊的春节,天虹人一直坚守岗位,为您的生活所需提供保障。万物更新,旧疾当愈!我们相信阴霾终将过去,所有的美好都会如期而至!

(资料来源:https://www.rainbow.cn/web/newscenter/detail?id=159&menuId=179)

10. 食品安全管理

为确保食品安全,应采取以下有效措施。

(1)超市门店应有专职食品安全管理人员和专业技术人员,人员配备应合理充分,覆盖供应商管理、产品管理和门店卫生等关键环节。

(2)应建立消费者投诉受理制度,内容包括投诉渠道、受理时间、处置、自查和报告等。

(3)应建立不合格食品处置制度,内容包括进货时查验发现不合格食品处置、进货查验后发现不合格食品处置、报告和记录等。

(4)应建立食品临期销售制度,内容包括产品销售期限、销售提示、销售位置等。

(5)应建立食品安全自查制度,定期对食品安全状况进行检查评价;定期对冷库、冷柜、保温柜等设施进行温度检查,一个月定期检查一次各区域仓库,清理库存食品,对腐败变质、包装破损和超过保质期的食品,应实施不合格食品处置制度。

实例分享

可疑的投诉

一名男子在余姚市家家福超市南雷店选购了1支芥末、2包学生早餐、2只五香蛋，总价为12.7元。拿到小票后，该男子立即向收银台工作人员投诉，称自己购买的1支芥末已经过期，要求超市给予1 000元赔偿。

超市工作人员接到投诉后，仔细查看了这支芥末，其价格为6.19元，品牌为"天力"，包装盒上标注着：生产日期2021年4月17日，保质期12个月，至购买当天产品确实早已过期。但是，超市方对自己的日常商品管理十分有自信，并立即招来理货员仔细询问。

"这个商品我前几天刚刚检查过，记得清清楚楚，保质期都是到10月份。"当值理货员对此十分惊讶，说因为这种"冷门"商品日常购买量较少，所以印象比较深。随后，理货员还再次查验了质量检查登记簿，并没有发现这个批次临保的记载。"当初货架上只有5支这样的芥末，而现在货架上还是有5支。"

此时，该男子手中的这支过期芥末就显得疑点重重。而超市组长也对该男子的投诉起了怀疑："他张口就是依据什么法律第几条第几款法条，要求赔偿1 000元，协商过程中还以'800元是最低要求，否则向市场监管部门投诉'作威胁，很显然是有备而来。"

为进一步查明真相，超市组长想到了查看超市的监控录像。通过监控画面，该男子当时的所作所为被看了个一清二楚：购买前几分钟，该男子提着购物篮来到了芥末货架前，不一会儿，又有一男子走过来与他交谈，然后该男子偷偷从自己的裤袋里掏出一样东西快速放到货架上，随后两人先后离开。又过了一会儿，该男子再次返回芥末货架前，从货架上挑了一支芥末放入购物篮中，随即前往收银台结账。"从监控画面不难分析，这支过期的芥末就是他放到货架上，然后自己购买，向我们索取赔款，这根本就是勒索行为。"因此，超市方当机立断，向余姚梨洲市场监管所和梨洲派出所举报。最终，该男子及画面中的另一男子先后被带到梨洲派出所。在确凿证据面前，两人对自己的违法事实供认不讳。

(资料来源：http://news.cnnb.com.cn/system/2016/06/13/008514894.shtml)

三、职业打假防范

由于我国市场经济体制尚在完善之中，法律、法规相对滞后，难以适应新形势、新要求，导致侵害消费者合法权益的行为时有发生。为有效地惩戒不法经营者，遏制各种侵权行为的发生，《消费者权益保护法》《食品安全法》先后引入了惩罚性赔偿制度，维护消费者的合法权益。由于惩罚性赔偿制度能够带来较为可观的收益，20世纪90年代开

微课：职业打假防范

始，社会上出现了职业打假行为，出现了以王海为代表的职业打假人。职业打假人是指一种民事行为人，由于市场上存在假冒伪劣、有毒有害食品，而普通民众无法识别保护自身权益，一些民众通过法律途径主动打击市场上流通的假冒伪劣产品，对市场消费环境起到一定的净化作用。职业打假人自诞生之日起，关于这个群体是"刁民"还是"英雄"的争议就一直没有间断。但是，对于商家来说，这肯定是一个令人头疼的存在，并且近年来有些职业打假人的主要目的是逼迫商家进行赔偿，有"敲诈勒索""恶意投诉"之嫌。那么，作为超市负责人，对职业打假应该如何防范呢？

(1)建立应对职业打假人的应急预案,并将之纳入门店风险控制体系中。从职业打假人的卖场识别、收银台结账、服务台投诉、索赔受理、配合行政机关检查、内部自查、证据搜集、诉讼应对等关键环节入手,并结合职业打假人的特点和手法建立详细的应急预案,提升门店各岗位识别、应对职业打假人的能力。

同时,对于恶意打假人的"调包、抠商品日期、藏快过期的食品"手法要加强门店的调查取证能力,一旦发现恶意打假涉嫌"敲诈勒索"的行为,要在第一时间报警处理。

(2)建立门店职业打假数据库及黑名单。门店在应对职业打假人时,无论最终如何处理,都需要对职业打假人的进店视频、商品区活动视频、收银台结账视频、服务台投诉视频及录音等关键信息进行收集、保存,并定期将上述信息上报公司总部。总部及门店对收集到的信息进行汇总分析,提升对恶意打假人的防范能力。

(3)成立门店职业打假应对小组。门店要成立以店长、值班经理、防损经理及其他相关部门负责人参与的职业打假应对小组,对在卖场经营过程中遇到的职业打假行为,要结合岗位职能进行分解,包括店长具体负责的事项及可采取的措施、值班经理职责及可采取的措施、防损经理职责及可采取的措施等。

(4)加强对过期商品、进口食品、广告宣传、双日期、商品标识等容易引起职业打假人投诉的商品的管理。"打铁还需自身硬""苍蝇不叮无缝的蛋",所以,门店的管理层对职业打假人购买的"问题商品"要有清醒的认识,确实是因门店管理不当所引起的,一定要做好自查和整改工作。例如,过期商品的管理、商品生产日期的管理等,要从门店的营运环节严格管控,不给职业打假人留下任何钻空子的空间。

(5)加强《消费者权益保护法》《食品安全法》等相关法律、法规的学习。对消费领域相关法律知识的培训和学习,要有针对性地、结合门店各岗位情况来实施。一方面通过相关法律法规的学习,提升门店各岗位对问题商品的识别能力,防范供应商欺诈而引起的职业打假索赔;另一方面要通过相关法律法规的学习,在面对职业打假人索赔时,提升应对能力,不至于陷入被动。

总之,职业打假人是国内现阶段社会及法律背景下的产物,作为商品的经营者,需要有正确的认识和应对策略,一方面要提升对恶意打假人的应对能力;另一方面要加强内部对"问题商品"的管理能力,不给职业打假人以可乘之机。

 思政园地

2020年农产品质量安全例行监测合格率达97.8%

2021年1月,农业农村部发布2020年全年国家农产品质量安全例行监测(风险监测)结果,监测数据显示,2020年农产品例行监测合格率为97.8%,同比上升0.4%,全国农产品质量安全水平继续稳定向好。

据介绍,2020年,农业农村部组织开展了4次国家农产品质量安全例行监测(风险监测),全年共监测了31个省份和5个计划单列市,共304个大中城市的2 639个菜果茶生产基地、1 609辆蔬菜和水果运输车、781个屠宰场、821个养殖场、2 567辆(个)水产品运输车或暂养池、4 013个农产品批发(农贸)市场,抽检蔬菜、水果、茶叶、畜禽产品和水产品5大类产品、132个品种、130项参数、34 794个样品。监测结果显示,蔬菜、水果、茶叶、畜禽产品、水产品抽检合格率分别为97.6%、98.0%、98.1%、98.8%、95.9%。

从监测品种看,抽检的蔬菜中,甘蓝类、食用菌和瓜类蔬菜全年总体合格率较高,分别为99.7%、99.7%和99.5%。抽检的畜禽产品中,猪肉、猪肝、牛肉、羊肉、禽肉和禽蛋合格率分别为99.5%、99.6%、99.4%、99.3%、98.9%和97.1%。抽检的大宗养殖水产品中,鲢鱼全部合格,鳙鱼、罗非鱼、草鱼和鲤鱼抽检合格率分别为99.6%、98.5%、97.9%和97.5%。

农业农村部已将监测结果通报各地,对监测发现的突出问题进行督办,要求地方农业农村部门坚持问题导向,有针对性地开展监督抽查,依法查处不合格农产品及其生产单位。同时,部署了2021年春节期间农产品质量安全监管工作,针对重点区域、重点品种、重点危害因子,加强风险监测力度,强化巡查检查,对发现的问题加大专项整治力度,严厉打击使用禁用药物、非法添加有毒有害物质、私屠滥宰和注水注药等违法违规行为,保障人民群众"舌尖上的安全"。

(资料来源:http://www.gov.cn/fuwu/2021-01/14/content_5579771.htm)

课后任务

门店食品安全管理

任务描述

请对附近商圈的超市食品安全管理现状进行调研,并结合调研情况,完善其相应管理制度和流程。

任务分析

首先,《食品安全法》规定,食品生产经营者对其生产经营食品的安全负责。食品生产经营者应当依照法律、法规和食品安全标准从事生产经营活动,保证食品安全,诚信自律,对社会和公众负责,接受社会监督,承担社会责任。

其次,竞争加剧,除了价格战,提高企业的品牌知名度和多元化竞争力是在全面竞争中取得领先的重要工作。而食品安全是零售企业提高企业的品牌知名度和多元化竞争力的重要保障。超市食品安全,在保证消费者健康的同时,有利于超市自身的发展。有资料显示:顾客去超市购买食品的首要因素是食品的安全卫生,其次才是价格实惠与品种丰富!

任务操作

操作步骤和关键节点如下。

步骤1:确定调研门店。

步骤2:确定调研内容。

步骤3:了解国家关于食品安全的法律、法规。

步骤4:调研过程中遇到的问题。

步骤5:调研结果。

步骤6:根据调研结果完善该门店的食品安全管理制度和流程。

任务思考

如何有效落实门店食品安全管理的相关制度和流程?

课后练习

一、单项选择题

1.(　　)第七条规定:"消费者在购买、使用商品和接受服务时享有人身、财产安全不受损害的权利。"
  A.《中华人民共和国宪法》   B.《消费者权益保护法》
  C.《中华人民共和国民法通则》   D.《中华人民共和国合同法》

2. 索取和查验的营业执照（身份证明）、生产许可证、流通许可证、质量认证证书、商检证明、检验检疫合格证明、质量检验合格报告和销售发票（凭证）应当按供货商名称或食品种类整理建档备查，相关档案应妥善保管，保管期限自该种食品购入之日起不少于（　　）年。
  A. 2   B. 3   C. 4   D. 5

3. 2018年10月1日之后，市场上食品包装上的"QS"标志将正式退出历史舞台，新的食品生产许可证编号是字母"SC"加上（　　）位阿拉伯数字组成。
  A. 12   B. 14   C. 16   D. 18

4. 食品经营人员必须每年进行健康检查，取得（　　）后方可参加工作，且不得超期使用。
  A. 身份证明 B. 从业资格证 C. 健康证明 D. 学历证

5. 价格变动时，必须填写变价表，并及时通知（　　）等相关部门。
  A. 供应商 B. 生产商 C. 财务部 D. 采购部

二、多项选择题

1. 连锁企业门店商品损耗的原因主要包括以下（　　）方面。
  A. 员工的不当行为所造成的损耗
  B. 顾客的不当行为所造成的损耗
  C. 偷窃造成的损耗
  D. 供应商的不当行为所造成的损耗
  E. 意外事件所造成的损耗

2. 防范偷窃，不能指望仅靠一种方法就能有效减少店内偷窃事件的发生和损失，必须综合利用以下（　　）有效的防范方法。
  A. 卖场布局和设计
  B. 防盗式的商品陈列
  C. 理货员要具备防盗能力
  D. 收银主管和前台巡视人员的防窃能力训练

3. 门店安全管理的重点项目有（　　）及预防意外事件发生等。
  A. 消防 B. 防抢 C. 防偷 D. 防骗

4. 损耗是指门店进货时正常售出应该获得的商品零售值与商品售出后实际零售值之间的差额，包括商品（　　）的损耗和（　　）的损耗。
  A. 数量 B. 价值 C. 包装 D. 功能

5. 门店管理者应加强（　　）等相关法律、法规的学习，以便更好地开展食品安全管理工作。
  A.《中华人民共和国合同法》 B.《消费者权益保护法》
  C.《食品安全法》   D.《食品安全国家标准》

三、判断题

1. 任何一项工作流程中的错误都会直接或间接导致损耗。（　　）

2. 对真正"小偷"的处理,一是将偷拿者送到公安机关接受处理;二是向法院提起民事诉讼,要求偷拿者赔偿。尽管这样做很"麻烦",但只有走合法程序,才能完成连锁企业对自身权益的合法保护,因为维权不能以破坏法律、伤害他人合法权益为代价。（ ）

3. 在便利店中,若门店店员只有一位,且进仓库搬货无法照顾到收银机,那么请顾客帮忙照看一下,去库房取货即可。（ ）

4. 2018年10月1日前,市场上食品包装会有一个两个标志并存的时间段。而在此之后,市场上食品包装上的"QS"标志将正式退出历史舞台,新的食品生产许可证编号是字母"SC"加上14位阿拉伯数字组成。使用时可根据需要按比例放大或缩小,可以变形、变色。（ ）

5. 停电时收银机无法打出发票,此时可利用空白纸张填上购买金额,并盖上发票章,请消费者下次来店时凭证兑换发票。（ ）

四、案例分析题

某超市门店店长在开业前巡视卖场时,发现生鲜肉柜台前有积水未被打扫干净,就叫来相关人员让其清洁,然后就去巡视其他地方了。但那位员工由于忙着补货,未能及时清扫。开门营业后,一位老人直奔这个肉柜,正好踩到积水,不慎滑倒造成了骨折。结果是由公司负担该顾客的全部医疗费用。

1. 该店长操作是否正确?

2. 如果你是该店店长,你会如何做?

五、讨论题

讨论门店进行安全管理对门店的业绩和客流量的影响。

参考文献

[1] 祝昌快.读懂财务报表很简单[M].北京:中国纺织出版社,2014.
[2] 李文勇.看懂财务报表很简单[M].北京:经济管理出版社,2009.
[3] 肖月华.一小时读懂财务报告[M].上海:立信会计出版社,2009.
[4] 尚丰,张秀云.金牌店长提升教程 塑造王牌门店的9大核心能力[M].北京:京华出版社,2006.
[5] 李春杰.连锁门店营运实务[M].北京:教育科学出版社,2014.
[6] 姜义平,庞德义.连锁门店管理实务[M].北京:北京大学出版社,2014.
[7] 陆影.连锁门店营运与管理实务[M].大连:东北财经大学出版社,2018.
[8] 胡启亮.连锁企业门店营运管理[M].北京:科学出版社,2015.
[9] 时应峰,马凤棋.连锁门店店长管理实务[M].北京:中国科学技术大学出版社,2014.
[10] 蒋小龙.连锁企业门店营运与管理[M].北京:化学工业出版社,2018.
[11] 郑昕.连锁门店运营管理[M].2版.北京:机械工业出版社,2019.
[12] 黄宪仁,任贤旺.店员操作手册[M].北京:电子工业出版社,2015.
[13] 黄宪仁.连锁店操作手册[M].北京:电子工业出版社,2017.
[14] 黄宪仁.店长操作手册[M].北京:电子工业出版社,2017.
[15] 李平贵,黄宪仁.店长如何提升业绩[M].北京:电子工业出版社,2017.
[16] 李引霞,丁玉红,王彦保.管理型店长[M].广州:广东高等教育出版社,2016.
[17] 门洪亮,王书晔.经营型店长[M].广州:广东高等教育出版社,2016.